BIBLIOTHÈQUE DES LETTRES MODERNES
COMITÉ DE DIRECTION
Patrick Marot, Philippe Antoine, Christian Chelebourg,
Julien Roumette, Johan Faerber et Llewellyn Brown
41

Série *Critique*
13

Jules Verne, l'œil et le ventre

Cet ouvrage a été publié pour la première fois en 1999 dans la collection
Bibliothèque des lettres modernes dirigée par Michel Minard.

Christian Chelebourg

Jules Verne, l'œil et le ventre

Une poétique du sujet

PARIS
LETTRES MODERNES MINARD

Réimpression de l'édition de Paris, 1999.

ISBN 978-2-406-12543-3 (livre broché)
ISSN 0520-0555

Croquis de Gédéon Baril pour le bal travesti de 1885.

SIGLES ET ABRÉVIATIONS

ŒUVRES

AF	*L'Archipel en feu*
AL	*Autour de la Lune*
AT	*L'Agence Thompson and C°*
A3	*Aventures de trois Russes et de trois Anglais dans l'Afrique australe*
B	*Mistress Branican*
BDJ	*Le Beau Danube jaune*
BL	*Un Billet de loterie (Le numéro 9672)*
BV	*Bourses de voyage*
C	*Le Chancellor*
CB	*Claudius Bombarnac*
CC	*César Cascabel*
ChCal	*Les Châteaux en Californie ou Pierre qui roule n'amasse pas mousse*
CCh	« Le Comte de Chanteleine. Épisode de la Révolution » [in *S*]
CD	*Clovis Dardentor*
CF	*Le Chemin de France*
CG	*Les Enfants du capitaine Grant*
CH	*Voyages et aventures du capitaine Hatteras*
ChCar	*Le Château des Carpathes*
CM	*La Chasse au météore*
CP	*La Conspiration des poudres* [in *MN*]
CS	*De Charybde en Scylla* [in *MN*]
C15	*Un capitaine de quinze ans*
5S	*Cinq semaines en ballon*
500	*Les Cinq cents millions de la Bégum*
DA	« Un Drame dans les airs » [in *DO*]
DL	*Un Drame en Livonie*
DM	« Un Drame au Mexique. Les premiers navires de la marine mexicaine »
DO	*Le Docteur Ox* [recueil]
2A	*Deux ans de vacances*
10H	« Dix heures en chasse »

ÉR	*L'École des Robinsons*
ÉS	*L'Étoile du Sud*
FB	« Les Forceurs de blocus »
FD	*Face au drapeau*
FDO	« Une Fantaisie du Docteur Ox » [in *DO*]
FF	« Frritt-Flacc »
FK	*Les Frères Kip*
FR	« Aventures de la Famille Raton » [in *S*]
FSN	*Famille-Sans-Nom*
GB	« Gil Braltar »
HG	« Un Hivernage dans les glaces » [in *DO*]
HS	*Hector Servadac*
ÎH	*L'Île à hélice*
ÎM	*L'Île mystérieuse*
IMer	*L'Invasion de la mer*
IN	*Les Indes noires*
J	*La Jangada*
JMC	*Les Histoires de Jean-Marie Cabidoulin*
K	*Kéraban-le-têtu*
M	*En Magellanie*
MA	*Mirifiques aventures de Maître Antifer*
MB	*L'Étonnante aventure de la mission Barsac*
MCh	*Monsieur de Chimpanzé*
MM	*Maître du monde*
MN	*Manuscrits nantais* [compilation]
MP	« Martin Paz »
MS	*Mathias Sandorf*
MSt	*Michel Strogoff*
MV	*La Maison à vapeur*
MZ	« Maître Zacharius » [in *DO*]
NS	*Nord contre Sud*
PB	*P'tit-Bonhomme*
PBM	*Le Phare du bout du monde*
PD	*Le Pilote du Danube*
PF	*Le Pays des fourrures*
PI	*Poésies inédites* [compilation]
QQ	*Quiridine et Quidinerit* [in *MN*]

RB	« Les Révoltés de la "Bounty" »	*TCC*	*Les Tribulations d'un Chinois en Chine*
RC	*Robur-le-conquérant*	*TE*	*Le Testament d'un excentrique*
RM	« Monsieur Ré-dièze et Mademoiselle Mi-bémol » [in *S*]	*TL*	*De la Terre à la Lune*
		TM	*Le Tour du monde en quatre-vingts jours*
RV	*Le Rayon-vert*		
S	*Souvenirs d'enfance et de jeunesse* [recueil reconstitué]	*VA*	*Le Village aérien*
		VCT	*Voyage au centre de la Terre*
SDD	*Sans dessus dessous*	*VÉ*	*Voyage d'études*
SEJ	« Souvenirs d'enfance et de jeunesse » [in *S*]	*VF*	*Une Ville flottante*
		20M	*Vingt mille lieues sous les mers*
SG	*Le Sphinx des glaces*		
SO	*Le Superbe Orénoque*	*VO*	*Le Volcan d'or*
SP	*Seconde patrie*	*WS*	*Le Secret de Wilhelm Storitz*

CORRESPONDANCE

BN Bibliothèque Nationale (sigle utilisé pour renvoyer aux lettres de Jules Verne à Hetzel qui, longtemps conservées à la Bibliothèque Nationale, le sont aujourd'hui à la Bibliothèque Municipale de Nantes ; les chiffres romains renvoient aux deux grands ensembles de lettres, I pour celles expédiées jusqu'à fin 1888 et II pour les suivantes, les chiffres arabes sont ceux des folios).

JVCF Correspondance familiale de Jules Verne. — Nos citations renvoient aux lettres du fonds Maxime Guillon-Verne, corrigées d'après les originaux et publiées in Olivier DUMAS, *Jules Verne* (Paris, La Manufacture, 1988), pp.235–493 ; l'abréviation est suivie du n° de la lettre.

USUELS

Bull. JV *Bulletin de la Société Jules Verne*. Paris, Société Jules Verne, 1935...

JV1... *Jules Verne 1* (fascicules de la Série *Jules Verne* de la collection « La Revue des lettres modernes »).

RJV *Revue Jules Verne*. Amiens, Centre de Documentation Jules Verne, 1996...

Toute citation formellement textuelle (avec sa référence) se présente soit hors texte, en caractère romain compact, soit dans le corps du texte en *italique* entre guillemets, les soulignés du texte d'origine étant rendus par l'alternance romain / *italique* ; mais seuls les mots en PETITES CAPITALES y sont soulignés par l'auteur de l'étude.

À l'intérieur d'un même paragraphe, les séries continues de références à une même source sont allégées du sigle commun initial et réduites à la seule numérotation ; par ailleurs les références consécutives identiques ne sont pas répétées à l'intérieur de ce paragraphe.

Le signe * devant une séquence atteste l'écart typographique du texte édité (*italiques* isolées du contexte non cité, PETITES CAPITALES propres au texte cité, interférences possibles avec des sigles de l'étude) ou la restitution *[entre crochets] d'un texte existant mais non édité sous cette forme : document sonore (dialogues de films, émissions radiophoniques...) ; état typographique (redistribution de calligrammes, rébus, montage, découpage...) ; état manuscrit (forme en attente, alternative, option non résolue, avec ou sans description génétique).

Dans les références analytiques des romans et nouvelles édités de Jules Verne, nous notons successivement et s'il y a lieu le sigle du titre, la partie (chiffres romains, grandes capitales), le chapitre (chiffres romains, petites capitales) et la pagination de l'édition utilisée (chiffres romains).

Dans les références analytiques, les chiffres romains grandes capitales renvoient aux Parties, aux Actes et aux Carnets ; les chiffres romains petites capitales renvoient aux chapitres et aux poèmes ; les chiffres arabes renvoient à la scène et à la pagination de l'édition utilisée.

Sans autre précision, les renvois sont à l'édition du « Livre de poche Jules Verne » ;

précédés de l'indice $_0$, les renvois sont aux éditions Hetzel, grand in-8° illustré ;

précédés de l'indice $_1$, les renvois sont aux *Œuvres romancées complètes*, des Éditions Rencontre ;

précédés de l'indice $_2$, les renvois sont à l'édition des *Intégrales Jules Verne* des Éditions Hachette ;

précédés de l'indice $_3$, les renvois sont aux textes publiés par la Société Jules Verne, en volume ou dans le *Bull.JV* ;

précédés de l'indice $_4$, les renvois sont aux Éditions des Humanoïdes Associés ;

précédés de l'indice $_5$, les renvois sont aux textes édités dans la collection « 10/18 » ;

précédés de l'indice $_6$, les renvois sont aux Éditions du Cherche-Midi.

précédés de l'indice $_7$, les renvois sont aux textes publiés dans Marc SORIANO, *Portrait de l'artiste suivi des quatre premiers textes publiés de Jules Verne* (Paris, Gallimard, 1978).

On trouvera à la fin du volume les coordonnées complètes des études citées en note de manière abrégée :

— sans autre précision, le renvoi est à la BIBLIOGRAPHIE VERNIENNE ;

— la mention *op. cit.* ou *loc. cit.* renvoie à la BIBLIOGRAPHIE INDICATIVE DE CRITIQUE ET DE MÉTHODOLOGIE.

INTRODUCTION

PROBLÉMATIQUE, MÉTHODE, CORPUS

> « [...] *il se disait poussé plutôt qu'attiré dans ses voyages, et parcourait le monde, semblable à une locomotive, qui ne se dirige pas, mais que la route dirige.*
> *"Je ne poursuis pas mon chemin, disait-il souvent, c'est mon chemin qui me poursuit."* » (*5S*, I ; 7)

Verne et la critique

Si les romans de Verne ont su très vite conquérir un large public, la critique a longtemps tardé à s'intéresser à cet « auteur de livres pour enfants ». Il fallut attendre 1949 pour que les signatures de Michel Butor et Michel Carrouges dans le numéro 15 de la revue *Arts et lettres*, entièrement consacré à l'auteur des « Voyages extraordinaires »[1], attirent l'attention des scientifiques sur cette œuvre, jusque-là réputée facile et sans profondeur. Roland Barthes en 1957[2], puis Marcel Moré, en 1960[3] et 1963[4], contribuèrent également à sa réévaluation littéraire. Mais c'est surtout dans la seconde moitié des années Soixante, avec le lancement du programme *Apollo* par la NASA, que Verne connut un véritable renouveau.

La thèse d'État de Simone Vierne, soutenue en 1972[5], le 150e anniversaire de Verne, fêté par un colloque à Cerisy-la-Salle,

1. Michel BUTOR, « Le Point suprême et l'âge d'or à travers quelques œuvres de Jules Verne », pp. 3–31, et Michel CARROUGES, « Le Mythe de Vulcain chez Jules Verne », pp. 32–58 (*Arts et lettres*).

2. Roland BARTHES, *Mythologies* (Paris, Seuil, 1957), « Nautilus et Bateau ivre », pp. 80–2.

3. MORÉ, *Le Très curieux Jules Verne...*

4. MORÉ, *Nouvelles explorations de Jules Verne...*

5. VIERNE, *Jules Verne et le roman initiatique...*

un « Cahier de L'Herne », un numéro d'*Europe*, enfin l'inscription de *Voyage au centre de la Terre* au programme de l'Agrégation de Lettres Modernes en 1980, dans la question de littérature comparée, ont persuadé l'Université de se pencher sur les « Voyages ». Depuis cette époque, la « vernologie » est une science en pleine santé. Dans les années Quatre-vingt, trois nouvelles thèses d'État ont été consacrées à Verne, par Jean Delabroy[6], Charles-Noël Martin[7] et Daniel Compère[8]. De nombreuses maîtrises et thèses de Troisième Cycle ont également été soutenues dans les dix dernières années[9]. En outre, l'intérêt pour l'œuvre de Verne a dépassé la sphère littéraire, puisque deux médecins[10] et un psychiatre[11] ont acquis leur diplôme en l'explorant.

Pour preuve de cette richesse, on ne compte aujourd'hui pas moins de quatre revues spécialisées dans l'étude de la vie et de l'œuvre de Verne : le *Bulletin de la Société Jules Verne*, grand ancêtre, créé en 1935, disparu en 1938 et repris en 1966 ; la Série *Jules Verne* des Éditions Lettres Modernes, fondée en 1976 par François Raymond ; les *Cahiers du centre d'études verniennes et du musée Jules Verne*, fondés en 1982 ; enfin, la *Revue Jules Verne* du Centre de documentation Jules Verne d'Amiens, qui depuis 1996 a remplacé *J.V.*, l'ancienne feuille de liaison lancée en 1986[12].

En 1986, Simone Vierne écrivait à propos de l'exégèse vernienne des lignes qui en disent long sur le succès d'une œuvre délaissée pendant plus d'un demi-siècle après la mort de son auteur :

[...] on se plaindrait plutôt désormais que la mariée est trop belle, et que

6. Jean DELABROY, « Jules Verne et l'imaginaire, ses représentations et ses fonctions principales dans la période de formation de l'œuvre romanesque (1851–1875) », Université de la Sorbonne Nouvelle-Paris III, 1980.

7. Charles-Noël MARTIN, « Recherche sur la nature, les origines et le traitement de la science dans l'œuvre de Jules Verne », Université Paris VII, 1980.

8. Daniel COMPÈRE, « Jules Verne : texte et intertexte », Université de Haute-Bretagne-Rennes II, 1987.

9. La liste commentée des travaux universitaires les plus récents a été dressée dans *JV6*, 210–5.

10. Jean LE POMELLEC, « Jules Verne — les médecins et la médecine », Université de Nantes, 1979, et Jean-Louis RODINEAU, « La Médecine dans l'œuvre de Jules Verne », Université de Nantes, 1981.

11. Christian PORCQ, « Ngora ou les images de la folie dans les *Voyages extraordinaires* de Jules Verne », Université René Descartes-Paris V, 1991.

12. Un n° 0 de 8 pages avait été imprimé en 1985.

toute la critique s'occupe de Jules Verne, ou l'utilise comme exemple pour illustrer des théories d'ailleurs diverses, et parfois divergentes, dans leurs méthodes comme dans leurs résultats.[13]

La dernière édition de la *Bibliographie documentaire* dressée par Jean-Michel Margot[14] recensait quatre mille deux cent vingt-deux études sur Verne, tous genres confondus, et faisait apparaître qu'à la fin des années Quatre-vingt il se publiait encore, bon an mal an, plus de cent quarante livres ou articles sur Verne. Depuis lors, le phénomène ne semble pas avoir régressé.

On peut distinguer cinq grandes orientations dans tous ces travaux ; je les examinerai brièvement, sans accompagner cet exposé d'indications bibliographiques, car celles-ci ne pourraient être que réductrices, pour les hommes comme pour leurs analyses, dans la mesure où de nombreux chercheurs et bien des études se positionnent de façon transversale.

D'abord, un courant d'« érudition bio-bibliographique » s'attache à préciser toujours davantage notre connaissance de la vie, de la personnalité et de l'œuvre de Verne. On doit à ce mouvement, outre l'inventaire scientifique des écrits, la découverte fondamentale des corrections apportées par Michel Verne aux romans posthumes de son père et l'édition des versions originales de ces textes. Aujourd'hui encore, divers chercheurs ou collectionneurs traquent et publient textes inédits, correspondances et pièces dramatiques ou lyriques.

Une « recherche socio-idéologique » s'efforce de déchiffrer les sens cachés des « Voyages extraordinaires ». Ces travaux montrent que Verne entretient avec son temps une distance ironique, voire critique, qui culmine dans une forme de contestation, timide, des valeurs de la société bourgeoise. Ces analyses ont fondé l'habitude de lire les « Voyages » sous l'angle du cryptogramme.

Par-delà les fastidieuses listes d'« erreurs » de Verne, les « approches épistémologiques » de ses romans démontrent que si, au début de sa carrière du moins, Verne se tient au courant des nouveautés techniques, il utilise tout au long de son œuvre un bagage théorique qui date de la fin du XVIIIe siècle. Elles témoignent de sa prudence académique et prouvent clairement que les nombreuses machines qui ont fait sa célébrité sont des objets moins technologiques que poétiques.

13. VIERNE, *Jules Verne. Mythe et modernité*, p.408.
14. MARGOT, *Bibliographie documentaire sur Jules Verne.*

Les « lectures d'inspiration linguistique » établissent, d'une part, que le texte vernien repose sur un paradoxe par lequel il décline l'impossibilité du récit comme du savoir, de l'autre qu'il se situe au carrefour des multiples discours de son époque. Elles font de Verne, plus largement, un écrivain de la combinaison, mettant en scène dans ses intrigues les procédés scripturaux qui les structurent, et proche en cela d'un Raymond Roussel, comme du Nouveau Roman ou de l'Oulipo.

Enfin, la dernière orientation concerne évidemment les « explorations de l'imaginaire ». Il me faut en dresser un panorama plus précis afin de mieux définir mon propre champ d'investigation.

études de l'imaginaire vernien

L'œuvre de Verne constitue un filon exceptionnel pour le lecteur de l'imaginaire. Les exégètes n'ont donc pas manqué, pour monter à l'assaut des belles couvertures rouge et or de l'édition Hetzel ; mais, si l'on veut bien ne pas se perdre dans la superficielle diversité des thématiques, leurs méthodes et leurs résultats peuvent être ramenés à quatre grands principes : la structuration symbolique, la socio-thématique, l'interprétation analytique et l'application de modèles variés. Je les appréhenderai successivement à travers quatre ouvrages fondateurs : la thèse de Simone Vierne, la biographie de Marc Soriano, la thèse de Jean Delabroy et les *Jouvences* de Michel Serres.

Cherchant à « *structurer les symboles à l'œuvre dans le texte* »[15], Simone Vierne a montré que les « Voyages extraordinaires » répondent à « *trois canevas principaux, analogues aux trois initiations* »[16]. Le premier de ces canevas présente un groupe hiérarchisé de personnages en chemin pour l'inconnu, le mystère — donc le sacré —, puis le retour de ces hommes, transformés, dans le monde profane ; le deuxième met en scène la lutte d'un héros contre une force monstrueuse ; enfin, le troisième conduit les protagonistes à toucher au sacré au prix d'un perfectionnement individuel ou collectif. Elle résume la technique littéraire de Verne en ces termes :

> Tout l'art de Jules Verne a consisté à imaginer des héros dont les occupations et les aventures fussent analogiques, dans un contexte moderne, à

15. VIERNE, *Jules Verne. Mythe et modernité*, p.420.
16. VIERNE, *Jules Verne et le roman initiatique...*, p.57.

celles des mages, des sorciers anciens. La science moderne qu'ils possèdent rend plus croyables les miracles accomplis par Sandorf ou Nemo, par Cyrus Smith ou Zéphyrin Xirdal. Cela nous oblige à les prendre au sérieux, et partant, à prendre au sérieux *aussi* les aventures et leur sens initiatique.[17]

Ainsi se trouvent articulés récréation et éducation. La première passe par le roman d'aventure et retrouve donc naturellement les images archétypales de l'initiation qui forment le fonds des récits homériques ou de la quête du Graal ; la seconde apporte à ces contenus la caution réaliste de la science. Cette « *grille de lecture* »[18], évidemment inscrite dans le cadre de ce que Gilbert Durand appelle « mythocritique », place au centre de l'œuvre les questions de la vie, de la mort et des possibilités de vaincre cette dernière. Capable de rendre compte de l'ensemble des « Voyages », en compréhension comme en extension, elle peut aussi bien s'appliquer à tout récit d'aventure — c'est sa grandeur, ce sont aussi ses limites : l'originalité de la création vernienne tend à lui échapper.

Le travail de Marc Soriano prend le contre-pied d'une telle lecture — dont il récuse, Freud à l'appui, les bases théoriques — et présente ainsi son projet : « *Dans cette "biographie anthropologique"* [...], *les problèmes ne sont jamais posés en termes d'archétypes intemporels, mais dans une perspective qui étudie historiquement les structures narratives ou psychanalytiques.* »[19]. Son principe fondamental est de prendre Verne au pied de la lettre et de déchiffrer les multiples calembours, anagrammes, logogriphes, cryptogrammes dont son œuvre est pleine, pour éclairer les ressorts d'une personnalité explicitement envisagée comme un cas : *le cas Verne*, tel est le sous-titre de l'ouvrage. Marc Soriano prolonge ainsi l'enquête menée par Marcel Moré, mais en privilégiant l'exploration de l'inconscient, ce que l'auteur du « très curieux Jules Verne » se refusait à faire, au prix de bien des artifices. Il présente Verne comme un « *homme de désir, un être sensible, traversé de passions complexes et profondément ouvert aux contradictions de son époque* », animé d'une « *difficulté d'être* [*qui*] *lui permet de prendre du champ par rapport aux certitudes un peu courtes du savoir et, en particulier, d'éviter les pièges du "scientisme"* »[20]. Une analyse minutieuse

17. VIERNE, *Jules Verne et le roman initiatique...*, p.752.
18. *Ibid.*, p.749.
19. SORIANO, *Jules Verne (le cas Verne)*, p.136.
20. *Ibid.*, pp.301-2.

des surdéterminations à l'œuvre dans le travail de création lui permet de dégager les traits caractéristiques des fictions et de la personnalité de Verne : quête du « père sublime », machines conçues comme *ersatz* de la femme, érotisation du discours, antisémitisme rampant, homosexualité latente.

La très importante thèse de Jean Delabroy s'intéresse à la période de formation de l'auteur, ces années 1851-1875 qui le mènent de ses premières nouvelles à *L'Île mystérieuse*. Il est impossible ici de recenser la mine de motifs et de fonctions de l'imaginaire que détaille ce volumineux travail et que la critique vernienne a largement exploitée, sans toujours l'avouer. J'en retiendrai que l'imaginaire est abordé comme un moyen de placer l'interprète « *au point de rencontres et d'échanges entre parts intime et sociale, entre expression de la personne et de la collectivité — en ce point où l'œuvre propose sa fonction exactement médiatrice et peut développer ses divers jeux d'adhésion, de correction* »[21]. Cette perspective permet à Jean Delabroy de dégager la présence dans le texte vernien d'un contre-discours critique, et de montrer de manière fort pertinente que Verne porte sur le progrès industriel et scientifique un regard contestataire et ironique.

Dans ses *Jouvences sur Jules Verne*, Michel Serres applique au texte le plus grand nombre possible de « *systèmes d'interprétation* » (p. 161[22]). L'originalité de cette « *application* » est qu'elle « *se fait dans les deux sens* » (p. 263[22]). Il s'agit de soumettre le texte à l'ensemble des discours dont il se nourrit — thermodynamique, chimie, biologie, désir, mythologie, histoire, géodésie, etc. — afin d'éclairer Verne par la science et, en retour, la science par les « Voyages ». Freud, par exemple, se retrouve expliqué « *par l'électricité de Verne* » (p. 158[22]). Dans un autre domaine, les applications réciproques — « *l'une sur l'autre et ainsi de suite* » (p. 255[22]) — des figures du feu dans *Le Livre de la Jungle*, *Le Rameau d'or* et *Le Château des Carpathes*, nous apprennent que les mythes, comme les contes, sont des combinaisons variables d'éléments invariants pour lesquelles « *l'essentiel* [...] *est la variante et la loi est de* variatio » (p. 252[22]). Cette étude présente les « Voyages » comme une œuvre cyclique, composée de déplacements non seulement dans l'espace, mais aussi

21. DELABROY (cité n. 6), p. VII.
22. SERRES, *Jouvences sur Jules Verne*.

dans l'histoire individuelle ou collective, le savoir scientifique ou sacré, les mythes grecs ou chrétiens. D'un abord souvent ardu, ces *Jouvences* se distinguent essentiellement par la recherche d'une modélisation de l'imaginaire vernien : modélisation mythologique, comme dans l'identification de Michel Strogoff à Œdipe ; modélisation physique, par laquelle nous découvrons que l'imaginaire est soumis aux lois de la gravitation ou du magnétisme et ne participe en rien de la science-fiction, car « *si elle mobilise la science, la fantaisie ne la prend pas pour objet, ne varie pas sur elle avec désinvolture* » (p.82[22]) ; modélisation géométrique ou loi « *des trois points, du cercle et du pôle commun* » (p.35[22]) baptisée « *loi Antifer* » (voir pp.79–99[22]) ; modélisation géodésique, résumée en une formule de marin : Verne « *fait le point du monde* » (p.84[22]). Cette technique des applications multiples répond dans les grandes lignes au programme d'« *avalanche de points de vue* »[23] ou de lecture plurielle[24] prôné par Roland Barthes. Souvent croisées, ces deux méthodes ont permis un profond renouvellement des études thématiques de l'œuvre vernienne.

imaginaire et poétique du sujet

Au total, l'ensemble de ces études vise à extraire du texte une signification objective, par application ou reconnaisance de grilles de lecture ou d'écriture qui lui sont extérieures. Elles ont permis une exploration approfondie des principaux thèmes verniens comme de certaines problématiques individuelles. Mais, qu'elles se consacrent à chercher les modèles de l'œuvre ou à cerner la psyché de l'auteur, elles laissent toujours dans l'ombre la spécificité de la création littéraire. Il s'agit, chaque fois, de retrouver dans le texte la trace de ce que l'on sait déjà concernant les mythes, la science ou l'inconscient.

J'ai choisi, pour ma part, de m'interroger sur la singularité du geste créateur, sur l'originalité de l'écrivain, de sa *poétique* au sens où l'entend Paul Valéry[25]. Pour ce faire, j'ai concentré mon

23. BARTHES, *Roland Barthes par Roland Barthes* (*op. cit.*), p.155.

24. « *L'enjeu de l'analyse structurale n'est pas la vérité du texte mais son pluriel* » déclare Barthes au terme de son étude de *L'Île mystérieuse* (*Le Degré zéro de l'écriture* suivi de *Nouveaux essais critiques*, pp.145–55 : « Par où commencer ? », p.155).

25. Voir Paul VALÉRY, *Œuvres* (Paris, Gallimard, « Bibl. de la Pléiade », 1957), t. I, pp.1340–58 : « Première leçon du cours de poétique », p.1342.

attention sur les motivations de l'écriture, sur les déterminations individuelles qui ont présidé à l'élaboration des « Voyages extraordinaires ». Cette approche a pour fondement une conception de l'écriture comme élaboration et manifestation d'une image du moi. L'écrivain est toujours engagé dans une démarche narcissique, et l'analyse de celle-ci permet de définir et de comprendre la spécificité de sa création. Il s'agit, en définitive, de placer l'écrivain au centre de sa poétique, non pas en tant qu'homme — c'est le travail des biographes —, non pas en tant que patient — les psychanalystes s'en chargent —, mais comme *sujet*, à la fois sujet écrivant et premier sujet de son écriture car écrivant *pour* lui et, souvent, *sur* lui, du moins *à partir de* lui.

En 1981, Jean Decottignies, établissait que « *le geste narratif* [...], *dans l'instance même de sa formation, installe sur le devant de la scène la difficulté d'être de celui qui parle* »[26]. Cette « difficulté d'être » est au cœur de mon étude. Le lieu privilégié de son observation, c'est l'imaginaire — ce filtre irréalisant[27] — qui soumet la réalité au narcissisme de l'artiste, et grâce auquel celui-ci, à force de volonté consciente ou de contraintes inconscientes[28], construit son œuvre autour d'images chargées d'affecter la compréhension et l'émotion du lecteur. Ces images ne se limitent pas aux seules figures d'analogie, aux seules images rhétoriques ; elles envahissent le texte dans la mesure où elles modèlent sa faculté de représentation. L'étude du sens figuré est utile à leur repérage, mais il convient de les traquer également dans les replis du sens propre, chaque fois qu'il véhicule des personnages ou des scénarios récurrents, chaque fois qu'il se met en défaut d'ambivalence en jouant sur les signifiants, dans la syllepse ou l'anagramme par exemple. C'est la cohérence interne de ces phénomènes qui porte trace de l'imaginaire du sujet.

Cet imaginaire emprunte nécessairement sa matière à un « fonds » *objectif*, qui échappe en tant que tel au sujet. L'approche

26. Jean DECOTTIGNIES, « Pièges du langage », pp. 11–22 in *Les Sujets de l'écriture* (*op. cit.*), p. 12.

27. Faut-il rappeler que l'imaginaire, tel que le définit Sartre, est le produit de l'imagination, elle-même qualifiée de « *grande fonction "irréalisante" de la conscience* » (Jean-Paul SARTRE, *L'Imaginaire, psychologie phénoménologique de l'imagination* [Paris, Gallimard, « Idées », 1975], p. 11). L'imaginaire se manifeste par une forme d'*irréel*, ici comprise comme réalité subjective.

28. « *L'analyse de l'écriture de l'Imaginaire entraîne* [...] *à une vue réunificatrice du conscient et de l'inconscient, dont il apparaît bien vain, pour le poéticien, d'opérer le partage* », écrit Jean Burgos (*Pour une poétique de l'imaginaire* [*op. cit.*], p. 139).

anthropologique a dessiné les contours de cet ensemble[29] et la mythanalyse a permis de comprendre que les choix offerts à un auteur ne sont pas indépendants d'une période historique donnée[30]. Mais ce qu'il importe d'identifier, pour cerner la spécificité d'une création littéraire, c'est l'utilisation singulière que le sujet fait des images — symboles, mythes et archétypes — de son temps. Ainsi, les images de l'œil et du ventre ne sont-elles pas rares au temps de Verne ; Max Milner a montré l'importance du scopique chez Gautier, Stendhal ou Hugo[31], et rappelons-nous comment Jean-Pierre Richard amorce son étude de Flaubert : « *On mange beaucoup dans les romans de Flaubert* »[32]. L'originalité de Verne n'est donc point dans l'utilisation de ces thèmes. Leur surgissement sous sa plume n'est pas plus étonnant que celui des schémas initiatiques, dont Léon Cellier a démontré la permanence dans la littérature romantique, et tout particulièrement dans les romans de voyage[33]. En revanche, ce qui intéresse la poétique du sujet, c'est l'investissement personnel que Verne fait de ces images, la manière dont elles se relient à sa « difficulté d'être » et le dynamisme créateur qu'elles revêtent dans son imaginaire.

Aussi n'étudierai-je pas l'œil et le ventre comme des thèmes littéraires, mais comme des ensembles ramifiés de signes dont le sujet use pour construire son texte et, à travers lui, son autoportrait imaginaire. Ces signes seront principalement explorés selon trois axes. Je m'attacherai, tout d'abord, à les identifier par l'analyse des éléments récurrents de la fiction vernienne. Je les placerai ensuite sous l'éclairage de données biographiques toujours formellement établies par la correspondance, les entretiens ou tout autre document qui ne soit pas sujet à caution, jusqu'à la chronique familiale lorsque celle-ci n'est point une pure fiction « hagiographique ». Enfin, je montrerai comment les signes se relient les uns aux autres pour former une configuration cohérente et dynamique qui motive une forme particulière d'écriture.

29. Voir DURAND, *Les Structures anthropologiques de l'imaginaire. Introduction à l'archétypologie générale* (*op. cit.*).

30. Voir Gilbert DURAND, *Figures mythiques et visages de l'œuvre. De la mythocritique à la mythanalyse* (Paris, Berg International, « L'Île verte », 1979).

31. MILNER, *On est prié de fermer les yeux. Le Regard interdit* (*op. cit.*), pp. 105–212.

32. Jean-Pierre RICHARD, *Littérature et sensation. Stendhal, Flaubert* (Paris, Seuil, « Points », 1970), pp. 135–252 : « La création de la forme chez Flaubert », p. 137.

33. Léon CELLIER, « Le Roman initiatique en France au temps du romantisme », *Cahiers internationaux du symbolisme*, nº 4, 1964, pp. 22–40 (p. 27).

Le recours au biographique ne laisse pas de poser problème sur le plan théorique. La critique littéraire s'est longtemps évertuée à le chasser, avant de le ressaisir par le biais de la psychanalyse et de la psychocritique. La première de ces méthodes, on le sait, bute naturellement sur le peu d'informations dont nous disposons à propos de la prime enfance du créateur[34]. La seconde propose, plus modestement, de « *contrôl*[*er*] *par comparaison avec la vie de l'écrivain* »[35] les données inconscientes révélées par sa création. Ce croisement du textuel et du biographique intéresse la poétique du sujet, dans la mesure où celui-ci ne saurait adopter au quotidien des attitudes radicalement contradictoires avec les images qu'il déploie dans son œuvre — du moins, si contradiction il y a, ne manque-t-elle pas de faire sens. Comme l'inconscient se manifeste chez l'auteur par-delà son œuvre, le sujet n'abandonne pas son imaginaire sur la table, aux côtés des papiers et des crayons, lorsqu'il cesse d'écrire. L'ignorer reviendrait à se priver d'un matériel significatif. Pour autant, il n'est pas question de faire exercer un contrôle de l'imaginaire par le biographique, ce serait les cliver, les hiérarchiser artificiellement. L'étude de la « *personnalité inconsciente* »[35] doit s'en accommoder du fait, précisément, de son centrage sur un inconscient toujours approché, jamais vérifié ; mais, par la place qu'elle accorde à la conscience, au *construit*, l'étude de l'imaginaire se doit de récuser une telle césure du sujet. Au total, mon attitude concernant le lien du biographique et du textuel se situe dans la droite ligne des travaux d'un Alain Buisine, pour qui « *aucune donnée biographique, corporelle ou événementielle, n'existe chez l'écrivain en dehors de la reconstruction, de l'amplification, de l'interprétation qu'en propose l'œuvre elle-même : la vie fait partie du corpus des œuvres complètes, puisque constamment en attente de sa réécriture* »[36].

La poétique du sujet se propose pour objectif de dégager de l'imaginaire les motivations de l'écriture. Elle ne prétend pas explorer de façon exhaustive les productions de l'imagination, mais choisir en leur sein celles qui animent le besoin d'écrire du

34. Max MILNER, *Freud et l'interprétation de la littérature* (Paris, C.D.U.-SEDES, 1980), pp. 119-20.

35. MAURON, *Des Métaphores obsédantes au mythe personnel. Introduction à la psychocritique* (*op. cit.*), p. 32.

36. Alain BUISINE, *Les Mauvaises pensées du "Grand Meaulnes"* (Paris, P.U.F., « Le Texte rêve », 1992), p. 66.

sujet et déterminent une forme singulière de création littéraire. Je ne parle pas de besoin au hasard ; celui-ci me semble bel et bien confirmé par Verne lui-même, dès le premier des « Voyages extraordinaires », lorsqu'il affirme que le docteur Fergusson « *se disait poussé plutôt qu'attiré dans ses voyages, et parcourait le monde, semblable à une locomotive, qui ne se dirige pas, mais que la route dirige* » (5S, I ; 7). Il y a là un écho à la conception barthésienne du style comme « *produit d'une poussée, non d'une intention* »[37]. Ce sont les composantes imaginaires de cette poussée que cherche à définir la poétique du sujet. Sans vouloir s'inféoder à ces méthodes, elle emprunte pour ce faire à l'anthropologie de l'imaginaire ses lectures symboliques, et à la psychanalyse son approche du désir. Aussi ne devra-t-on pas s'étonner de rencontrer, au détour des pages, plusieurs figures mythologiques, ni de voir le sujet — à l'instar de son homonyme lacanien[38] — en proie aux signifiants et pris dans les rets des instances parentales. L'esprit qui anime cette démarche se veut synthétique, ouvert aux diverses lectures de l'imaginaire qui peuvent servir à la définition du geste créateur. Trois principaux terrains de recherche s'offrent à la poétique du sujet. D'abord, la définition de cet autoportrait symbolique que j'ai déjà évoqué. Ensuite, la détermination des destinataires intimes de l'écriture, c'est-à-dire des personnes en vue desquelles, ou au moyen desquelles le sujet élabore puis dresse son autoportrait symbolique. Enfin, la dimension idiolectale de l'écriture, qui permet de comprendre l'organisation et la signification profonde de la langue construite par le sujet, et témoigne de la fonction qu'il assigne à sa création littéraire. C'est en menant l'investigation critique de front, sur ces trois terrains privilégiés, que l'on peut comprendre le sens personnel, les motivations singulières du travail poétique. La poétique du sujet propose non point une psychanalyse, mais une *psychomythie* de la création : elle tente de retrouver quelle

37. BARTHES, *Le Degré zéro de l'écriture* (*op. cit.*), pp. 11–7 : « Qu'est-ce que l'écriture ? », p. 12.

38. Rappelons-nous cette définition du sujet lacanien formulée par Di Nasio : « [...] *ce sujet* [...] *est celui qui parle et pense avec des mots du père attirés par la jouissance de la mère.* » (*Cinq leçons sur la théorie de Jacques Lacan* [*op. cit.*], p. 246). Voir aussi Alain JURANVILLE, « Le Sujet de la psychanalyse », pp. 111–26 in *Penser le sujet aujourd'hui. Colloque de Cerisy* (*op. cit.*). Le concept lacanien n'est pas intégralement transposable dans une démarche littéraire, mais je ne cache pas qu'il m'a beaucoup inspiré.

fiction intime, engendrée par l'imaginaire, fonde la démarche narcissique du créateur.

les « Voyages extraordinaires »

La production vernienne est abondante. Les « Voyages extraordinaires », tels qu'ils ont été publiés de 1863 à 1920, se composent d'une centaine de volumes. À côté de ces œuvres, on ne compte pas moins de quarante pièces, théâtrales ou lyriques, dont huit qui ont été tirées des romans, avec ou sans la collaboration d'Adolphe D'Ennery. À cela s'ajoutent encore une volumineuse *Histoire générale des grands voyages et des grands voyageurs*, de nombreux articles et discours, deux cahiers de poésies et chansons, une demi-douzaine de récits biographiques plus ou moins romancés, des textes de jeunesse, souvent inachevés, et enfin une abondante correspondance avec sa famille et son éditeur.

Le terme générique de « Voyages extraordinaires » apparaît en 1866 ; il est porté en faux-titre de la première édition grand in-8° des *Voyages et aventures du capitaine Hatteras.* Une vignette du même volume formule un autre titre : « Les Mondes connus et inconnus ». En 1867, le titre de « Voyages extraordinaires » sera appliqué, rétrospectivement, à *Cinq semaines en ballon.* Il est d'usage de désigner par « Voyages extraordinaires » l'ensemble des œuvres narratives publiées sous le nom de Verne, mais pareille généralisation ne peut satisfaire le critique qui entend s'intéresser aux textes écrits par Verne et destinés à entrer dans cette somme romanesque. En effet, la recherche bibliographique des vingt-cinq dernières années, notamment les importants travaux de Piero Gondolo della Riva, ont quelque peu compliqué les frontières de cette œuvre en révélant les apports de Michel Verne et en précisant la part qu'a prise Paschal Grousset à la rédaction de trois romans : *Les Cinq cents millions de la Bégum*, *L'Étoile du Sud* et *L'Épave du Cynthia.* Il convient donc de bien définir le corpus des « Voyages extraordinaires », tel que Verne l'a conçu et laissé inachevé. Pour ce faire, il faut examiner le cas des textes remaniés ou rédigés par Michel, celui des nouvelles et des recueils de nouvelles, ainsi que la collaboration de Verne avec Grousset.

Après la mort de Jules Verne, le 24 mars 1905, la maison Hetzel a encore publié huit « Voyages extraordinaires » : *Le Phare du bout du monde* (1905), *Le Volcan d'or* (1906),

L'Agence Thompson and C° (1907), *La Chasse au météore* (1908), *Le Pilote du Danube* (1908), *Les Naufragés du Jonathan* (1909), *Hier et demain* (1910) et *Le Secret de Wilhelm Storitz* (1910). Enfin, en 1920, Hachette publiait le dernier roman de la série : *L'Étonnante aventure de la mission Barsac*. Le manuscrit du *Phare du bout du monde* avait été envoyé à Hetzel fils par Verne lui-même, quelques semaines avant sa mort. Tous les autres manuscrits, bien qu'à peu près achevés par Verne, ont été remaniés par Michel, avec la complicité, et à la demande de Jules Hetzel. Deux de ces romans sont même entièrement de la main de Michel : *L'Agence Thompson and C°* et *L'Étonnante aventure de la mission Barsac*, imaginé d'après l'ultime manuscrit de Verne, *Voyage d'études*, qui ne comporte que quatre chapitres et quelques lignes d'un cinquième. Pour vraiment lire et analyser les « Voyages extraordinaires » posthumes, il faut donc écarter ces deux derniers romans et se reporter, pour les autres, aux manuscrits originaux. Tous ont été édités par la Société Jules Verne, à l'exception de *Hier et demain*, sur lequel je vais revenir, et de *Voyage d'études*, publié par Le Cherche-midi.

Trois nouvelles rédigées par Verne avant *Cinq semaines en ballon* ont été reprises dans *Le Docteur Ox* en 1872 : « Un Drame dans les airs », « Maître Zacharius » et « Un Hivernage dans les glaces ». Ces trois textes avaient été publiés dans le *Musée des familles*, respectivement en août 1851, avril 1854 et mars 1855. Pour les intégrer aux « Voyages », Verne les a quelque peu remaniés ; il a même modifié le titre de deux d'entre eux : dans le *Musée*, « Un Drame dans les airs » s'intitulait « Un Voyage en ballon » et « Maître Zacharius » portait un sous-titre, « L'Horloger qui avait perdu son âme. Tradition genevoise ». Ce travail était une manière d'adapter ces œuvres à la nouvelle somme romanesque, elles ont donc toute leur place dans les « Voyages extraordinaires ».

Quant au recueil *Hier et demain*, il est impossible de l'adjoindre tel quel aux œuvres de Verne. Mieux vaut lui substituer le projet initial de l'auteur, un groupement de textes qu'il prévoyait, en 1893[39], de réunir en un ultime recueil. La composition de celui-ci a été retrouvée par Charles-Noël Martin, au début du manuscrit des « Souvenirs d'enfance et de jeunesse » :

39. Pour cette date, voir Olivier DUMAS, « L'Unique autobiographie de Jules Verne », *Bull. JV*, n° 89, 1er trim. 1989, p. 1 n. 2.

Souvenirs d'Enfance et de jeunesse / Volume / 1° Famille Raton / 2° Journée d'un journaliste / 3° Souvenirs d'enfance et de jeunesse / 4° M. Ré-dièze et Mlle Mi-bémol / 5° Comte de Chanteleine.[40]

La présence dans cette liste de la « Journée d'un journaliste » ne manque pas de poser problème. Ce texte a d'abord été publié en anglais dans un journal américain ; il s'intitulait alors « In the year 2889 »[41]. Or, une lettre de Verne à Hetzel, en date du 29 janvier 1889, ne laisse aucun doute sur son véritable auteur : * [L'article dont je vous ai parlé a paru dans le *Forum* de New-York ; après arrangement entre Michel et moi, il a été entièrement écrit par lui (ceci entre nous) et il paraît avoir beaucoup plu.] (BN, II-98). On ne peut pour autant l'écarter définitivement du corpus des « Voyages » car, l'année suivante, Verne en lut devant l'Académie d'Amiens une version remaniée par ses soins[42] et aussitôt publiée dans les *Mémoires* de ladite institution, sous le titre « La Journée d'un journaliste américain en 2890 »[43]. Enfin, au mois d'août 1891, il en donna une nouvelle mouture, très proche, au supplément illustré du *Petit journal*[44]. C'est sans doute cette dernière version qu'il prévoyait d'intégrer aux *Souvenirs d'enfance et de jeunesse* ; c'est en tout cas celle qu'il convient de retenir, non sans réserves. Les autres textes mentionnés dans ce projet ne soulèvent aucune difficulté particulière. On peut, sans sourciller, intégrer aux « Voyages » le texte du « Comte de Chanteleine » publié dans le *Musée des familles*[45] et les versions manuscrites des « Aventures de la famille Raton », de « Monsieur Ré-Dièze et Mademoiselle Mi-Bémol » comme des « Souvenirs d'enfance et de jeunesse »[46].

40. Voir Charles-Noël MARTIN, « La Fugue du "mousse" Jules Verne », *Bull. JV*, n° 60, 4e trim. 1981, p. 140 n. 7.

41. *The Forum* [New York], 6e vol., févr. 1889.

42. Sur l'ampleur des remaniements et leur justification, voir GONDOLO DELLA RIVA, « À propos d'une nouvelle », pp. 284–8 in *Jules Verne*.

43. *Mémoires de l'Académie des Sciences, des Lettres et des Arts d'Amiens*, 37e tome, Amiens, 1890. Réédition : Jules VERNE, *La Journée d'un journaliste américain en 2890* (Amiens, Atelier du Gué, 1978).

44. *Le Petit journal. Supplément illustré*, n° 40 de la 2e année, 29 août 1891.

45. C'est la seule version dont nous disposions, mais la correspondance de Verne avec son éditeur nous apprend que le récit aurait été modifié pour entrer dans les « Voyages extraordinaires ». Hetzel l'annota et sa publication reçut un début d'exécution puisqu'il y eut, en 1879, un jeu d'épreuves de ce texte qui semble malheureusement perdu. Voir C.-N. MARTIN, « Préface » in *L'Étonnante aventure de la mission Barsac*, suivi de *Le Comte de Chanteleine* (Lausanne, Rencontre, 1971), p. XIV.

46. Les manuscrits de ces trois nouvelles ont été publiés par la Société Jules

Le projet des *Souvenirs d'enfance et de jeunesse* est également intéressant « en creux ». Trois titres y manquent, que l'on retrouve dans *Hier et demain* : « La Destinée de Jean Morénas », « Le Humbug » et « L'Éternel Adam ». Chacune de ces absences mérite un commentaire. Michel Verne a écrit l'histoire mélodramatique des frères Morénas en modifiant profondément une nouvelle rédigée par son père vers 1852, « Pierre-Jean »[47]. Verne n'a jamais émis le souhait de voir resurgir ce texte, il convient donc de lui garder sa place parmi les œuvres de jeunesse, aux côtés de « San Carlos » ou du « Mariage de Monsieur Anselme des Tilleuls ». De « Mœurs américaines. Le Humbug », nous possédons un manuscrit, sans doute rédigé vers 1870 ; Verne n'a pas cherché à publier ce texte, il semble donc légitime de respecter sa volonté et de ne pas le retenir comme partie intégrante des « Voyages extraordinaires », même s'il est contemporain de *Vingt mille lieues sous les mers*[48]. Pour ce qui est de « L'Éternel Adam », son cas prête à la polémique. Nous ne possédons de ce texte aucun manuscrit, mais seulement une frappe dactylographiée ; en outre, Michel Verne ne le mentionne pas dans sa liste des nouvelles inédites, rédigée à la mort de son père. Malgré cela, on a récemment tenté d'attribuer ce texte à Verne, sous son titre primitif : « Edom »[49]. Mais l'argumentation développée, qui repose sur la cohérence de cette nouvelle avec le reste de l'œuvre, ne suffit nullement à lever le doute. Si les travaux de Michel Verne n'avaient pas été cohérents avec ceux de Jules, on n'eût pas été long à dénoncer la supercherie. Je ne peux donc me rallier à cette opinion et continue de considérer ce beau texte comme le chef-d'œuvre de Michel.

À ces deux ensembles que représentent *Le Docteur Ox* et les *Souvenirs d'enfance et de jeunesse*, il convient encore d'ajouter sept nouvelles publiées en complément de volumes trop courts.

Verne, respectivement dans *Bull. JV*, n° 90, 2e trim. 1989, pp.5–46 ; n° 92, 4e trim. 1989, pp.5–30 ; n° 89, 1er trim. 1989, pp.3–8.

47. Olivier Dumas reproduit cette nouvelle dans sa biographie (*Jules Verne* [*op. cit.*], pp.207–33). Malheureusement, il manque à cette reproduction une page, publiée dans *Bull. JV*, n° 93, 1er trim. 1990, p.13. Le biographe fixe la date du manuscrit d'une façon à la fois originale et rigoureuse (p.207).

48. Pour la datation de ce manuscrit, voir Pierre TERRASSE, « À Humbug, Humbug et demi », *Bull. JV*, n° 71, 3e trim. 1984, pp.150–2. Le manuscrit original a été édité par la Société Jules Verne dans *Bull. JV*, n° 76, 4e trim. 1985, pp.258-77.

49. Voir Christian PORCQ, « *Edom*, ou l'arche de Noé de tous les "Voyages" », *Bull. JV*, n° 100, 4e trim. 1991, pp.49–57.

Trois d'entre elles avaient d'abord été publiées dans le *Musée des familles* : « Les Forceurs de blocus »[50], repris avec *Une Ville flottante*, « Martin Paz »[51], publié à la suite du *Chancellor*, et « Un Drame au Mexique »[52], qui fermait le tome II de *Michel Strogoff*. Deux autres avaient été éditées respectivement dans les *Mémoires* de l'Académie d'Amiens et *Le Figaro illustré* : « Dix heures en chasse »[53], qui complétait *Le Rayon-vert*, et « Frritt-Flacc »[54] qui prenait la suite de *Un Billet de loterie*. Enfin, deux de ces nouvelles n'ont été éditées que chez Hetzel : « Les Révoltés de la "Bounty" », publié avec *Les Cinq cents millions de la Bégum*, et « Gil Braltar », qui venait clore le volume du *Chemin de France*. À l'exception de ces deux derniers textes, tous ont été modifiés pour être intégrés aux « Voyages extraordinaires ».

J'en viens à la collaboration avec Paschal Grousset. En 1877, l'abbé de Manas confiait à Hetzel le manuscrit d'un ancien communard évadé du bagne et désireux de remédier par sa plume à de gros problèmes financiers, Paschal Grousset[55]. Ce texte, intitulé *L'Héritage de l'Angevol*, dénonçait les ambitions germaniques. Une lettre de Verne à Hetzel, en date du * [1 7bre 78] (BN, I-415), précise les deux idées fortes de ce manuscrit : d'une part, la lutte du canon et de la torpille, de l'autre, * [le contraste [...] entre la ville d'acier, et la ville du bien-être]. Le texte de Grousset était informe ; Hetzel l'acheta pour rendre service à son auteur et, l'année suivante, le confia pour remaniement à Verne, qui en tira *Les Cinq cents millions de la Bégum*. En 1880, l'éditeur renouvela l'opération avec *L'Étoile du Sud*. Les manu-

50. Édition préoriginale : Jules VERNE, « Études de mœurs contemporaines. Les Forceurs de blocus », *Musée des familles. Lectures du soir*, 33e tome, n° 1 et 2, 1865.

51. Édition préoriginale : Jules VERNE, « L'Amérique du Sud. Mœurs péruviennes. Martin Paz, nouvelle historique », *Musée des familles. Lectures du soir*, 2e série, 9e tome, n° 10, 1852.

52. Édition préoriginale : Jules VERNE, « L'Amérique du Sud. Études historiques. Les Premiers navires de la marine mexicaine », *Musée des familles. Lectures du soir*, 2e série, 8e tome, n° 10, 1851.

53. Édition préoriginale : Jules VERNE, « Scéance publique du 18 décembre 1881. Dix heures en chasse. Simple boutade », *Mémoires de l'Académie des Sciences, des Lettres et des Arts d'Amiens*, 3e série, 8e tome, 1882

54. Édition préoriginale : Jules VERNE, « Frritt-Flacc », *Le Figaro illustré*, 1884-1885.

55. Pour une meilleure connaissance de la vie et de l'œuvre de Paschal Grousset, voir Francis LACASSIN, « Le Communard qui écrivit trois romans de Jules Verne » (*Europe*, nos 595-596, pp.94–105).

scrits de Paschal Grousset ont été perdus, mais la correspondance Verne–Hetzel témoigne de l'ampleur des corrections effectuées par l'auteur des « Voyages », c'est pourquoi il ne faut pas hésiter à considérer ces œuvres comme siennes. Les textes de Grousset n'ont jamais servi que de scénarios de départ à l'imagination vernienne. Le cas de *L'Épave du Cynthia*, publié en 1885 sous la double signature de Verne et d'André Laurie (pseudonyme de Grousset) est tout à fait différent. Verne n'a que fort peu remanié le texte de son « collaborateur » : il a supprimé certains passages, raccourci d'autres, modifié la ponctuation, changé quelques mots. On peut certes comptabiliser quelque trois mille trois cents variantes entre le manuscrit original et le roman publié par Hetzel, mais il s'agit de remaniements mineurs[56]. Si, comme le montrait Robert Taussat, sans connaître le texte laurien, *L'Épave du Cynthia* semble « *une synthèse des* Voyages extraordinaires »[57], cela tient essentiellement à ce que Paschal Grousset, amnistié depuis 1881 et lancé dans une double carrière politique et littéraire, cherchait à écrire à la manière de Verne. En dépit du charme de ce texte, il est donc nécessaire de l'écarter du corpus des « Voyages ». Il y a fort à parier que, si Verne a cosigné le livre avec cet auteur, alors presque complètement inconnu, ce fut, comme le pense Charles-Noël Martin, « *une manière de compensation à un auteur qui cherch*[*ait*] *à se faire un nom* »[58] et qui lui avait soufflé l'idée de l'un de ses plus grands succès, *Les Cinq cents millions de la Bégum*.

Toutes ces informations permettent de donner une définition précise des « Voyages extraordinaires », tels que les a *écrits* Verne. Cette somme romanesque se divise en cinq ensembles, que l'on peut déterminer selon des critères purement éditoriaux :

1) Tous les romans signés par Jules Verne, de *Cinq semaines en ballon* (1863) au *Phare du bout du monde* (1905), hormis *L'Épave du Cynthia*, cosigné avec Paschal Grousset *alias* André Laurie, soit cinquante-cinq titres.

56. Voir Xavier Noël, « *L'Épave du "Cynthia"* d'André Laurie et de Jules Verne : contribution respective des deux auteurs », *Cahiers du centre d'études verniennes et du musée Jules Verne* [Nantes], n° 4, 1984, pp. 15–64.

57. Robert Taussat, « *L'Épave du Cynthia* : bref essai d'analyse structurale », *Bull. JV*, n° 17, 1er trim. 1971, p. 22.

58. C.-N. Martin, « Préface » in Jules Verne, *L'Étoile du Sud, L'Épave du "Cynthia"* (Lausanne, Rencontre, 1967), p. xii.

2) Cinq romans posthumes achevés, tous publiés par la Société Jules Verne d'après les manuscrits : *Le Secret de Wilhelm Storitz* (1985), *La Chasse au météore* (1986), *En Magellanie* (1987), *Le Beau Danube jaune* (1988), *Le Volcan d'or* (1989).

3) Les quatre premiers chapitres d'un roman inachevé : *Voyage d'études*, édité en 1993 par le Cherche-Midi.

4) Deux recueils de nouvelles, l'un publié du vivant de l'auteur, *Le Docteur Ox*, l'autre dont nous ne conservons que le projet, mais que nous pouvons recomposer en groupant les versions *ad hoc* de : « Aventures de la Famille Raton », « La Journée d'un journaliste américain en 2890 », « Souvenirs d'enfance et de jeunesse », « M. Ré-Dièze et Mlle Mi-Bémol », « Le Comte de Chanteleine. Épisode de la Révolution ».

5) Sept nouvelles isolées : « Les Forceurs de blocus », « Martin Paz », « Un Drame au Mexique », « Les Révoltés de la "Bounty" », « Dix heures en chasse », « Frritt-Flacc », « Gil Braltar ».

Ainsi définis, les « Voyages extraordinaires » comptent soixante-et-un romans et seize nouvelles. C'est à la création de cet ensemble que je m'intéresserai, à la figure du sujet qu'ils exposent. Il était nécessaire de définir cette somme avec précision afin d'éviter les erreurs de maints critiques qui, faute d'avoir eu connaissance du rôle de Michel Verne, ou faute d'en avoir tenu compte, ont gauchi le portrait du père pour lui attribuer, sur le tard, les traits de son fils. Je ne nie pas l'intérêt des travaux de Michel, ils fourniraient sans doute un terrain propice à une étude de la récriture, mais il importe de distinguer son « œuvre » de celle de son père, afin de pouvoir cerner, sans risquer d'interférences, le travail créateur auquel nous devons les « Voyages extraordinaires ».

PREMIÈRE PARTIE

L'ŒIL ET LE PÈRE

« [...]
— En tout cas, nous ne pouvons regretter d'être venus jusqu'ici. Ce spectacle est magnifique, et...
— Il ne s'agit pas de voir. Je me suis proposé un but, et je veux l'atteindre ! Ainsi, ne me parle pas d'admirer ! »

(*VCT*, XXXIII ; 265)

Chapitre premier

CARTES ET ESPACES VIERGES
LA GÉOGRAPHIE

terræ incognitæ

Des blancs sur les cartes, tant de côtes à tracer, de points à relever... Les « Voyages extraordinaires » en sont pleins, de ces espaces *inconnus*, offerts en pâture aux plus audacieux explorateurs : pôle Nord, pôle Sud, Grande Forêt, cœur de l'Afrique, centre de la Terre... Points Suprêmes[1] ou lieux sacrés[2], il s'agit chaque fois de *terræ incognitæ*, d'étendues vierges où peut en paix se déployer l'imagination de l'auteur. Inconnues ?... Inconnues, non point de n'être pas connues, car chacun sait désigner du doigt, sur la carte, leur emplacement ; mais inconnues de n'être pas *reconnues*, car découvrir en géographie c'est reconnaître : chercher, en un paysage que l'on n'a jamais vu, l'intersection, aisément repérable sur une carte, d'une latitude et d'une longitude. Reconnaître une terre, c'est permettre l'adéquation d'une carte et d'un paysage, et pour cela l'avoir vue. En écrivant ses *Voyages dans les mondes connus et inconnus*, Verne s'est fait le romancier de la reconnaissance. L'œil est l'organe par excellence de la reconnaissance, et c'est l'organe primordial de la science vernienne. Les « Voyages extraordinaires » forment une œuvre du regard.

Aussi, une fois passée la caravane des héros verniens, la carte du monde ne présente-t-elle plus un point ignoré : tout est décrit, du fond des océans jusqu'à la face cachée de la Lune. Et si Hatteras ne pose pas le pied sur le « *point mathématique où se*

1. Je pense à l'article fondateur de Michel Butor, « Le Point Suprême et l'Âge d'Or à travers quelques œuvres de Jules Verne » (*Arts et lettres*, pp. 3–31).
2. Voir Vierne, *Jules Verne et le roman initiatique...*, pp. 76–82.

réunissent tous les méridiens du globe » (*CH*, II, XXV ; 605), on sait que celui-ci se perd dans le cœur en fusion d'un cratère volcanique ; si Lidenbrock n'atteint pas le centre de la Terre, on apprend qu'au-delà des sombre abîmes, les profondeurs illuminées de notre sphéroïde abritent une mer primitive et toute une vie fossile. L'œuvre se constitue autour de cette obsession romanesque de voir l'invisible pour en tracer le plan. L'œil dévoile l'inconnu et noircit la carte du globe d'autant de points relevés, de sites enfin reconnus.

Une fois la carte dressée, inutile d'y revenir, aucun récit ne repousse sous le trait du romancier qui dessine avec soin sa propre mappemonde. S'il est donné au capitaine Len Guy de parcourir l'Antarctique vingt-sept ans après le capitaine Nemo[3], c'est que le voyage subaquatique de celui-ci n'avait pas permis à Verne de dresser une topographie imaginaire de cette partie du monde. La carte de *Vingt mille lieues sous les mers* laisse apparaître les lacunes de l'époque : seules les Terres de Graham, d'Enderby et de Kemp y sont nettement dessinées, la côte de la Terre Louis-Philippe n'y est qu'un vague pointillé ; en outre, aucun de ces territoires n'est clos, tous voient leurs lignes se perdre dans les hachures d'un Océan Glacial Antarctique inexploré (*20M*, II, VIII ; 405). Il en sera pratiquement de même, une dizaine d'années plus tard, de la carte reproduite dans *Les Voyageurs du XIXe siècle*[4]. Dans ce cadre, le périple du "*Nautilus*" apparaît comme une simple direction dans un océan d'ignorances. Dans *Le Sphinx des glaces*, en revanche, la carte est donnée pour complète, et les noms de la cartographie réelle côtoient ceux engendrés par la double fantaisie de Poe et de Verne : Jane Sund, Île Tsalal, Terre du Sphinx, etc. (*SG*, I, VI ; 99). Voir un point ne suffit donc pas : avec Nemo, nous avions vu la mer libre du pôle ; dans *Le Sphinx des glaces*, elle reste invisible à M. Jeorling et à ses compagnons, mais une note infrapaginale (II, X ; 404) rappelle au lecteur les descriptions de *Vingt mille lieues sous les*

3. Je me réfère aux dates de publication de *Vingt mille lieues sous les mers* et du *Sphinx des glaces*, à savoir respectivement 1870 et 1897. Ce sont elles, en effet, qui doivent nous intéresser ici. Toutefois, notons que, pour ce qui est des dates des actions, Nemo parvient au pôle le 21 mars 1868, soit vingt-huit ans après le voyage de M. Jeorling. Sans doute, du reste, ce jeu des dates se propose-t-il, outre la concordance avec le récit d'Edgar Poe, de situer le tracé de la carte en premier.

4. Jules VERNE, *Histoire générale des grands voyages et des grands voyageurs. Les voyageurs du XIXe siècle*, p.486.

mers. Il faut, pour qu'une terre soit épuisée, qu'on l'ait parcourue et relevée. La carte est la mémoire de l'œil ; sans elle, il n'est point de description qui vaille. Le regard vernien ne prend corps que dans la linéarité. L'image de la carte structure le protocole narratif en œuvre dans l'écriture vernienne : le monde est présenté comme une carte qui se dessine au fil des aventures et des romans sous les yeux de l'auteur, des voyageurs et des lecteurs.

Écoutons un instant Samuel Fergusson s'exalter à l'idée de flotter au-dessus de l'Afrique :

> « [...]
> — [...] Je plane sur les cités nouvelles ! Je vole avec la rapidité de l'ouragan, tantôt au plus haut des airs, tantôt à cent pieds du sol, et la carte africaine se déroule sous mes yeux dans le grand atlas du monde ! »
>
> (*5S*, III ; 22)

La fréquence des moyens de transport aériens dans les « Voyages extraordinaires » n'est sans doute pas étrangère à ce dispositif : ils permettent de prendre de la hauteur et autorisent ainsi la confusion du monde et de sa représentation cartographique. Le phénomène a d'ailleurs sa réciproque, comme dans ce passage du même roman où Samuel Fergusson et Dick Kennedy envisagent leur voyage, penchés sur une carte du continent africain :

> « [...]
> — Suis maintenant ce parallèle et arrive à Kazeh.
> — C'est fait.
> — Remonte par le 33e degré de longitude jusqu'à l'ouverture du lac Oukéréoué, à l'endroit où s'arrêta le lieutenant Speke.
> — M'y voici ! Un peu plus, je tombais dans le lac.
> [...] » (*5S*, V ; 32)

C'est ici la carte qui tend à devenir réalité et non plus la réalité qui se fait carte. L'imaginaire circule donc librement de l'un à l'autre de ces deux pôles du voyage entre lesquels la fiction est générée. C'est en effet dans ce mouvement de va-et-vient de la carte au réel, dans cette reconnaissance de l'un dans l'autre, que naît la fiction géographique. Dans les *Voyages et aventures du capitaine Hatteras*, Verne a, pour décrire la passion de son héros, cette phrase qui dit le ressort de sa propre imagination : « *John eût inventé un pays pour avoir l'honneur de le découvrir.* » (*CH*, I, XII ; 119). En consultant les cartes imaginaires du *Sphinx des glaces* ou de *L'Île mystérieuse*, on comprend que John Hatteras est sur ce point un véritable doublon de Verne, à ceci près, bien entendu, que l'auteur a pleinement *réalisé* ce qui n'est que potentialité chez son capitaine de héros.

Parallèlement à cette monomanie de la découverte géographique, il n'est pas de regard intéressant quand une carte le précède. D'où le mépris de Paganel pour le pic de Ténériffe :

> « [...]
> — Oh ! le gravir ! le gravir, mon cher capitaine, à quoi bon, je vous prie, après MM. de Humboldt et Bonplan ? Un grand génie, ce Humboldt ! Il a fait l'ascension de cette montagne ; il en a donné une description qui ne laisse rien à désirer [...].
> [...] » (*CG*, I, VIII ; 69)

Le dernier verbe est capital. Il dit que la reconnaissance est désir. Lorsque, d'aventure, on suit une carte pré-établie, comme les voyageurs du *Superbe Orénoque* sur les traces de Chaffanjon, un « *problème géographique* » (*SO*, I, III ; ₁222) — fût-il aussi absurde que la « *question Atabapo-Guaviare-Orénoque* » — vient subsumer le récit de la traversée. En effet, la vaine querelle sur le cours véritable du fleuve vénézuélien, si elle est présentée d'emblée comme un faux problème, n'en constitue pas moins la première amorce du voyage, avant même que l'on nous présente le sergent Martial et Jean de Kermor.

Sous la figure de la reconnaissance optique, la pulsion scopique est à l'origine de chacun des « Voyages extraordinaires ». Voyager, c'est désirer voir.

jouets du désir

Cette pulsion de l'auteur s'incarne en deux grands types de personnages. D'abord, ceux qui choisissent, qui décident leur voyage, tels Phileas Fogg, l'ingénieur Banks ou Clovis Dardentor. C'est à cette catégorie que se rattachent les découvreurs, les Fergusson, Lidenbrock ou Nemo. Ceux qui le subissent, ensuite : Hector Servadac, Kin-Fo, les pions du « *Noble Jeu des États-Unis d'Amérique* » (*TE*, I, V ; ₁56) ou, dans une moindre mesure, Kéraban, poussé par son entêtement à faire le tour de la mer Noire pour ne pas s'acquitter de l'impôt sur les caïques du Bosphore. Sept cents lieues pour ne point payer le « *prix d'une demi-tasse de café !* » (*K*, I, IV ; 45). De ces deux catégories de voyageurs, la première épouse la pulsion scopique de l'auteur, tandis que la seconde l'endure. Il en résulte des personnages et des romans fort différents, les uns tout en puissance, les autres plus cocasses. L'humour de Verne, sa verve sarcastique, pèse en effet de tout son poids sur les personnages qui ne partagent pas ses désirs, comme s'il venait à brocarder ces complices involontaires de sa pulsion, tout au plaisir de leur jouer un bon tour en les envoyant contre leur gré aux pays de ses vœux. *César Cascabel* offre un excellent exemple de ce phénomène. Fortune faite aux États-Unis d'Amérique, le forain entend rejoindre New York avec sa troupe et, de là, gagner Paris en steamer, par la voie la plus directe. Mais il paraît que ce projet clairement affiché ne correspond pas à l'intention de l'auteur, qui est d'écrire un "*Voyage à reculons*"[5]. Aussi des voleurs viennent-ils dévaliser les malheureux et les contraindre à emprunter la voie de terre par la détroit de Behring gelé, le continent asiatique et les plaines de Russie — trois mille trois cent vingt lieues contre deux mille deux cents, soit onze cents lieues de différence !

> « [...]
> — De différence en plus par l'ouest, répondit M. Cascabel, mais pas de mer sur la route ! Donc, enfants, quand on ne peut pas aller par un côté, il faut aller par l'autre, et c'est ce que je vous propose de faire tout bêtement !
> — Tiens !... Un voyage à reculons ! s'écria Sandre.
> — Non pas à reculons !... Un voyage en sens inverse !
> [...] » (*CC*, I, IV ; $_{1}$55)

La dernière réplique du héros éponyme traduit la mauvaise grâce avec laquelle il se plie aux exigences de l'auteur. Quoi qu'il en soit, le programme de ce dernier s'impose à tous.

Notons que, souvent, les deux catégories de voyageurs se retrouvent dans un même roman et que leur rencontre permet

5. Tel fut le titre de l'ouvrage, du début à la fin de sa rédaction, ainsi qu'en attestent deux lettres à la maison d'édition. L'une est adressée à Hetzel fils le 21 octobre 1888, elle annonce la rédaction du roman en ces termes : * [J'ai maintenant en préparation pour 90 un roman intitulé <u>Voyage à Reculons</u>] (BN, II-91). L'autre, expédiée à l'un des employés de la maison Hetzel, et datée d'un simple * [Dimanche], donne la preuve que ce titre fut en usage jusqu'à la fin de la rédaction : * [Mon cher Simon, je renvoie aujourd'hui les derniers placards du <u>Voyage à reculons</u>. J'y ai joint le croquis des 2 cartes qu'il y aura à faire pour le 1er et le 2e volume [*sic*]. [§] Renvoyez-moi ces placards en 2e gravure dès que vous le pourrez.] (BN, II-88).

une séduisante variété des tons. Ainsi de Passepartout aux côtés de son maître — et le voici affublé d'un nez de bambou (*TM*, XXIII ; 202). Ainsi de Phil Evans, Uncle Prudent et Frycollin, ridiculisés par Robur-le-Conquérant ; ainsi d'Aronnax, passager déconcerté de son prétendu narval, ichtyologiste cauchemardant et bafouillant à l'idée d'une promenade dans des eaux infestées de requins (*20M*, II, II ; 304-5, 308). Qui ne désire pas voir ce qui intéresse l'auteur est aussitôt moqué de belle façon. Cette technique s'inscrit dans la stratégie didactique de Verne : elle prône l'audace et la détermination dans le même temps qu'elle décourage toutes les formes de paresse et de couardise. L'auteur des « Voyages extraordinaires » exalte et illustre ainsi la philosophie de l'école laïque.

Encore faut-il distinguer une sous-catégorie particulière, celle des voyageurs involontaires qui subissent presque sans rien voir des voyages qu'ils n'ont pas choisis : les naufragés du *Chancellor*, les héros du *Pays des fourrures* ou des premiers chapitres de *L'Île mystérieuse*. Personnages plus pathétiques, qu'aucun regard ne vient distraire des périls de l'ailleurs. Ceux-là pâtissent d'échapper à la pulsion scopique. Loin de tout cadre exotique, sur la toile de fond uniforme de l'océan ou des brumes, ces personnages souffrent de ne pouvoir satisfaire aucune curiosité géographique de l'auteur. Ils sont comme pris au piège d'un regard frustré.

La typologie des personnages se décalque sur une topographie du désir.

Si l'œil est bien un synonyme imaginaire de l'esprit, le détour de la connaissance par le regard ne peut être tout à fait innocent. Voir du pays n'est pas tout. Voir, dans l'imaginaire vernien, c'est découvrir ce qui était jusque-là caché au sujet, des lieux dont il connaissait ou pouvait supposer l'existence sans être en mesure d'en dresser la carte. Des espaces vierges. On ne peut s'empêcher de relever ici une troublante analogie entre cette préoccupation du romancier et les tourments intimes, les inclinations fureteuses de l'adolescence.

Nombreux sont les « Voyages » dont le canevas sexuel ne fait pas de doute et qui répondent à leur manière, détournée, aux interrogations et pulsions des jeunes garçons. Songeons à la pénétration du Professeur Lidenbrock dans les entrailles de la terre, au caractère éjaculatoire du départ de l'obus lunaire, au besoin obsessionnel de toucher le pôle Nord qui conduit le capitaine Hatteras à sa perte dans la première version de ses *Voyages et aventures*[6]. Et que dire de ce « *coup* » (*MV*, II, XII ; 505) tiré au petit matin sur le plateau de Ripore parce que la Flamme Errante a mis « *la main à la pièce* » (506), avant de « *tomb*[*er*] *évanouie dans les bras de son mari* » au terme d'un épisode pathétique jalonné de termes connotés d'érotisme, soit directement — « *caress*[*er*] - *croupe* - *coup de foudre* - *nœuds* - *chairs* » (XII ; 492-5), « *étreindre* » (504), « *amour* » —, soit au prix d'une apocope — « CUL*asse* » (492) — ou d'une aphérèse — « *é*BRANLER » (494) — ; épisode où l'on a vu « *la folle écart*[*er*] *peu à peu les plis de son pagne* » (501) en s'approchant du supplicié ! La fiction vient illustrer de la sorte les théories de pénétration naturellement échafaudées par les adolescents de sexe masculin, à l'âge où le pénis pointe son but[7]. Même les pulsions homosexuelles ne sont pas laissées de côté, comme l'a abondamment repéré Marc Soriano[8]. L'imagination vernienne puise ici dans les phénomènes psychiques propres à la puberté masculine. Je comprends mieux ainsi les arcanes du plaisir que ces lectures procurent aux jeunes adolescents, et le relatif désintérêt des jeunes filles pour ces aventures. La réussite commerciale des « Voyages extraordinaires » procède de cette exceptionnelle adéquation d'une inspiration *adolescente-virile* avec les aspirations du public visé par la stratégie éditoriale.

6. Olivier DUMAS, « La Mort d'Hatteras », *Bull. JV*, n° 73, 1er trim. 1985, pp. 22–4.

7. « *Dans le même temps où le processus de la puberté amène le primat des zones génitales, où la poussée du membre viril devenu érectile indique le nouveau but, c'est-à-dire la pénétration dans une cavité qui saura produire l'excitation, le développement psychique permet de trouver l'objet à la sexualité, ce qui avait été préparé depuis l'enfance.* » (Sigmund FREUD, *Trois essais sur la théorie de la sexualité* [Paris, Gallimard, « Idées », 1981], pp. 109–42 : « Les transformations de la puberté », p. 132).

8. Voir SORIANO, *Jules Verne (le cas Verne)*. Ce sujet est principalement traité dans les chapitres VIII à X.

Un autre questionnement caractéristique de la sexualité infantile tardive occupe dans ces romans une place tout aussi importante, quoique plus masquée encore : il s'agit de ce qui touche à la différence des sexes[9]. On peut le lire, en filigrane, dans quelques allusions plus ou moins humoristiques à la castration. Je songe, bien sûr, à la natte de Soun, tranchée « *d'un coup de ciseaux bien affilés* » (*TCC*, IV ; 53) par son maître, en guise de punition, et qui s'avérera une fausse « *queue* » (XX ; 298)[10] ; mais je me rappelle aussi ces menaçantes paroles de Maître Antifer : « [...] *que nous veut-il, ce descendant de pacha dont je me charge de couper les queues ?...* » (*MA*, I, X ; $_1$114), ou bien encore, dans un registre plus sylleptique et moins drôle, cette méchante auberge de Salt Lake City, « *Cheap Hotel, un abominable coupe-gorge ou tout au moins coupe-bourse* » (*TE*, II, III ; $_1$246). Il y a plus. J'ai établi plus haut que *Le Superbe Orénoque* commence par une absurde question sur la véritable identité du fleuve vénézuélien. Le champ de cette problématique couvre toute la première partie du roman et du voyage, jusqu'à San Fernando. Dans cette ville, les explorateurs se séparent. Alors que le sergent Martial, son « neveu » et leurs compatriotes se dirigent vers le Haut Orénoque et la mission de Santa Juana, MM. Miguel, Felipe et Varinas restent sur place pour trancher une querelle qui n'intéresse plus qu'eux et que le récit laissera en suspens. Dans le même temps, au même lieu, Jacques Helloch révèle que le jeune de Kermor n'est pas fils mais fille du colonel. Le champ de la question géographique recoupe donc parfaitement celui de la confusion anatomique. Celle-ci levée, on entame un nouveau voyage sur les chemins balisés par M. Chaffanjon, sans plus de mystère géographique à éclaircir. La concomitance n'est pas innocente. Elle éclaire d'un jour nouveau le fait que la production vernienne soit tout entière dynamisée par la découverte de l'altérité et l'exploration de la différence. Elle nous rappelle que la confusion ou l'indétermination des espaces sont des erreurs parmi les plus dangereuses que puissent commettre les héros des « Voyages ». Dans

9. Freud attribue l'intérêt pour cette question de la différence des sexes non aux jeunes enfants, mais à « *ceux qui approchent de la maturité* » (*La Vie sexuelle* [Paris, P.U.F., « Bibl. de psychanalyse », 1977], pp. 123–32 : « Quelques conséquences psychiques de la différence anatomique entre les sexes (1925) », p. 127 n.1).

10. Sur la lecture analytique de cet épisode, voir François RAYMOND, « Un Cache-cache littéraire, *Les Tribulations d'un Chinois en Chine* » (*JV7*, 45).

Un Capitaine de quinze ans, les compagnons de Dick Sand tombent entre les mains des esclavagistes parce qu'ils confondent Amérique du Sud et Afrique australe ; les protagonistes de *Seconde patrie* connaissent la faim et la soif parce qu'ils ne savent reconnaître en l'île ingrate où ils ont échoué une grève inexplorée de leur Nouvelle Suisse ; Aronnax, Conseil et Ned Land manquent périr dans le maelström parce qu'ils ignorent la situation exacte du "*Nautilus*" au moment prévu pour leur fuite. D'une manière générale, l'œuvre vernienne professe qu'il importe d'identifier l'autre pour en déjouer les sortilèges. Ainsi, dans *Le Pays des fourrures*, convient-il de comprendre que ce que l'on prenait pour un cap est devenu un iceberg à la dérive ; dans *Le Château des Carpathes*, que l'apparence de la Stilla n'est qu'une fantasmagorie ; dans *Les Enfants du capitaine Grant*, que l'île Maria-Thérésa est appelée Tabor sur les cartes françaises. Sur le mode satirique, « Gil Braltar » offre le pendant de cette proposition : le général Mac Kackmale — « *Un vrai singe, excellent militaire, d'ailleurs, malgré sa tournure simiesque.* » (*GB*, III ; $_1$427) — sauve le rocher d'une invasion de monos en se portant à leur tête, affublé d'une peau de quadrupède. Dès lors, tirant la leçon de l'épisode, l'Angleterre s'« *assure à jamais la possession de Gibraltar* » (IV ; $_1$433) en n'envoyant sur ce rocher « *que les plus laids de ses généraux, afin que les monos puissent s'y tromper encore* », c'est-à-dire en maîtrisant la confusion de l'homme et du singe. Toutes ces problématiques se ramènent à un jeu d'identification qui découle, comme le Bas Orénoque du Haut Orénoque, de la curiosité naturelle pour l'autre sexe — curiosité toute anatomique, où l'amour n'a guère de place.

Verne se livre à un déplacement métaphorique de ses pulsions sexuelles adolescentes sur la carte du globe. En outre, il déculpabilise sa relation à ces investigations en les présentant comme une nécessité épistémologique. En un sens, son génie a été de poser une équivalence de principe entre espace et savoir, et de peindre l'ailleurs moins pour le montrer, à l'instar des faiseurs de couleur locale, que pour signifier l'irrésistible expansion des connaissances humaines, par une analogie de celle-ci avec le destin des pulsions sexuelles propres à l'enfance tardive et à l'adolescence. L'écriture vernienne retrouve ainsi, et retourne avec subtilité, l'une des caractéristiques fondamentales de la phase phallique, celle où la recherche du plaisir s'intègre à la fonction sexuelle : le fait que « *l'activité intellectuelle* [*soit mise*] *au service de l'investigation sexuelle*»[11]. Ce déplacement métaphorique des pulsions sexuelles sur la carte du globe entre en résonance avec l'exploitation qui fut faite du voyage par les Romantiques, de Bernardin de Saint-Pierre à Pierre Loti ; mais ce qu'il revêt de particulier sous la plume de Verne, c'est l'aura de modernité qui déculpabilise la relation de l'individu aux investigations de ce type en les présentant comme une nécessité épistémologique. Constitués en épopée de la science, à la conquête de l'inconnu, du vierge, et non de l'exotisme ou du dépaysement, les « Voyages extraordinaires » se lavent toutefois du soupçon de voyeurisme dans la mesure où ce n'est pas la jouissance que l'on attend du regard, mais la seule connaissance.

Et de fait, le mariage, qui constitue socialement le point de passage de la sexualité métaphorique aux plaisirs de la chair, n'est guère prisé par la cohorte des explorateurs verniens. La médaille de la Société royale de géographie attribuée au docteur Fergusson et à ses camarades, la présentation du docteur Clawbonny et de ses « *compagnons de misère et de gloire* » (*CH*, II, XXVII ; 622) à Sa Gracieuse Majesté en audience solennelle, le voyage triomphal des hôtes de l'obus lunaire au long des chemins de fer américains, les honneurs réservés au Professeur Lidenbrock, et jusqu'à la proposition de l'« *exhiber* » (*VCT*, XLV ; 371) chez Barnum, telles sont les vraies récompenses du voyage. Le mariage et ses plaisirs viennent plus volontiers sanctionner les aveugles : ceux qui n'ont rien regardé, tels Phileas Fogg ou Kin-Fo, ceux qui n'ont pas vu ce qu'ils cherchaient, comme Paganel ou les amoureux du *Rayon-vert*, ceux qui ont voyagé à contrecœur à l'instar d'Axel, ou un Michel Strogoff, qui a fait mine de ne rien voir... Parce qu'il reconnaît l'espace, l'explorateur est reconnu par ses contemporains. Tout le périple tient entre deux significations du verbe *reconnaître* : explorer et récompenser. La *reconnaissance* est l'objectif primordial de l'écriture vernienne.

Verne charge ses héros d'identifier l'objet du désir ; ceux qui y réussissent pleinement s'en tiennent là ; les autres, pour n'avoir pas regardé assez soigneusement, sont comme condamnés aux voluptés ordinaires.

11. S. FREUD, *Abrégé de psychanalyse* (Paris, P.U.F., « Bibl. de psychanalyse », 1973), p. 15.

Chapitre 2

LE COMPLEXE DE POLYPHÈME
LE SAVANT

œil du savant, œil du volcan

« *Voir est une science* » affirme péremptoirement le bon Paganel (*CG*, I, VIII ; 71). Et il a raison, mais à l'article près : voir est *la* science dans le monde vernien. Enfermé dans un projet de « Voyages extraordinaires » qui sacrait la géographie reine des sciences, Verne a calqué tous les savants sur le modèle dynamique des géographes. Tous doivent voir pour savoir. Ainsi, les savants verniens sont-ils des personnages optiques. Véritable emblème du savant, son œil est souvent souligné d'une paire de lunettes ou de quelque pathologie significative. Le docteur Clawbonny gagne le pôle affublé de curieuses « *snow-spectacles* » (*CH*, I, VIII ; 76) ; on sait que, du professeur Lidenbrock, les « *gros yeux roulaient sans cesse derrière des lunettes considérables* » (*VCT*, I ; 5) — on le sait d'autant plus, d'ailleurs, que Riou a forcé le trait en croquant le minéralogiste montures sur le front et loupe de bijoutier à l'œil (6) — ; Palmyrin Rosette retrouve le monde des vivants en s'écriant : « *Mes lunettes ! Où sont mes lunettes ?* » (*HS*, II, I ; 282), puis il ne quitte plus sa longue-vue ; Cousin Bénédict est « *un de ces dignes savants à lunettes d'or* » (*C15*, I, I ; 6) ; les artilleurs du Gun-Club construisent, outre leur fameuse Columbiad, un « *vaste instrument d'optique* » (*TL*, XXIV ; 312), le télescope des montagnes Rocheuses ; six scientifiques, trois Russes et trois Anglais parcourent l'Afrique australe bardés d'instruments de visée : « *lunette à réticule* » (*3R*, VII ; $_1$58), « *mire* », « *vernier* » ($_1$59), « *microscope* », « *alidade mobile* » ($_1$60), « *cercle répétiteur de Fortin* » (VIII ; $_1$66), « *cercle répétiteur de Borda* » ($_1$72), « *théodolite* » (X ; $_1$92) ; le roi de Malécarlie inspecte les « *étoiles filantes* » (*ÎH*, II, III ; $_{1}$225), l'œil rivé au télescope de *"Standard Island"* ; Orfanik porte œillère et lunettes (*ChCar*, IX ; $_{1}$43) ; Aristobulus Ursiclos a « *l'œil sans regard du myope* » (*RV*, VII ; 64) ; les yeux de Nemo, « *un peu écartés l'un de l'autre, p*[*euvent*] *embrasser simultanément près d'un quart de l'horizon* » (*20M*, I, VIII ; 74) ; M. de Schaller, l'ingénieur en chef des travaux de la mer Saharienne, a « *les yeux vifs, le regard d'une extrême fixité* » (*IMer*, V ; $_{1}$312)... Bref, point de savant sans particularité optique. Le monde, pour être compris, doit être l'objet d'une vue singulière.

On pourrait être tenté de m'opposer que le docteur Fergusson n'a rien de remarquable dans le regard, détail ennuyeux pour un explorateur ; mais il a su prendre à son service un domestique qui « *partag*[*e*] *avec Moestlin, le professeur de Képler* [sic], *la rare faculté de distinguer sans lunettes les satellites de Jupiter et de compter dans le groupe des Pléiades quatorze étoiles, dont les dernières sont de neuvième grandeur* » (*5S*, VI ; 38). On ne s'étonne pas, dans ces conditions, que le brave Joe soit certain d'être du voyage aux côtés de son maître. Voilà un compagnon qui vaut toutes les lunettes dont il n'a pas besoin ! Sans lui, nul voyage qui vaille. N'oublions pas que, dans la première version de *Cinq semaines en ballon*, le récit de Joe occupait beaucoup plus de place que dans le roman tel que nous le connaissons. Poussé par un imaginaire qu'Hetzel ne lui avait pas encore appris à maîtriser, Verne faisait naturellement de ce personnage un excellent focalisateur de l'intrigue géographique.

C'est son regard qui fait du savant un personnage à part. Et l'on comprend que pour forcer l'étourdi cousin Benedict à rentrer dans le rang de la caravane africaine, Dick Sand doive le priver de ses lunettes (*C15*, II, III ; 297). Sans elles, le scientifique n'est plus qu'un citoyen comme les autres. Ce sont longue-vue ou télescope qui isolent Palmyrin Rosette à Formentera puis dans son observatoire, Dean Forsyth et Sydney Hudelson au sommet de leurs maisons, J.-T. Maston et J. Belfast à la station de Long's-Peak ; de superbes machines à voir[1] qui éloignent Nemo et Robur de la société des hommes ; ses verres qui distinguent parmi les Waggdis le docteur Johausen et le font roi, sous le nom de Msélo-Tala-Tala, le « *père aux lunettes.* » (*VA*, XVI ; $_{1}$542).

1. À propos des machines verniennes, Daniel Compère écrit fort justement : « *Elles donnent à voir ; elles produisent du spectacle.* » (« Machines à écrire » [*JV3*, 95]).

Le savant vernien est un solitaire du regard.

Quant à Paganel, qui nous a révélé l'isomorphie du voir et du savoir, il souffre d'une précieuse affection : il est nyctalope. On ne saurait trouver meilleure icône de la science vernienne ; voir de jour comme de nuit, n'est-ce pas saisir le connu comme l'inconnu ? Paganel est le modèle du savant vernien, passé du cabinet poussiéreux à la pesanteur réelle du terrain, il incarne une dynamique de l'œil propre aux « Voyages extraordinaires ».

Le *« Sneffels Yoculis » (*VCT*, v ; 39) où s'engagent Lidenbrock, Axel et leur guide n'est pas seulement le *« Yocul de Sneffels », c'est aussi l'*œil* du Sneffels, ou plutôt *les yeux* du Sneffels si l'on traduit régulièrement *in Sneffels oculis* — le nombre des orbites importe peu à Verne[2]. Le volcan islandais n'a pas été choisi parce qu'il ouvre plus qu'un autre sur les entrailles du globe, mais parce qu'en autorisant ce jeu de mots il plonge au plus profond de la cosmogonie vernienne : qui se ressemble s'assemble, les volcans ont des yeux qui attirent les savants. Qu'on y regarde de près : la foule des savants verniens converge vers des volcans réels ou imaginaires. Cela commence dès *Cinq semaines en ballon*, où le "*Victoria*" est contraint de survoler un volcan à bonne hauteur : « *Magnifique et dangereux spectacle, car le vent, avec une fixité constante, portait le ballon vers cette atmosphère incendiée.* » (*5S*, xxii ; 190). Robur doit, de même, affronter les deux cratères des monts Ross à bord de son "*Albatros*" désemparé : « *L'un des volcans, l'Érebus, semblait se précipiter sur l'aéronef qui ne pouvait dévier du lit de l'ouragan.* » (*RC*, xiv ; 190). Le capitaine Hatteras, dans la version initiale du roman, plonge dans le volcan dont l'œil occupe l'emplacement du pôle[3]. Palmyrin Rosette et tous les hôtes de Gallia habitent un volcan ; l'ouragan de 1865 pousse les compagnons de Cyrus Smith vers une île éruptive où reposent le capitaine Nemo et son "*Nautilus*", prisonniers « *d'un exhaussement du basalte qui s'était produit sous l'influence des actions volcaniques* » (*ÎM*, III, xvi ; 807) ; l'ingénieur Ben Raddle conduit son cousin Summy Skim jusqu'au Golden-Mount, le fabuleux Volcan d'or ; les hôtes de l'obus lunaire survolent Tycho :

2. Du reste, certaines traditions attribuent non pas un mais trois yeux aux cyclopes et Gilbert Durand ne juge pas utile de « *séparer* [...] *l'image de l'œil du symbolisme du regard* » (*Les Structures anthropologiques de l'imaginaire...* [*op. cit.*], p. 170). J'ajoute que la stéréoscopie constitutive de notre vision explique probablement, sur le plan physiologique, cet amalgame symbolique.

3. Voir *supra*, chap. 1, n. 6.

> [...] c'était un ardent foyer de lumière, un centre d'irradiation, un cratère vomissant des rayons ! C'était le moyeu d'une roue étincelante, une astérie qui enserrait le disque de ses tentacules d'argent, un œil immense rempli de flammes, un nimbe taillé pour la tête de Pluton ! (*AL*, XVII ; 249-50)

Le cratère, l'œil, Pluton : la « *fantaisiste lunette* » (244-5) de Michel Ardan établit le paradigme de cette course à l'image de soi dans laquelle s'engagent les savants verniens.

Et quand, par hasard, l'occasion n'est pas donnée aux savants d'aborder un volcan, ils le fabriquent de toute pièce. Ainsi, pour quitter le plateau du Maunganamu où il est retenu avec ses compagnons de voyage, Paganel imagine-t-il d'exploiter vapeurs et feux souterrains pour faire « *un volcan factice, un volcan improvisé* » (*CG*, III, XV ; 784). De même, la fête de la fonte organisée par les bons soins des artilleurs du Gun-Club rappelle les phénomènes plutoniques : « [...] *l'homme seul avait créé ces vapeurs rougeâtres, ces flammes gigantesques dignes d'un volcan, ces trépidations bruyantes semblables aux secousses d'un tremblement de terre, ces mugissements rivaux des ouragans et des tempêtes* » (*TL*, XV ; 195). Pour protéger leur retraite, Ker-Karaje aidé de l'ingénieur Serkö et Robur devenu Maître du Monde font croire au réveil volcanique de Back-Cup (*FD*, VIII ; 118-20) et du Great-Eyry (*MM*, I ; 4, 10-1). Et loin de ces scènes à grand spectacle, lorsque Cyprien Méré conçoit la grande expérience par laquelle il entend produire du diamant, c'est un modèle volcanique qui s'impose à son imagination de chimiste :

> Diverses analogies portaient le jeune ingénieur à admettre que le diamant pourrait bien se former dans les Kopjes de la même manière que le soufre dans les solfatares. Or, on sait que le soufre résulte d'une demi-oxydation de l'hydrogène sulfuré : après qu'une partie s'est changée en acide sulfureux, le reste se dépose en cristaux sur les parois de la solfatare.
>
> « Qui sait, se disait Cyprien, si les gisements de diamants ne sont pas de véritables carbonatares ? [...] » (*ÉS*, VIII ; 98-9)

Le néologisme final montre que les racines de l'alchimie de Verne, comme son idiolecte, puisent dans le fonds des images plutoniennes. Changer la boue en diamant, c'est reconstituer, domestiquer la mécanique des volcans. Les savants verniens ne peuvent se passer de ces montagnes fumantes, elles sont leur but ou leur moyen, marquent la fin du voyage ou une étape obligée, constituent refuge ou péril ; leur œil et celui de la science sont destinés à se croiser, pour le meilleur ou pour le pire.

Dans ces conditions, rendez-vous était pris entre le justicier de la Méditerranée, Mathias Sandorf *alias* docteur Antékirrt, et le principal volcan de son domaine : l'Etna. Rencontre fortement empreinte de mythologie et d'évhémérisme :

> Que le géant Polyphème ait à son actif des prouesses que l'Hercule Cap Matifou ne peut avoir au sien, il y a lieu de le reconnaître. Mais Cap Matifou a l'avantage d'être vivant, tandis que Polyphème est mort depuis trois mille ans, — si même il a jamais existé, quoi qu'en ait dit Ulysse. Élisée Reclus fait remarquer, en effet, que très probablement, ce cyclope célèbre fut tout simplement l'Etna, « dont le cratère brille pendant les éruptions comme un œil immense ouvert au sommet de la montagne et qui fait tomber du haut de la falaise des pans de roches qui deviennent des îlots et des écueils comme les Faraglioni. » (*MS*, III, VI ; 103-4)

La rencontre des géants est également marquée par l'histoire, puisque l'auteur ne manque pas de rappeler le suicide d'Empédocle dans l'œil de l'Etna (VII ; 129-30). La scène est vernienne : elle rappelle la première fin des *Voyages et aventures du capitaine Hatteras* ; elle vient aussi étayer un imaginaire dans lequel le savant, en tant qu'homme du regard, ne saurait résister à l'attrait de son semblable, le volcan. Et voilà le docteur Antékirrt, plus que Cap Matifou, endossant la tenue des fils d'Ouranos, le voilà Polyphème. Et son regard est magnétique, comme le pôle — pour le coquin qu'il hypnotise, Mathias Sandorf est en effet frappé au sceau du cyclope :

> Cependant, comme tout le monde, il venait d'apprendre l'arrivée du docteur Antékirrt à Ceuta. Or, ce docteur si renommé — Carpena ne l'ignorait pas —, c'était le personnage dont lui avait parlé Zirone pendant leur entretien près des grottes de Polyphème sur la côte de Sicile [...].
> (*MS*, IV, I ; 155)

Magnétisme du pôle, pouvoirs occultes de l'œil, attrait du volcan, ces phénomènes dessinent le cours d'un imaginaire placé sous le signe de Polyphème.

Par-delà ces subtilités, le rattachement de la science vernienne aux images cyclopéennes se signale par quelques scènes grandioses. Les compagnons de Paganel sur leur mont tabou sont d'« *audacieux ouvriers, véritables cyclopes maniant les feux de la terre* » (*CG*, III, XV ; 788) ; les puddleurs, à Stahlstadt, forment des « *équipes de cyclopes demi-nus, armés d'un long crochet de fer* » (*500*, V ; 69) ; le travail de l'ingénieur Murchison, maître d'œuvre du chantier de Tampa-Town, est qualifié de « *cyclopéen* » (*TL*, XIV ; 185).

Kuklos ôps, œil rond, œil qui tourne en rond autour du monde. Quelques lignes fixeront ce portrait du savant en cyclope :

> Les voyageurs, emprisonnés dans un nouveau satellite, s'ils n'avaient pas atteint leur but, faisaient du moins partie du monde lunaire ; ils gravitaient autour de l'astre des nuits, et, pour la première fois, l'ŒIL pouvait en pénétrer tous les mystères. (*TL*, XXVIII ; 360)

C'est « *l'œil de l'homme* » (*AL*, XV ; 227), l'œil explorateur de la science, que Barbicane, Nicholl et Michel Ardan promènent autour de la Lune, comme Paganel autour du 37e parallèle, Lidenbrock dans les entrailles du globe ou Clawbonny dans les glaces de l'Arctique ; un œil incarné dans la figure archétypale du cyclope[4]. Et il n'y a pas que la Terre qui soit ronde, l'ensemble de la science participe de la circularité en tant qu'il dessine le « *cercle des connaissances humaines* » (*TL*, XXVIII ; 361). Si cette figure géométrique s'impose à Verne comme icône de la science, c'est qu'en elle est enclos le destin du savant voyageur, toujours inscrit à l'intersection de deux cercles, par tant de longitude et tant de latitude, ivre de découvrir et de révéler ces fascinantes périphéries. Car chez Verne le trajet est aussi important que le but, il l'est même bien davantage quant à la masse de fiction qu'il produit et à la somme de savoir qu'il transmet au lec-

4. Je tiens à noter qu'attendu la place occupée par le cyclope dans l'imaginaire vernien de la science, il est fort probable que le « *cycloscope* » (*MB*, II, III ; 251) de Blackland — étrange instrument qui « [*g*]*râce à sa disposition optique* [...] *redresse suivant la verticale* [*une*] *bande de terrain circulaire, dont le veilleur, qui se trouve au centre de l'appareil, a constamment sous les yeux tous les points énormément grossis* » — soit une invention de Verne et non de son fils. Pourtant, la description de Blackland est entièrement de la main de Michel Verne. Je conjecturerais donc volontiers que, si Verne est mort après avoir écrit les quatre premiers chapitres de son *Voyage d'études*, il avait abondamment parlé avec son fils de son projet global. Me voilà donc enclin à répondre par l'affirmative à la question que posait Christian Porcq : « [...] *a-t-il transmis un scénario à son fils, scénario dans lequel se serait déjà trouvé l'idée de Blackland, inspiré par les événements tragiques du Congo ?* » (« Ballade pour un voyage orphelin », *Bull.JV*, n° 98, 2e trim. 1991, p.24).

teur. Par affinité de forme sans doute, l'*œil rond*, le savant, est voué à circuler, c'est-à-dire à parcourir des cercles[5].

En cas d'accident, la géodésie devient menaçante et change soudain l'euphorie en vertige. Le docteur Fergusson en fait la douloureuse expérience au beau milieu du Sahara : « [...] *il se crut penché sur un abîme ; il sentit ses genoux plier ; cette vaste solitude l'effraya ; il était le point mathématique, le centre d'une circonférence infinie, c'est-à-dire, rien !* » (5S, XXVI ; 222). Verne projette sur la carte du globe et de l'univers la géométrie sensible du Romantisme : « *Le romantique est un être qui se découvre centre* » écrit Georges Poulet[6]. Le héros vernien est un romantique du savoir[7]. Et puisqu'au centre nous voilà, intéressons-nous à celui dont toute l'œuvre procède : Verne en personne.

Dans ce tissu d'images mythologiques, l'auteur en effet s'est assigné une place ; écoutons deux dialogues, l'un se passe sur les rivages de la mer Intérieure, quelques années après la chute de Troie, l'autre se tient au fond du Pacifique, en 1866. Pour entendre de telles voix, il faut quelque silence :

POLYPHÈME. — Donne encor, sois gentil ! et dis-moi maintenant, tout de suite, ton nom ! car je voudrais t'offrir, ô mon hôte, un présent qui va te réjouir [...].

ULYSSE. — Tu veux savoir mon nom le plus connu, Cyclope ? Je m'en vais te le dire ; mais tu me donneras le présent annoncé. C'est Personne, mon nom : oui ! mon père et ma mère et tous mes compagnons m'ont surnommé Personne.[8]

« Une dernière question, dis-je, au moment où cet être inexplicable semblait vouloir se retirer.

— Parlez, monsieur le professeur.

— De quel nom dois-je vous appeler ?

5. Sans doute est-ce là un des moteurs imaginaires de ce « *mouvement perpétuel* » que François Raymond voit fort justement à l'œuvre dans les « Voyages extraordinaires » (« Jules Verne ou le mouvement perpétuel (Essai de Patanalyse appliquée) », *Subsidia pataphysica* [Collège de Pataphysique], n° 8, 22 sable 97, pp. 21–52).

6. Voir Georges POULET, *Les Métamorphoses du cercle* (Paris, Flammarion, « Champs », 1979), p. 173.

7. Sur ce point, on lira avec intérêt la dense étude d'Arlette MICHEL, « Jules Verne et la science romantique », pp. 117–24 in *Colloque d'Amiens II. Jules Verne : filiations, rencontres, influences* (Paris, Minard, « La Thèsothèque », 1980).

8. HOMÈRE, *Odyssée*, trad. Victor BÉRARD (Paris, Gallimard, « Bibl. de la Pléiade », 1955), IX, p. 674.

— Monsieur, répondit le commandant, je ne suis pour vous que le capitaine Nemo [...]. » (*20M*, I, x ; 99-100)

Si le capitaine tient le rôle d'Ulysse, en version latine, le narrateur, Aronnax, joue Polyphème sous les traits de l'auteur — Riou donne en effet au professeur le visage et l'allure de Verne à quarante ans[9]. Jeu de masques : les savants et le narrateur ont en Polyphème un parrain commun. C'est dire que la plume est tenue d'une main professorale, didactique. Autour du nom de Polyphème se constitue un véritable complexe[10] qui attribue sa place à la science dans l'œuvre vernienne. Après l'œil et le volcan, il m'en faut rechercher les autres composantes.

trompettes de la renommée

En grec, *polyphème* signifie « dont on parle beaucoup » ; c'est à juste titre que ce nom revient au plus connu des cyclopes. Mais il va aussi comme un gant à des savants de réputation internationale, tels ceux que l'on croise dans les « Voyages ». En effet, rares sont les savants verniens qui se présentent à nous comme des chercheurs marginaux ou de jeunes génies encore inconnus. Dans la première catégorie, on pourrait ranger Robur ou Orfanik — « *un de ces savants méconnus, dont le génie n'a pu se faire jour, et qui ont pris le monde en aversion* » (*ChCar*, IX ; 143) —, et dans la seconde Marcel Bruckmann (*500*, II ; 17) ou Alcide Pierdeux ; encore ce dernier jouit-il d'une certaine notoriété parmi ses condisciples de Polytechnique (*SDD*, IX ; $_{1}$395-7). Pour les autres principaux personnages scientifiques, ils remplissent à tout le moins des fonctions officielles. Schultze est professeur à l'Université d'Iéna (*500*, III ; 40) ; Thomas Black est attaché à l'observatoire de Greenwich (*PF*, I, III ; 27) ; le colonel Everest, Sir John

9. Voir notamment le célèbre portrait aux bras croisés intitulé « *Tantôt penché à la lisse de l'arrière* » (*20M*, I, v ; 39). À propos des sources photographiques d'Édouard Riou, voir Éric WEISSENBERG, « Quel visage pour Aronnax ? », *Bull.JV*, n° 101, 1er trim. 1992, pp.30-1.

10. L'emploi de ce terme en dehors de l'orthodoxie psychanalytique est sujet à polémique. Je l'utilise, faute de mieux, pour désigner l'imbrication et la ramification de scénarios récurrents qui prennent sens les uns par rapport aux autres et renvoient, globalement, à des fondements biographiques motivant la création littéraire. Je désigne ces scénarios par le terme de *motifs*. C'est sur le plan de la psychomythie que s'enregistre la cohérence des motifs et des complexes.

Murray, William Emery, Mathieu Strux, Nicolas Palander et Michel Zorn sont chargés par leurs gouvernements respectifs de mesurer un arc de méridien (*A3*) ; Cyprien Méré est « *en mission scientifique au nom de l'Académie des sciences et du gouvernement français* » (*ÉS*, I ; 2). S'ils ne sont pas tous à proprement parler renommés, c'est, pour la plupart, à qui affichera le palmarès le plus impressionnant.

Le docteur Ox est « *un savant audacieux, un physiologiste dont les travaux sont connus et appréciés de toute l'Europe savante, un rival heureux des Davy, des Dalton, des Bostock, des Menzies, des Godwin, des Vierordt, de tous ces grands esprits qui ont mis la physiologie au premier rang des sciences modernes* » (*FDO*, IV ; 21) — un des plus éminents spécialistes de l'une des sciences primordiales, comment mieux dire qu'il est en pointe, au pinacle ? On se demande, d'ailleurs, pourquoi personne ne s'étonne de voir un tel individu se lancer dans l'éclairage municipal : c'est à croire que Quiquendone est la seule ville d'Europe où l'on ignore les travaux du personnage. Cyrus Smith est « *un savant de premier ordre* » (*ÎM*, I, II ; 13) ; les travaux de James Starr « *honor*[*ent*] *la respectable corporation de ces ingénieurs qui dévorent peu à peu le sous-sol carbonifère du Royaume-Uni* » (*IN*, I ; 2) et lui valent de compter « *parmi les membres les plus actifs de la "Royal Institution"* » ; M. de Schaller s'est fait remarquer avant de reprendre l'œuvre du capitaine Roudaire : « *Sorti en bon rang de Centrale, ses premiers travaux avaient appelé l'attention sur lui, et ce fut d'un pas rapide qu'il suivit le chemin de la fortune* » (*IMer*, V ; I312). Même ce franc-tireur de Samuel Fergusson est bien connu du grand public pour avoir été, au fil de ses voyages, « *le correspondant le plus actif et le plus intéressant du* Daily Telegraph, *ce journal à un penny, dont le tirage monte jusqu'à cent quarante mille exemplaires par jour, et suffit à peine à plusieurs millions de lecteurs* » (*5S*, I ; 6). La grande majorité des savants verniens a donc bien droit au qualificatif de *polyphème* avant même que le roman commence. Et ils le méritent tous après quelques chapitres car, jusqu'aux plus loufoques, tels Aristobulus Ursiclos ou cousin Bénédict, ils font, pour le moins, beaucoup parler d'eux. Enfin, j'ai établi que les travaux des explorateurs sont autant de courses aux plus hautes récompenses. Les savants, dans leur ensemble, se rattachent de la sorte à la problématique de la reconnaissance. Telle est la trace de leur lien avec le projet géographique de l'auteur.

Toutes ces affirmations péremptoires de la notoriété ont une fonction capitale dans la constitution du réalisme vernien : qui pourrait croire que des personnages aussi célèbres ne sont que des êtres de papier ? Afficher la célébrité d'un homme, c'est clamer sa réalité. Des noms authentiques viennent, en outre, contaminer de leur véracité les créations verniennes, et les lecteurs de se trouver réduits au rang des citoyens de Quiquendone... Chacun des acteurs de la communication romanesque a sa place dans le complexe de Polyphème. Après son public, j'en viens à l'auteur.

Le motif[11] de la notoriété est intéressant comme embrayeur de l'écriture car il lance l'auteur dans la course à la renommée, si bien que le savant vient à faire figure d'idéal du moi romancier. En choisissant comme sujets de son écriture des savants *polyphèmes*, dès *Maître Zacharius* — « *Ses œuvres se prisaient fort dans toute la France et l'Allemagne. Les plus industrieux ouvriers de Genève reconnaissaient hautement sa supériorité* [...]. » (*MZ*, I ; 114) — et *Cinq semaines en ballon*, Verne semble chercher la gloire à travers des personnages glorieux, il affiche métaphoriquement son besoin de reconnaissance, de célébrité. Il fallait prouver son talent à un certain Pierre Verne.

père qui roule n'amasse pas de mousse

Le jeu de mots — *« père qui roule n'amasse pas de mousse » (*ChCal*, XXVI ; $_7$139) — n'est pas d'une grande finesse, mais pardonnons à la jeunesse : il conclut une comédie-proverbe écrite en 1851 et publiée dans le *Musée des familles* de juin 1852, *Les Châteaux en Californie, ou Pierre qui roule n'amasse pas mousse*. C'est l'un des tout premiers textes publiés de Verne. Il y foisonne quelques centaines de calembours du même tonneau. Dans cette plaisanterie, toutefois, un phénomène syntaxique m'interroge : l'émergence de la préposition (« n'amasse pas DE mousse » au lieu du traditionnel « n'amasse pas mousse »). Il faut y voir un effet du mot *père* puisque le proverbe est énoncé correctement dans le sous-titre de la comédie. C'est en explicitant sa symbolique paternelle que la pierre appelle cette préposition à valeur partitive[12]. Le père redonne ainsi son poids, sa masse,

11. Sur l'acception dans laquelle j'emploie ce terme, voir *supra*, p.44 n.10.
12. Voir R. L. WAGNER et J. PINCHON, *Grammaire du français classique et moderne* (Paris, Hachette, « Hachette Université », 1976), p.98. La préposition

à la matière qu'on n'amasse pas, et en fait d'autant plus cruellement sentir le défaut. Or, cette matière n'est pas végétale — on serait bien en peine d'y recueillir la moindre goutte de rosée. C'est de la fortune qu'il s'agit. L'image du père exacerbe celle du dénuement. L'équivoque de la bonne Catherine ne se contente pas de résumer en un trait le prétexte de la comédie, elle révèle en un superbe raccourci l'angoisse de l'indigence que la pensée du père fait naître en Verne. Car, évidemment, il n'y a pas à s'inquiéter de la fortune de Pierre Verne : l'avoué nantais n'a pas le goût de l'aventure et ses reins sont assez solides. Mais, à cette époque, il assène à son fils une rude leçon de vie en lui allouant tout juste de quoi vivre chichement : 100 francs par mois[13]. Dans ces conditions, on comprend que penser au père revienne pour le jeune auteur à penser misère.

L'opposition de Pierre Verne aux projets artistiques de son fils — opposition physiquement ressentie par celui-ci sous forme de froid, de faim, de privations diverses, de maladies — amenèrent Verne à considérer la création littéraire comme un défi au père, une revanche filiale. Il savait bien, pourtant, que l'attitude de Pierre Verne n'était qu'inquiétude légitime, non malveillance, et qu'une fois la réussite venue, le vieil avoué ne serait pas peu fier de son rejeton :

> [...] tu me dis ceci : veux-tu dire que tu seras académicien, poète couronné, romancier émérite ?
>
> Si je devais devenir tel, mon cher papa, tu serais le premier à me pousser dans cette carrière ! et le premier tu en serais fier ! Car c'est la plus belle position qu'on puisse avoir dans le monde ! (JVCF, 14)

L'œuvre vernienne en est donc réduite à pousser sur le terreau d'un paradoxe : il faut bafouer le père pour faire son bonheur.

Le calembour nous dit aussi — et ce n'est pas son moindre enseignement — que dans l'imaginaire vernien la figure du père s'incarne symboliquement dans le roc, la pierre. Nous sommes en face d'un de ces jeux sur les signifiants, d'un de ces glissements du symbolique sous le sens propre qui définissent un idiolecte. La pierre vernienne est donc paternelle. Dans l'œuvre, c'est le dieu de la montagne fumante, Polyphème, qui prend tous les coups destinés au père. Détenteurs de la puissance et du savoir, les

conserve dans les tournures négatives la valeur partitive qu'elle revêt dans sa combinaison avec l'article en phrase affirmative.

13. Voir DUMAS, *Jules Verne*, p.35.

savants paraissent s'être imposés très tôt à Verne comme substituts de la figure paternelle. Et ils subissent à ce titre toutes sortes d'avanies réelles ou imaginaires. On en voit de congelés comme Palmyrin Rosette (*HS*, I, xxiv ; 273-4) ou Thomas Black (*PF*, I, iii ; 21-22), de déments comme Thomas Roch (*FD*, i ; 11) ou le docteur Johausen (*VA*, xvii ; $_{1}$556) ; le ballon de l'un se dégonfle (*5S*, xliii ; 359), la lunette de l'autre se rétracte quand il la prend pour canne (*CG*, I, vi ; 54-5) ; celui-ci tombe dans son télescope et ne doit la vie sauve qu'à son crochet (*AL*, xxi ; 304-5), celui-là pend à la verticale d'une falaise, accroché par ses vêtements à une souche brisée, « *situation tout à la fois dangereuse et ridicule* » (*RV*, xvi ; 158). Et combien d'échecs ! L'obus lunaire n'atteint pas au but (*TL*, xxviii ; 359-360), Cyprien Méré se fait duper par son aide (*ÉS*, xxi ; 274-5), Lidenbrock est enlevé par les laves du Stromboli quand il croit ouvrir en force la porte des profondeurs terrestres (*VCT*, xl ; 331 ; xlii ; 341), J.-T. Maston oublie trois zéros dans ses calculs (*SDD*, xx ; $_{1}$504), Paganel interprète trois fois à tort le message lacunaire du capitaine Grant et ne retrouve celui-ci que par hasard, M. de Schaller voit sa mer Saharienne réalisée sans lui par un « *tremblement de terre* » (*IMer*, xvii ; $_{1}$468) et s'en trouve un temps prisonnier, dans une situation apparemment « *désespérée* » ($_{1}$464)... Tel Ulysse, cette fois, Verne feinte le cyclope et l'aveugle bien souvent. Mais tout cela ne va pas sans affection, d'où les erreurs des premières lectures, toujours positivistes, des « Voyages extraordinaires ». Verne est un enfant révolté, ce n'est pas un parricide.

Hypothèse : avant de s'incarner dans le personnage du savant, la figure de Polyphème a sans doute désigné le seul Pierre Verne dans l'imaginaire de Jules, et sans doute par le truchement de la reconnaissance (être *polyphème*, faire parler de soi, être reconnu pour ne pas avoir à reconnaître l'autorité paternelle). À ce stade de la construction du complexe, Polyphème devait recouvrir l'image de la notoriété paternelle, qui menaçait de retenir le jeune homme prisonnier d'une fonction — Pierre Verne insistait pour que son aîné reprît son étude — et d'une ville. D'où l'idée de la fuite à Paris, la recherche d'une autre notoriété, au théâtre — lieu par excellence où l'on est en vue —, l'identification à Ulysse et la conception de récits exotiques : « Les Premiers Navires de la marine mexicaine », « Martin Paz »[14] ; c'est alors, en se compli-

14. Parus respectivement dans le *Musée des familles* de juillet 1851 et de juillet 1852.

quant de l'idée d'un *« ROMAN DE LA SCIENCE » pêchée auprès de Jacques Arago[15], que le complexe a pu engendrer les « Voyages extraordinaires ».

Si Verne met la science en question tout au long de son œuvre, c'est parce qu'il nourrit pour son père des sentiments ambivalents. La figure du père envahit l'imaginaire romanesque de Verne ; elle constitue, sous le nom de Polyphème, le modèle de son concept du savant. Pour le désarmer, il fallait lui donner les attributs de sa puissance.

Il me revient que les cyclopes étaient forgerons.

dans l'enfer de la forge

On a dit que la plupart des machines verniennes, déconnectées du monde du travail, ne participent pas au système d'exploitation du capitalisme industriel[16]. Pourtant, dans l'univers métallurgique du XIXe siècle, les savants verniens ne manquent pas de se rattacher au monde des forges. Polyphème est aussi le dieu des laves et des flammes, dieu des métaux fondus et des subtils alliages.

Tout ce que l'on sait de la fabrication du "*Nautilus*", c'est que :

> « [...]
> — [...] Sa quille a été forgée au Creusot, son arbre d'hélice chez Pen et C°, de Londres, les plaques de tôle de sa coque chez Leard, de Liverpool, son hélice chez Scott, de Glasgow. Ses réservoirs ont été fabriqués par Cail et Cie, de Paris, sa machine par Krupp, en Prusse, son éperon dans les ateliers de Motala, en Suède, ses instruments de précision chez Hart frères, de New-York, etc.
> [...] » (*20M*, I, XIII ; 135)

C'est toute l'aciérie contemporaine qui participe à la fabrication de cette merveille technologique ; elle nous est présentée comme le chef-d'œuvre de l'industrie moderne. Il y a chez Verne un véritable lyrisme de la forge — ainsi de la description de Stahlstadt dans *Les Cinq cents millions de la Bégum* :

> C'est au centre de ces villages, au pied même des Coals-Butts, inépuisables montagnes de charbon de terre, que s'élève une masse sombre, colos-

15. Voir MARTIN, *La Vie et l'œuvre de Jules Verne*, pp.62-3.
16. Voir CHESNEAUX, *Jules Verne. Une lecture politique*, pp.39-40.

sale, étrange, une agglomération de bâtiments réguliers percés de fenêtres symétriques, couverts de toits rouges, surmontés d'une forêt de cheminées cylindriques, et qui vomissent par ces milles [*sic*] bouches des torrents continus de vapeurs fuligineuses. Le ciel en est voilé d'un rideau noir, sur lequel passent par instants de rapides éclairs rouges. Le vent apporte un grondement lointain, pareil à celui d'un tonnerre ou d'une grosse houle, mais plus régulière et plus grave.

Cette masse est Stahlstadt, la Cité de l'Acier, la ville allemande, la propriété personnelle de Herr Schultze, l'ex-professeur de chimie d'Iéna, devenu, de par les millions de la Bégum, le plus grand travailleur du fer et, spécialement, le plus grand fondeur de canons des deux mondes.

(*500*, V ; 60–2)

Les couleurs et les bruits évoquent assez une atmosphère infernale pour qu'il ne soit pas besoin d'y insister. Et il y a de la fascination pour cet enfer, contenue dans les rythmes ternaires, les amplifications, les superlatifs dont cette courte description foisonne et dans le terme d'« *usine modèle* » (62) qui vient plus bas qualifier ces installations. Les sentiments de Verne à l'égard de Stahlstadt sont pour le moins ambivalents. La cité de Herr Schultze est l'objet de sa réprobation, mais elle est décrite avec une précision morbide et elle porte le nom de plume d'Hetzel : Stahl. En outre, il est dit que dans « *l'immensité de cette forge monstre,* [...] *l'homme sembl*[*e*] *presque un enfant* » (70–2), si bien que l'on peut voir en Stahlstadt une véritable métaphore de l'œuvre vernienne. En effet, ce réseau d'images semble une icône où s'inscrivent à la fois le père de Verne, son éditeur et son public adolescent, c'est-à-dire les trois instances auxquelles l'auteur s'adresse. Et l'on comprend dans ces conditions que le maître de forges soit « *momifié* » (XVIII ; 228), la plume à la main, au terme du récit : le mauvais père travaille en secret à l'œuvre du fils.

Le travail du forgeron s'alourdit de tout un poids mythologique. Ainsi, dans *L'Île mystérieuse*, le recours à la méthode catalane appelle-t-il des images bibliques :

C'était le procédé employé, sans doute, par Tubal-Caïn et les premiers métallurgistes du monde habité. Or, ce qui avait réussi avec les petits-fils d'Adam, ce qui donnait encore de bons résultats dans les contrées riches en minerai et en combustible, ne pouvait que réussir dans les circonstances où se trouvaient les colons de l'île Lincoln. (*ÎM*, I, XV ; 200)

Un œil étrange plane sur ce travail, œil emprunté à Hugo ; il a nom : Conscience. Qu'on relise en effet le poème II, II de *La*

Légende des siècles, vers 42 à 53 ; on retrouve Tubalcaïn construisant une « *ville d'enfer* » aux portes de laquelle fils et petits-fils d'Adam inscrivent : « *"Défense à Dieu d'entrer"* ». La malédiction divine pèse sur le travail du forgeron. Évidemment, il était impossible à Verne de dire cela aussi crûment dans des romans où Hetzel, bien qu'athée, s'ingéniait par souci commercial à glisser un maximum de références catholiques[17]. Mais l'allusion littéraire est assez claire. Son objectif ne l'est pas moins : échapper à Dieu, à l'œil de Dieu, pour Verne, c'est s'émanciper du catholicisme paternel. L'imaginaire vernien de la forge blasphème le nom du Père. C'est au « souffle paternel »[18] de celle-ci que Verne puise dans l'angoisse filiale son énergie créatrice, la force de s'opposer à Pierre Verne ; elle est le lieu où se dynamise le complexe de Polyphème.

Le lien du savant et de la forge n'est pas toujours aussi développé, bien sûr. On peut le trouver au détour d'une image, comme dans le portrait de Robur — « *Large poitrine qui s'élevait ou s'abaissait avec des mouvements de soufflet de forge* » (*RC*, III ; 28) —, dans la description clinique de l'ivresse qui s'empare de Nicholl, Barbicane et Michel Ardan — « *leur respiration s'activait, et leurs poumons jouaient comme un soufflet de forge* » (*AL*, VII ; 113) — ou dans la représentation du calorifère dont le "*Victoria*" tire son énergie — « *l'appareil que je vous décris est tout bonnement un chalumeau à gaz oxygène et hydrogène, dont la chaleur dépasse celle des feux de forge* » (*5S*, X ; 63). Parfois, la forge n'est qu'à peine évoquée au *hasard* d'un tableau, tel celui du *Great-Eastern* en rade de Liverpool :

> Je revins en suivant le boulevard de tribord, passant entre les roufles et les pavois, évitant le choc des poulies qui se balançaient dans les airs et le coup de fouet des manœuvres que la brise cinglait çà et là, me dégageant ici des heurts d'une grue volante, et plus loin des scories enflammées qu'une forge lançait comme un bouquet d'artifices. (*VF*, II ; $_1$8-9)

La chaleur et la flamme de la forge rayonnent au cœur de

17. Olivier Dumas a montré comment Hetzel « *veille et censure dans deux directions : satisfaire son public religieux en nommant souvent Dieu et supprimer toutes allusions érotiques* » ; il s'attache particulièrement à l'exemple de *L'Île mystérieuse* (*Jules Verne*, pp. 28–33).

18. Sur la valeur paternelle du souffle de la forge, voir Gaston BACHELARD, *La Terre et les rêveries de la volonté* (Paris, José Corti, 1947), p. 143.

l'imaginaire vernien. En elles se diffuse la puissance créatrice du géant Polyphème.

la foudre et le canon

Les cyclopes forgèrent la foudre de Zeus. De là, sans doute, vient la place d'une autre énergie qui tient dans la science vernienne une place de choix : l'électricité.

La plupart des machines les plus extraordinaires des « Voyages » participent de l'énergie électrique, sinon par leur moteur comme le "*Nautilus*" (*20M*, I, XII), l'"*Albatros*" (*RC*, VI ; 69), "*Standard Island*" (*ÎH*, I, IV ; 143-4), du moins par leur mode d'éclairage, tels le fanal du "*Victoria*" (*5S*, XXI ; 179) ou les yeux du Géant d'Acier (*MV*, I, V ; 73)[19]. Les images de la foudre ou de l'éclair viennent relayer cet élément. Qu'elle touche la machine électrique, l'"*Épouvante*" par exemple, « *arrivant comme la foudre, précédée d'un grondement formidable* » (*MM*, IV ; 44), ou bien le traîneau à voile de Phileas Fogg, d'où l'on voit de temps en temps « *passer comme un éclair quelque arbre grimaçant* » (*TM*, XXXI ; 286) — ce qui revient à dire qu'on glisse à la même allure —, l'image de la fulguration est toujours synonyme de mouvement, d'énergie. À ce titre, elle peut gagner un homme, un savant bien sûr, et précisément cela même en lui qu'il s'agit de déplacer : son regard. Ainsi de Mathias Sandorf, auquel la vélocité des "*Electrics*" confère des pouvoirs surnaturels :

Grâce à cette vitesse excessive, en mainte occasion déjà, le docteur avait pu accomplir des traversées extraordinaires. De là, ce don d'ubiquité qu'on lui avait attribué, quand, à de très courts intervalles de temps, il accourait du fond de l'Archipel aux dernières limites de la mer des Syrtes.

(*MS*, II ; VI, 287)

L'image de la foudre déborde largement le recours aux moteurs électriques. En elle, Verne enclôt sa représentation personnelle de l'énergie en mouvement, et il ne manque pas de lui trouver des affinités avec l'image du volcan ; j'en trouve un témoin dans la description du coup de canon qui expédie trois

19. Dans sa magistrale étude sur l'image de la machine dans les romans français de la seconde moitié du XIXe siècle, Jacques Noiray a fort judicieusement remarqué que, chez Verne, « *même les machines qui sont mues par d'autres sources d'énergie possèdent cependant des fanaux électriques* » (pp. 170-1). Voir NOIRAY, *Le Romancier et la machine*...

audacieux vers la Lune : « *Une détonation épouvantable, inouïe, surhumaine, dont rien ne saurait donner une idée, ni les éclats de la foudre, ni le fracas des éruptions, se produisit instantanément.* » (*TL*, XXVI ; 346–8). Les composants imaginaires du savant se rejoignent et prouvent leur cohérence en de tels parallélismes.

À l'instar des membres du Gun-Club, grands maîtres de la foudre et des éclairs, les ingénieurs verniens ont souvent une formation d'artilleurs. Ils fabriquent des canons comme Herr Schultze et Thomas Roch, sortent de l'École Polytechnique comme Alcide Pierdeux (*SDD*, IX ; $_1$395) et Cyprien Méré (*ÉS*, I ; 2), ou étalent leur balistique comme Aristobulus Ursiclos (*RV*, X ; 100).

La machine qui déplace le regard a toujours quelque chose d'électrique, de foudroyant. L'électricité vernienne donne sa puissance à la curiosité scientifique. Elle permet la réalisation du fantasme ambulatoire selon des arcanes toujours mystérieux. Nul exposé scientifique solide ne vient en effet éclairer son emploi, le constat de sa puissance et l'affirmation de son énigme suffisent à emporter l'adhésion du lecteur : « *Monsieur le professeur,* [...] *mon électricité n'est pas celle de tout le monde, et c'est là tout ce que vous me permettrez de vous en dire* » (*20M*, I, XII ; 119), déclare le capitaine Nemo ; Aronnax doit s'en contenter, nous aussi. Verne utilise l'électricité comme une sorte de joker pseudo-scientifique, une explication crédible de l'inexplicable. Énergie pure de l'imaginaire, énergie du désir... de voir, de connaître. Rien d'étonnant, dès lors, à ce qu'on relève dans les « Voyages » — comme l'a fort brillamment démontré Alain Buisine — de subtils rapports d'équivalence entre la force motrice et l'expression du désir érotique[20]. On mesure bien ici la distance qui sépare l'électricité d'Edison et celle de Verne. Le discours savant du romancier s'enracine dans une pré-science qui tient moins de la physique que de l'alchimie et de la magie : savoir, puissance des mots et non des phénomènes.

la mort ne détruit pas, elle ne rend qu'invisible !

*« La mort ne détruit pas, elle ne rend qu'invisible ! » (*MS*, II, VII ; 324). C'est le comte Mathias Sandorf qui parle ainsi, alors qu'il ferme les yeux du jeune Pierre Bathory. Il le ressuscitera au chapitre suivant (VIII ; 338). Les savants verniens, Mathias San-

20. Voir BUISINE, « Machines et énergétique » (*JV3*, 44).

dorf en tête, semblent s'arroger un pouvoir de vie et de mort sur leurs contemporains. Les uns lancent leurs proches dans les aventures les plus périlleuses sans se soucier de leur avis — ainsi procèdent Lidenbrock avec Axel (*VCT*, V ; 40) ou Fergusson avec Dick Kennedy (*5S*, XI ; 76) — ; d'autres prennent le risque de bouleverser la géographie du globe, tels les membres du Gun-Club qui prétendent modifier l'axe de l'écliptique dans *Sans dessus dessous*, ou M. de Schaller qui, dans *L'Invasion de la mer*, entend déverser les eaux du golfe de Gabès parmi les chotts sahariens. Nemo coule un navire de sang froid (*20M*, II, XXI ; 601-2), Robur se proclame Maître du Monde... et je ne parle pas de Herr Schultze. Il faut dire que les modèles cyclopéens de ces savants avaient commerce avec Hadès : le dieu des Enfers leur devait son masque d'invisibilité.

Dans les « Voyages extraordinaires », deux savants dominent explicitement l'invisibilité : Mathias Sandorf et Wilhelm Storitz. Ils en font des usages radicalement opposés, en apparence du moins.

Mathias Sandorf a revêtu le masque d'Hadès en devenant le docteur Antékirrt. Il est entré dans la mort (*MS*, II, VIII ; 338), et a pris du même coup la place du Dieu de l'Ancien Testament, le terrible Yahvé, qui récompense les justes et châtie les coupables (IV ; 258). Sa figure alors rappelle celle du capitaine Nemo dans *L'Île mystérieuse*, qui aide sans se montrer les colons de l'île Lincoln avant de se révéler à eux, au moment suprême, « *presque un dieu* » (*ÎM*, III, XVI ; 800) mais « *prêt à mourir* ». *Hubris* du savant, nouveau sacrilège. Ces dieux mortels sont éloignés de celui auquel croit Pierre Verne, ils n'ont une place dans le texte que parce que « *Yahvé est le dieu des volcans* »[21]. Ils ont d'ailleurs les attributs du volcan, Nemo par métonymie puisqu'il habite un cratère, Mathias Sandorf par métaphore, car il possède le magnétisme propre à ces montagnes dans l'imaginaire vernien.

À cette juste utilisation de l'invisibilité, Verne oppose son usage dévoyé dans *Le Secret de Wilhelm Storitz*. Le savant prussien menace la vie sociale :

> Cependant, si un homme avait le pouvoir de se rendre invisible, — ce qui ne me paraissait plus contestable, — si la fable de l'anneau de Gygès à la cour du roi Candaule était devenue une réalité, c'était la tranquillité

21. Michel Serres a dégagé cette image de l'étude du *Moïse et le monothéisme* de Freud, 2e partie, chap. IV et V (*Jouvences sur Jules Verne*, p.38).

publique absolument compromise ! Plus de sécurité personnelle. [...] Est-ce que l'intimité des familles n'allait pas être détruite ?... Est-ce que, pour s'être enfermé chez soi, on serait assuré d'y être seul ? — assuré de n'y point être entendu, comme de n'y point être vu, à moins de se tenir en une obscurité profonde ? Puis, dehors, à travers les rues, cette crainte perpétuelle d'être suivi, sans le savoir, par quelqu'un d'invisible, ne vous perdant pas des yeux, pouvant vous maltraiter, s'il le veut !... Et les attentats de toutes sortes, rendus si faciles, quel moyen de s'y soustraire ?... Ne serait-ce pas un trouble permanent, l'anéantissement de la vie sociale ?...
(*WS*, XIII ; $_3$127)

Verne s'inspire de Platon[22]. Le berger de Lydie devient un savant allemand, mais la fable reste celle d'une usurpation du pouvoir et de la femme. L'invisibilité assure l'hégémonie du regard scientifique, son universelle dissémination. Verne apparaît ici comme un précurseur de George Orwell. On semble loin de *Mathias Sandorf*. Mais qu'on y regarde de près : l'invisibilité du docteur Antékirrt n'est qu'un effet de son magnétisme or, dans sa conversation avec le directeur du préside de Ceuta, le comte tient sur son pouvoir des propos très pessimistes. Affirmant que l'on peut, entre autres, « *supprimer la matérialité d'une personne aux regards d'une autre* » (*MS*, IV, II ; 183), il en conclut que la «*faculté de suggestion devrait très sérieusement préoccuper les législateurs, les criminalistes et les magistrats, car elle p*[*eut*] *être exercée dans un but criminel* » (189). En outre, même le clivage entre juste et coquin peut être remis en cause, dans la mesure où le mythe platonicien de Gygès illustre dans *La République* l'idée selon laquelle on n'est juste que par contrainte. Lisons Platon :

Supposons maintenant deux anneaux comme celui-là, mettons l'un au doigt du juste, l'autre au doigt de l'injuste ; selon toute apparence nous ne trouverons aucun homme d'une trempe assez forte pour rester fidèle à la justice et résister à la tentation de s'emparer du bien d'autrui, alors qu'il pourrait impunément prendre au marché ce qu'il voudrait, entrer dans les maisons pour s'accoupler à qui lui plairait, tuer les uns, briser les fers des autres, en un mot être maître de tout faire comme un dieu parmi les hommes. En cela, rien ne le distinguerait du méchant, et ils tendraient tous deux au même but, et l'on pourrait voir là une grande preuve qu'on n'est pas juste par choix, mais par contrainte, vu qu'on ne regarde pas la jus-

22. PLATON, *La République*, Livre II, 359c-360d. Platon transcrit sur le mode du mythe des événements racontés par Hérodote au premier Livre de son *Histoire*, VII–XIII.

tice comme un bien individuel, puisque partout où l'on croit pouvoir être injuste, on ne s'en fait pas faute.[23]

Le Secret de Wilhelm Storitz offre sur l'invisibilité des vues plus philosophiques et plus réalistes que *Mathias Sandorf*; le Prussien m'apparaît moins comme un banal criminel usant de sa science pour le mal, que comme un juste grisé par ses pouvoirs. Le sujet est vernien : on le retrouve à la même époque dans *Maître du monde*.

Le pouvoir que confère l'invisibilité est la métaphore d'une toute-puissance de l'œil inquisiteur du savant. Œil du père : on comprend que l'intimité, la famille et la filiation soient tellement présentes dans *Mathias Sandorf* et *Le Secret de Wilhelm Storitz*. Le magnétisme vient ajouter à cette inquisition le danger d'une manipulation. Car tout ici n'est que littérature. Le magnétisme de Mathias Sandorf n'est en rien l'hypnose de Charcot ; il est presque entièrement emprunté au *Joseph Balsamo* d'Alexandre Dumas. Antékirrt, comme Balsamo, est un médecin initié aux traditions orientales. Verne a trouvé dans le roman de Dumas — à qui il dédie d'ailleurs *Sandorf* — les idées d'emprise de la volonté, d'influence à distance, d'aveuglement, d'oubli de ce que l'on a fait durant le sommeil magnétique. Pour le reste, c'est-à-dire l'utilisation du magnétisme *in articulo mortis*, il le doit à son autre grand maître, l'auteur de « La Vérité sur le cas de M. Valdemar » et de « Révélation magnétique », Edgar Poe. Le secret de Wilhelm Storitz, dans lequel on reconnaît « *la double intervention des rayons Roentgen et de l'électricité* » (*WS*, XVIII ; $_3$167) n'apparaît en somme que comme une version un peu plus scientifique, une matérialisation du pouvoir de Mathias Sandorf. Et cette évolution, contre toute attente, ne se fait ni dans la voie de l'hypnose, ni dans celle de l'optique. L'invisibilité vernienne participe de l'obsession polaire et électrique qui caractérise toutes les productions de la science vernienne — son message concerne donc l'ensemble de celles-ci. Contrairement aux idées reçues, en effet, la défiance de Verne pour les productions de la science ne concerne pas que ses œuvres tardives ; elle se manifeste avant même la conception des « Voyages extraordinaires » dans des nouvelles comme « Un Voyage en ballon » (1851) et « Maître Zacharius » (1854). Robert Pourvoyeur écrit à juste titre que

23. Trad. Émile CHAMBRY. Voir PLATON, *La République* (Paris, Les Belles Lettres, « Budé », 1948), p. 124.

Verne « *a fait à tout moment preuve d'un pessimisme foncier que seule sans doute la volonté d'Hetzel a su endiguer* »[24], d'où le fait que ce sentiment transparaisse davantage dans les œuvres publiées par Hetzel fils.

La science, pour Verne, constitue le véhicule romanesque d'un complexe personnel renvoyant à l'image de Pierre Verne. Dans *La Psychanalyse du feu*, Bachelard expose un complexe de *« l'appel du bûcher » qui puise dans la rêverie au coin du feu une aspiration au changement, la volonté de « *porter toute la vie à son terme, à son au-delà* » ; le volcan est son emblème. Feu, fascination, dépassement, mort, tels sont les éléments de ce réseau d'images auquel le philosophe donne le nom d'Empédocle[25]. Le complexe de Polyphème que nous venons de parcourir est une spécification de cet entrelacs — les aventures du capitaine Hatteras, d'ailleurs, disent bien leur proximité, et celles de Lidenbrock aussi, mais en quelque sorte à l'envers puisqu'au lieu de plonger dans le volcan, on l'utilise pour revenir à la surface. Et qu'on se rappelle la formule obsédante que répète, dans « Un Drame dans les airs », le premier savant fou de Verne : « *Je me nomme Érostrate ou Empédocle, à votre choix.* » (*DA* ; 188). La personne de Pierre Verne, son amour teinté de tyrannie, son autorité, ont apporté au complexe bachelardien la matière personnelle qui constitue la science vernienne en objet d'attraction et de répulsion — telle est la source de l'électricité vernienne.

24. Voir Robert POURVOYEUR, « Pégase chez Vulcain » (*JV6*, 34). Cet article explique fort justement par quels mécanismes une œuvre fondamentalement pessimiste a si longtemps passé pour une apologie de la science.

25. Pour l'énoncé du complexe, voir Gaston BACHELARD, *La Psychanalyse du feu* (1938) (Paris, Gallimard, « Folio essais », 1985), pp.34-5.

CHAPITRE 3

LE COMPLEXE DU "*VENGEUR*"

LA NÉMÉSIS

meurtre au jardin

Dans sa correspondance avec Hetzel, Verne utilisait indifféremment deux titres pour désigner le récit des tourments de la famille Roderich : "*L'Invisible*" et "*Le Secret de Storitz*"[1]. Le second l'a emporté — il est inscrit en tête du manuscrit de Verne —, car le premier souffrait de deux tares : d'une part, il dévoilait d'emblée l'objet du suspense et, de l'autre, il rappelait trop *L'Homme invisible* d'Herbert George Wells, paru en 1897, un an avant la rédaction de *Storitz*[2]. La concomitance de ces intitulés, doublée du *I* majuscule par lequel l'adjectif substantivé devient quasiment un nom propre, synonyme de Storitz, ouvre un paradigme qui incite à lire, sous le secret de Storitz, celui de l'invisible. Je note, d'ailleurs, que l'absence du prénom Wilhelm dans le titre signifie que Verne visait ici Otto, le mystérieux inventeur du procédé, autant que son fils Wilhelm, l'utilisateur. Par ce roman, Verne n'entend nullement plagier Wells, mais nous livrer le secret de l'invisible — un secret non point scientifique mais littéraire, introspectif. Du reste, la mort de l'inventeur au moment où commence le récit, l'escamotage des explications et l'accumulation des aberrations objectives — telle l'invisibilité des vêtements qui recouvrent les personnages — disent surabon-

1. Voir Charles-Noël MARTIN, « Préface », pp. VII–XVII in Jules VERNE, *Le Secret de Wilhelm Storitz, Hier et demain* (Lausanne, Rencontre, 1968), p. IX.

2. Sur le relevé des dates de composition de ses romans, Verne inscrit *Storitz* sous le titre *L'Invisible fiancée* et donne sur sa rédaction les détails suivants : *« (17 avril 98 — fini crayon 8 mai) (fini 23 juin 98) » (Piero GONDOLO DELLA RIVA, « Les Dates de composition des derniers *Voyages extraordinaires* », *Bull. JV*, n° 119, 3e trim. 1996, p. 12).

damment que l'auteur ne cherche pas ici le réalisme. Si l'on veut absolument situer *Storitz* par rapport à *L'Homme invisible*, inutile de chercher du côté de l'émulation entre auteurs de science-fiction. Verne n'a sans doute vu dans le personnage wellsien qu'un outil particulièrement adapté à un *métaroman* sur le rôle de l'invisibilité dans les « Voyages extraordinaires ». Et toutes ses pseudo-maladresses « scientifiques » sont autant de signes que l'essentiel n'est pas là. Pour bien comprendre Verne, il faut parfois le lire à rebrousse-plume — je commence donc par la fin...

Deux hommes, ou plutôt deux sabres sont face à face, « *l'un tenu par une main visible, l'autre tenu par une main qu'on ne peut voir* » (*WS*, XVI ; $_3$155). Le capitaine Haralan et Wilhelm Storitz s'affrontent dans le jardin du boulevard Tékéli. Bientôt le second tombe, mortellement touché. Le sang jaillit de sa poitrine et son corps reprend « *peu à peu sa forme matérielle* ». Pourquoi, invisible, le savant s'est-il risqué à un duel ? La contrainte que Michel Verne met naïvement en scène dans sa version du roman n'est pas une bonne explication[3] — c'est du côté des sentiments qu'il faut chercher :

Bien que nous soyons trois contre un, nos forces commencent à s'épuiser. À cet instant, le lieutenant Armgard est violemment repoussé, il tombe sur la pelouse, et le bras que je tenais m'échappe. Et voici, avant que le lieutenant Armgard ait pu se relever, que son sabre est brusquement tiré du fourreau, et la main qui le brandit, c'est la main de Wilhelm Storitz... Oui... la colère l'a emporté, il ne cherche plus à s'échapper... il veut tuer le capitaine Haralan !...

C'est par « *colère* » que Wilhelm Storitz prend une arme alors qu'il pourrait s'enfuir, couvert par son invisibilité, stratégie qui lui avait réussi peu auparavant (XV ; $_3$145). À ce moment, le désir d'affrontement et de meurtre est plus fort en lui que le goût de vivre. Sous ce rapport, d'ailleurs, son ennemi n'a guère à lui envier car, empêché de rendre ses coups à un adversaire invisible, il ne cherche « *qu'à attaquer... à toucher son adversaire sans essayer de se défendre* » (XVI ; $_3$155). Point de défenseur dans ce duel, que des assaillants. Et pourquoi tant de hargne ? L'un répare l'affront d'un amour repoussé, l'autre ferraille pour retrouver une sœur enlevée. Ils sont deux que la vengeance anime : l'un invisible, l'autre, de ce fait, aveugle. Et quand le

3. En effet, Michel Verne accule Wilhelm Storitz à se défendre en faisant intervenir dans cette scène une troupe de soldats, façon cavalerie de Western, pour lui couper la retraite (*WS*, XVI ; $_1$196-7).

cadavre de Storitz réapparaîtra, quand le capitaine recouvrera la vue, sa victoire semblera bien amère. Car la mort du savant, assurément, ne résout rien — son rival heureux le signifiera en apprenant la nouvelle : « *Ce ne fut pas avec le sentiment de la vengeance satisfaite qu'il accueillit cette nouvelle !* » (XVII ; $_3$158). La leçon du duel tient en un poncif : ces vengeances sont aveugles. *Aveugle* : 1. Qui est privé de la vue — c'est le cas du capitaine. 2. Dont la raison est obscurcie — cela vaut pour les deux bretteurs, l'un qui ferait mieux de fuir, l'autre de ne pas tuer. Et, comme il y avait deux attaquants, ce duel fait donc deux victimes. 3. On dit aussi qu'une issue est aveugle lorsqu'elle est feinte — la mort de Wilhelm Storitz se range bel et bien parmi les fausses issues.

Par la vertu d'un lieu commun — *une vengeance aveugle* — et sa lecture amphibologique, l'adjectif étant pris pour une forme verbale, l'invisibilité est vengeance parce qu'elle rend l'autre aveugle. Et pour une raison similaire, elle est amour aussi : ne dit-on pas que *l'amour rend aveugle*. N'oublions pas que toute la violence de Storitz a pour seule cause l'amour blessé ! Le jeu rhétorique mis en œuvre est complexe ; il participe à la fois de la métonymie et de la métaphore. C'est par métonymie, en effet, que l'invisibilité renvoie à l'aveuglement, mais par substitution métaphorique qu'est posé son rapport d'équivalence avec la vengeance et l'amour. L'invisibilité apparaît donc comme l'incarnation d'une vengeance dont l'amour est le principe fondamental. Ainsi, constitue-t-elle la preuve suprême d'un amour absolu et malheureux. C'est pourquoi Wilhelm Storitz, éconduit, n'hésite pas à réitérer sa demande en mariage en l'agrémentant de menaces : « *Non ! je ne renonce point à cette union avec Mlle Myra Roderich !... Je l'aime, et, si elle n'est pas à moi, du moins ne sera-t-elle jamais à un autre !* » (*WS*, VI ; $_3$68). Dans sa logique, ses exactions seront autant de démonstrations d'amour. Les multiples violences[4] qui troublent l'ordre de Ragz ont pour

4. Voir Massimo DEL PIZZO, « Le Secret de *Storitz* », *Bull. JV*, n° 72, 4e trim. 1984, pp. 182–4 :

L'invisibilité est donc le moyen par lequel Storitz accomplit une violence, à des niveaux différents ; violence sociale tout d'abord, puisque Storitz, l'Allemand, bouleverse le milieu aristocratique magyar de Ragz, ses rituels, ses traditions ; violence sur la rationalité, puisqu'il dérange, il torture, il désoriente les esprits positifs de Marc, de Myra, d'Henri ; violence sexuelle enfin — au niveau symbolique évidemment — puisqu'au moment où il rend Myra invisible, il la *possède*. Voilà l'action la plus « exécrable », le vrai crime. (p. 183)

cause unique un amour malheureux. Le personnage de Wilhelm Storitz se rattache par là au Romantisme le plus radical.

La fin de *Storitz* mérite d'être relue à la lumière de ces conclusions. Pourquoi le savant vient-il jusque dans l'hôtel Roderich pour faire absorber à Myra sa mystérieuse liqueur d'invisibilité sur le lit où elle repose, folle, depuis les événements de l'Hôtel de Ville ? Le narrateur soupçonne une tentative d'enlèvement avortée :

Et, si Wilhelm Storitz ne l'avait pas enlevée aussitôt, c'est qu'il en avait été empêché sans doute ; mais il serait revenu accomplir son crime, si, ce matin même, il n'eût été tué par le capitaine Haralan !... (*WS*, XVII ; $_3$162)

Mais l'explication ne tient pas. Verne, en effet, nous fournit la preuve que le savant n'a pas l'intention de fuir avec Myra puisque, la veille de cet ultime forfait, il ne prépare qu'une fuite à deux, avec Hermann, son fidèle serviteur (XV ; $_3$144). Du reste, on comprendrait mal qu'il affronte le capitaine en duel, même sous le coup de la colère, s'il était certain que Myra allait désormais lui appartenir. Son geste répond donc à une autre motivation.

Vengeance — œil pour œil : puisqu'il a perdu son combat amoureux, puisqu'il sait que Myra, devenue Mme Vidal devant le maire de Ragz, est définitivement arrachée à sa ferveur, il rend impossible à tout autre de porter un regard sur l'objet de sa flamme. Toutefois, comme par une subtile ironie de l'imaginaire, l'acte a aussi pour conséquence de garantir à Myra une éternelle jeunesse, une inaltérable beauté, à jamais fixée par l'« *admirable portrait d'elle fait par Marc* » (*WS*, XIX ; $_3$171).

Invisibilité, mort, amour, constituent autant de motifs d'un nouveau complexe, centré sur la némésis. En révélant le « *secret de l'invisibilité* » (*WS*, XIX ; $_3$172), *Wilhelm Storitz* synthétise ce complexe, mais bien d'autres fictions en portent la marque.

L'œuvre de Verne est pleine de vengeances. Ghislain de Diesbach a fort justement souligné combien le désir de justice immanente y règne en maître et à quel point le pardon en est absent[5], mais il manque à son étude une analyse des mobiles de ces vengeances. Prenons le cas du capitaine Nemo. Sa haine patriotique conduit le prince Dakkar à organiser la révolte des Cipayes et à s'y montrer au premier rang des insurgés, bien en vue. Mais ce n'est que l'assassinat de toute sa famille qui le pousse à devenir Nemo :

> Le prince Dakkar, qui n'avait pu mourir, revint dans les montagnes du Bundelkund. Là, seul désormais, pris d'un immense dégoût contre tout ce qui portait le nom d'homme, ayant la haine et l'horreur du monde civilisé, voulant à jamais le fuir, il réalisa les débris de sa fortune, réunit une vingtaine de ses plus fidèles compagnons, et, un jour, tous disparurent.
>
> (*ÎM*, III, XVI ; 804-5)

La lutte se fait donc au grand jour tant qu'elle ne se double point d'un chagrin d'amour ; mais elle se poursuit dans la clandestinité, sous le voile impénétrable de l'océan, une fois le combattant devenu veuf. Et c'est bien la perte de sa femme et de ses enfants qui est en cause dans cette transformation car, si le prince avait perdu dans le combat « *son père, sa mère, sa femme, ses enfants* » (804), le capitaine ne s'agenouille dans la chambre du "*Nautilus*" que devant « *le portrait d'une femme jeune encore et de deux petits enfants* » (*20M*, II, XXI ; 604). La blessure amoureuse transforme le soldat en vengeur.

Je noterai, pour finir, une image corollaire : la disparition vient en place de la mort. Il convient ici de renouer un moment avec une autre majestueuse figure de vengeur, bâtie sur le même modèle imaginaire, celle de Mathias Sandorf, *alias* docteur Antékirrt, à qui la mort prête le masque d'invisibilité sous lequel il mène son œuvre de justice. La sentence indienne qu'il prononce mystérieusement en fermant les yeux de Pierre Bathory s'applique à deux personnages, celui qui parle et celui au chevet de qui il parle. Deux morts, deux invisibles, deux hommes

5. Voir le chapitre intitulé « Les voies de la vengeance » (pp.291–313) dans Ghislain DE DIESBACH, *Le Tour de Jules Verne en quatre-vingts livres*.

frappés par le chagrin d'amour. L'un que le veuvage a jeté dans l'action politique (*MS*, I, II ; 30-1) et dont les délateurs ont enlevé la fille, la faisant passer pour morte ; l'autre qui se voit ravir l'objet de ses feux par son assassin, qui est de surcroît le traître auquel son père doit la mort. À la différence de Nemo, Mathias Sandorf assume d'emblée et tout au long du texte son rôle de vengeur[6]. L'idée de justice occupe donc tout l'espace narratif de ce roman et, du coup, il est possible de relever dans sa mise en place une systématisation qui vient à point confirmer la prégnance de la constellation imaginaire qui nous occupe. Ainsi je constate que, sous son masque bien visible de docteur Antékirrt, l'évadé de Pisino conserve la propriété aveuglante qui assure la vengeance de l'invisible Mathias Sandorf. L'astucieux Pointe Pescade remarque, en effet, que « *ses yeux* [...] *lancent quelquefois des éclairs à vous aveugler !...* » (II, V ; 263). Toute cette affaire reste dans la famille du regard. Par ailleurs, l'ensemble des personnages qui crient vengeance dans ce roman connaissent d'une manière ou d'une autre l'expérience de la mort : Pierre Bathory est victime d'un coup de couteau (VII ; 323), Sava Sandorf perd connaissance au passage du cortège funèbre de Pierre (VIII ; 330), Mme Bathory devient folle (III, III ; 56), enfin Luigi et Maria Ferrato vivent à La Valette dans un « *hypogée* » (V ; 85).

Si, entre parenthèses, on se rappelle le lien que nous avons repéré plus haut entre invisibilité et électricité, on comprend sans peine le rôle de cette énergie dans la constitution du "*Nautilus*" — « *TOUT PAR L'ÉLECTRICITÉ* » dit le titre du chapitre XII de la première partie — et le fait que les sous-marins de Mathias Sandorf portent tous le nom d'"*Electric*". Les objets scientifiques mis au service de vengeances amoureuses, sont autant de doublons du masque cyclopéen d'Hadès.

Mathias Sandorf pose en termes simples les règles d'une vengeance efficace : il s'agit de voir sans être vu. À cet égard, l'épisode de la Casa Inglese est un excellent cas d'école. Offert en appât, le docteur cherche à attirer dans ce lieu Zirone et sa

6. La principale différence d'organisation narrative entre *Mathias Sandorf* et *20 000 lieues sous les mers*, c'est que Verne raconte le martyre du comte avant de narrer sa vengeance, alors que nous devons attendre *L'Île mystérieuse* pour apprendre l'histoire du prince Dakkar. Cet asservissement à la chronologie provoque un renversement de l'intrigue : tandis que, dans *20 000 lieues sous les mers*, il s'agit de comprendre les agissements du capitaine, Verne fait planer dans *Mathias Sandorf* un pseudo-suspense sur la personnalité du docteur Antékirrt, qui gâche quelque peu notre plaisir de lecteur.

bande, après y avoir préalablement dissimulé une douzaine d'hommes du "*Ferrato*". Au premier bruit suspect, le docteur s'exprime en des termes qui résument sa stratégie de l'invisible : « *Rentrons,* [...] *et ne risquons pas d'être vus !* » (*MS*, III, VII ; 133). Être vu constitue donc un risque, une menace. Et le piège échoue, en effet : Zirone, averti par un montagnard, monte à l'assaut du refuge avec une cinquantaine de coquins. Le docteur est alors contraint de modifier son plan : « *Le jour venu, s'il y avait lieu de partir, au moins le ferait-on en pleine lumière, et on ne s'aventurerait pas en aveugles sur ces pentes, à travers les précipices, et les solfatares.* » (136-7). Quand on ne peut être invisible, il importe du moins de n'être pas aveugle. En tous les cas, il faut voir. Le négatif vernien de l'invisible n'est donc pas le visible, mais l'aveugle. Dans le complexe némésique mis en place par Verne, le visible est neutre, l'invisible se venge et l'aveugle est sa victime.

« Le Comte de Chanteleine » illustre ce principe. L'action est en Bretagne, au beau milieu de la Terreur. Deux vengeances s'affrontent. Le révolutionnaire Karval, ancien domestique du comte, chassé pour vol deux ans auparavant, se venge de son ancien maître. Dans cette phase, le comte ne voit pas Karval, seul son fidèle serviteur, Kernan, l'aperçoit au cours d'une mêlée :

> « [...]
> — Et il t'a parlé ?
> — Oui, après avoir déchargé des pistolets sur moi.
> [...]
> — Et que t'a dit ce misérable ?
> — "On t'attend au château de Chanteleine", s'est-il écrié en disparaissant au milieu de la fumée ! J'ai voulu le rejoindre ; mais en vain !
> [...] » (*CCh*, II ; $_{1}$403-4)

Grâce à cette fumée, Karval rejoint l'invisibilité qui favorise « *ses plus basses vengeances* » (V ; $_{1}$425). À Chanteleine, le comte et Kernan découvrent bientôt le sens des paroles de Karval. Sur la porte du domaine, ils lisent un placard :

> Une affiche énorme était collée sur l'un des montants ; elle portait en tête l'œil de la loi, des faisceaux de piques et de rameaux surmontés du bonnet phrygien. D'un côté se trouvait la description du domaine, de l'autre son évaluation. (IV ; $_{1}$421)

Une vieille femme leur apprend que Karval a pris d'assaut le château ; la comtesse est « *m*[*orte*] *dans l'attaque* » ($_{1}$422) et sa fille, emmenée dans « *les prisons de Quimper* », se trouve promise à la guillotine. Karval, « *sous-agent* » du comité de salut public, s'incarne dans « *l'œil de la loi* » (IV ; $_{1}$421) ; invisible aux yeux du comte, il voit — et sa vengeance de s'exercer... À Quimper, le comte apprend l'exécution de sa fille. Au détour des rues, Kernan lui cache le spectacle de « *Karval, accompagné de sa horde sanglante* » (VI ; $_{1}$437) ; et le soir, c'est « *comme un aveugle* » (VII ; $_{1}$438) que le père affligé pénètre dans le cimetière, pour prier sur la fosse publique. La vengeance de l'ancien domestique est consommée.

Soudain, retournement de situation : la fille du comte n'est pas morte. Depuis quelques temps, Kernan « *souffrait autant que son maître, mais il méditait en même temps des projets de vengeance auxquels celui-ci ne songeait pas* » (*CCh*, V ; $_{1}$428). Je comprends mieux pourquoi, à l'insu de Karval, il vient de le « *voir* » (VI ; $_{1}$437) entrer dans Quimper. L'invisibilité a changé de camp — place à la vengeance de Kernan ! D'abord, se dissimuler. C'est chose faite « *dans une cabane de pêcheur, au village de Douarnenez* » (VIII ; $_{1}$445). Mais les choses ne sont pas si simples. Karval est résistant et le parti du comte doit encore subir une fois son attaque dans la plus profonde des grottes de Morgat. L'ancien domestique du comte réussit à « *surprendre* » (XIV ; $_{1}$488) celui-ci tandis qu'il célèbre une messe pour le mariage de sa fille. Dans un premier temps, l'assaut lui réussit. Il sème le désordre parmi les Blancs, au point de les aveugler : « *Le désordre était au comble ; des blessés expiraient, les uns essayaient de se cramponner aux rocs et de gagner la plaine, d'autres se noyaient au milieu de la fumée ; on ne se voyait pas.* » Mais une fois le comte capturé, la chance tourne. Tout juste Karval a-t-il le temps de reconnaître la fille de Chanteleine, que Kernan la dissimule « *dans la partie la plus sombre de la grotte* ». Le révolutionnaire ne pourra les retrouver. Jules Verne conclut en ces termes : « *Karval ne vit rien et dut se contenter de la prise du comte.* » Le voilà aveugle à son tour, donc sur le point de perdre la partie. C'est à Brest que la vengeance de Kernan trouve son dénouement. Au hasard d'une rue détournée, il croise Karval :

> « Karval ! se dit-il, Karval ! »
>
> La haine, la colère, le désir de la vengeance l'aveuglèrent un instant, au point qu'il fut prêt à se jeter sur le misérable et à le tuer sur place. Mais il parvint à se contenir.
>
> — Je le tiens, dit-il, du sang froid !

Kernan se prit à suivre Karval ; il ôta ses souliers ; il le laissa prendre une certaine avance sur lui pour n'être pas remarqué, et, courant pieds nus quand son ennemi venait à tourner l'angle d'une rue, il reprenait sa piste comme un sauvage des prairies d'Amérique. (xv ; $_{1}$493)

Je relève, au passage, les réminiscences de Cooper. Passons ! L'attitude qu'adopte ici Kernan prouve qu'il a tiré les enseignements des événements précédents et qu'il « maîtrise » parfaitement le dispositif de la némésis vernienne : surtout, ne pas agir en aveugle. Pour se venger efficacement, il faut voir, sans être vu. De fait, Karval ne le reconnaîtra qu'une fois saisi ($_{1}$494), et il finira « *dans les flots sombres de la baie* » ($_{1}$497). L'invisible se venge, l'aveugle est sa victime.

Nous retrouvons ce mécanisme dans la composition d'un personnage tel que Silfax, le vieil overman qui poursuit de sa vengeance les habitants de la Nouvelle Aberfoyle dans *Les Indes noires*. Évoquant ses pouvoirs, en effet, la jeune Nell a ces mots : « *Il est invisible, lui, mais il voit tout.* » (*IN*, xx ; 225). Dans *Mathias Sandorf*, le personnage de Silas Toronthal met en branle, pour son plus grand malheur, ce dispositif imaginaire. Rappelons-nous sa réaction à l'installation de Mme Bathory à Raguse, rue Marinella, non loin du somptueux hôtel qu'il habite dans le Stradone :

« On s'habitue à tout ! » se dit-il.

Et il résolut de fermer les yeux devant ce témoignage permanent de sa trahison.

Lorsque Silas Toronthal fermait les yeux, il paraît que cela suffisait pour qu'il ne vît rien en lui-même. (*MS*, II, vii ; 313)

Verne renouvelle ici l'adage christique selon lequel il n'y a pas pire aveugle que celui qui ne veut pas voir. Et il désigne de cette manière Silas Toronthal comme un objet pour ainsi dire privilégié de la vengeance du comte Sandorf — victime aussi du mépris dans lequel l'auteur tient le lucre[7], des œuvres de jeunesse comme *Les Châteaux en Californie*[8], à des romans

7. Sur cet aspect de l'imaginaire vernien, voir Olivier DUMAS, « Préface. La Fièvre maléfique de l'or », pp. 5–11 in Jules VERNE, *Le Volcan d'or* (Paris, Société Jules Verne, 1989).

8. Voir SORIANO, *Portrait de l'artiste jeune*... Dans cette étude, Soriano montre que Verne est très au fait des réalités de la prospection aurifère en Californie ; de surcroît, il range cette pièce de jeunesse parmi « *la contre-offensive des intellectuels libéraux de la seconde République contre la déportation plus ou moins déguisée des démocrates en Californie organisée avec la bénédiction de la préfecture de police* » (p. 28).

posthumes comme *En Magellanie*, *Le Volcan d'or* et *La Chasse au météore*, victime de cette constante morale qui est aussi à l'origine de l'aspect le plus condamnable des « Voyages extraordinaires », cet antisémitisme sensible dans la composition des personnages d'usuriers, tels le juif Samuel de « Martin Paz » ou l'Isac Hakhabut de *Hector Servadac*.

Près de la Casa Inglese, je rencontre un curieux aveugle dont l'infirmité vient confirmer et compléter ce motif imaginaire. Cap Matifou a capturé Zirone sous les bravos de Pointe Pescade, mais le bandit, d'une main qui lui restait libre, a tiré un coup de feu sur le petit clown. L'étreinte du géant, alors, s'est faite meurtrière :

> En vain le docteur, qui voulait l'avoir vivant, lui criait-il de l'épargner ! En vain Pierre et Luigi s'étaient-ils lancés pour le rejoindre ! Cap Matifou ne pensait qu'à ceci : c'est que Zirone avait frappé, peut-être mortellement, Pointe Pescade ! Et il ne se possédait plus, il n'entendait rien, il ne voyait rien, il ne regardait pas même ce reste d'homme qu'il portait maintenant à bout de bras.
>
> Enfin, d'un dernier bond, il s'élança vers le cratère béant d'une solfatare, et il précipita Zirone dans ce puits de feu. (*MS*, III, VII ; 145)

Aveuglé, l'Hercule est ici en position de victime. Victime indirecte de la vengeance exercée par Zirone sur la personne du jongleur. Victime et non vengeur, en dépit des apparences, puisque, loin de servir par son geste les projets du docteur, il les contrecarre dans une large mesure, ainsi que le souligne le narrateur au début de la quatrième partie :

> La dernière expédition, faite en Sicile dans le but de retrouver les traces de Sarcany et de Silas Toronthal, n'avait pu donner aucun résultat, puisqu'elle s'était terminée par la mort de Zirone. (IV, I ; 150)

C'est le même jeu de l'imaginaire qui armait le bras du capitaine Haralan dans le jardin du boulevard Tékéli et l'amenait à tuer un Wilhelm Storitz, pourtant plus utile vivant que mort.

L'aveuglement est, chez Verne, symbole de la vengeance, au point qu'il peut la signifier de façon implicite. C'est le cas dans la nouvelle fantastique intitulée « Frritt-Flacc ». Par une nuit de tempête, le docteur Trifulgas refuse d'aller soigner un malade désargenté. Il renvoie successivement sa fille et sa femme, venues le supplier. Arrive sa mère. Le prix qu'elle offre n'est «*point à dédaigner*» (*FF*, IV ; $_1$416). Le médecin sort donc, siffle son chien et accompagne la vieille. Mais voilà qu'en chemin, alors que la maison du patient est en vue, le volcan du lieu détonne :

> [...] Une gerbe de flammes fuligineuses monte jusqu'au zénith, trouant les nuages. Le docteur Trifulgas a été renversé du coup.
> Il jure comme un chrétien, se relève, regarde.
> La vieille n'est plus derrière lui. A-t-elle disparu dans quelque entrouverture du sol, ou s'est-elle envolée à travers le frottement[9] des brumes ?
> (V ; $_1$417-8)

Trifulgas se rend tout de même à la maison, mais c'est pour se découvrir en personne dans le lit du malade. Il est trop tard. Le docteur s'agite en vain et, bientôt, *« se meurt entre ses mains » (VI ; $_1$422). La disparition de la mère constitue un aveuglement symbolique du docteur, qui signe son châtiment. En appâtant le médecin par la perspective d'un gain substantiel, en le conduisant à sa propre mort, l'amour maternel se venge, punit sa «*dureté du cœur*» ($_1$420).

Même lorsqu'il n'est point de vengeance, l'invisible vernien est par nature menaçant. D'où, sans doute, sa fréquente confusion avec le diable, et la peur qui s'empare des habitants de Kalfermatt, par exemple, lorsqu'ils entendent résonner leur orgue sous la main d'un introuvable organiste (*RM*, IV ; $_3$11-2) :

> «Mais on joue dans l'église ! s'écria Jean Clère.
> — C'est le diable, bien sûr, dit Jenny.
> — Est-ce que le diable sait jouer de l'orgue ? répliqua l'aubergiste.
> — Et pourquoi pas ?» pensai-je à part moi. (*RM*, IV ; $_3$12)

D'où, aussi, la «*frayeur irraisonnée*» (*ChCar*, IX ; 142) de la Stilla devant son spectateur invisible, le baron Rodolphe de Gortz. Et encore ce «*paroxysme de l'épouvante*» (*JMC*, XIV ; $_2$419) que vivent les marins du "*Saint-Enoch*", emportés à la surface du Pacifique par un mystérieux phénomène, mascaret ou serpent de mer. Veut-on trouver du diable dans ce récit ? J'en relève « [*v*]*ingt mille* » ($_2$420) au détour d'un juron. De fait, Satan est partout dans ce roman consacré à la «*satanée idée*» (II ; $_2$265) d'un tonnelier persuadé que son voyage «*finira mal*». Satan est partout, jusque

9. Ce «*frottement*» est une coquille, le manuscrit de Verne porte «*flottement*» ; voir Olivier DUMAS, «Les Versions de "Frritt-Flacc" ou la liberté retrouvée», *Bull.JV*, n°59, 3e trim. 1981, p. 100. La Société Jules Verne a édité le manuscrit de cette nouvelle (Jules VERNE, *Frritt-Flacc* [Paris, Société Jules Verne, 1981]).

dans le nom de ce personnage éponyme, Jean-Marie Cabidoulin, emprunté à un ancien marin nantais reconverti en cabaretier ; en effet, ce nom recèle la plus sidérante anagramme de tous les « Voyages extraordinaires », dix-neuf lettres, pas une de moins, pour dire les hésitations de l'auteur à l'égard de sa fantastique créature : *J'ai cru à mon diable nié*. Diable, donc, le grand serpent de mer, « *à tête de cheval, à bec énorme* »[10], que les marins apercevaient dans le manuscrit original, mais que Verne a finalement préféré laisser dans l'ombre du doute et de l'invisible, pour le rendre encore plus menaçant[11].

Décidément, il ne fait pas bon être aveugle dans les « Voyages extraordinaires »... voilà qui m'invite à relire l'intrigue optique de *Michel Strogoff*.

la revanche du courrier

Strogoff, devant la lame ardente du bourreau tartare, subit la « *vengeance* [...] *sans merci* » (*MSt*, II, IV ; 329) d'Ivan Ogareff pour avoir osé lever sur ce traître le knout dont allait être frappée Marfa. Cette scène n'est pas seulement le clou d'un roman * [tartare et Sibérien] (BN, I-260) au réalisme méticuleux, puisqu'il fut soumis aux jugements successifs de Tourgueniev et du prince Orloff[12]. C'est l'emblème de toute vengeance vernienne, parenthèse iconique dans un dispositif némésique plus vaste, qui structure l'ensemble du récit.

Deux hommes et deux femmes courent la steppe de Moscou à Irkoutsk, deux couples unis pour le meilleur et pour le pire : Michel Strogoff et Nadia Fédor d'une part, de l'autre Ivan Ogareff et la tsigane Sangarre. Durant tout le roman, sans jamais se départir de leur sérieux et souvent même jusqu'au tragique, ils se livrent à un jeu que les jeunes lecteurs du *Magasin d'éducation et de récréation* connaissaient bien, ils jouent à cache-cache. Le

10. Manuscrit, f° 184, cité par Olivier DUMAS, « Le Monstre de *Cabidoulin* en version manuscrite », *Bull. JV*, n° 121, 1er trim. 1997, p. 19.

11. Dans la version originale, lorsque le serpent de mer devait être aperçu, le participe passé visait la communauté scientifique qui nie dans son ensemble l'existence de telles créatures. L'anagramme a pu être conservée en dépit de la modification du récit, moins favorable au serpent de mer, car le participe pouvait également renvoyer à l'incrédulité des compagnons du tonnelier. Ce jeu présentait, en outre, l'avantage de dissimuler, à l'insu d'Hetzel fils, les options initiales du romancier : son récit semble nier l'existence du grand serpent de mer, mais lui y a cru.

12. Voir Jean JULES-VERNE, *Jules Verne*, pp. 206-7.

principe d'une partie de cache-cache est simple : un joueur se dissimule, l'autre le cherche, puis, quand il l'a enfin trouvé, on inverse les rôles. À cette règle élémentaire, Verne ajoute, pour piment, un principe dynamique ; il s'agit d'arriver le premier auprès du grand-duc, frère du czar. En conséquence, il donne à celui qui se cache un titre original : courrier du czar. Dans la première partie du roman, c'est Ivan Ogareff qui cherche ; dans la seconde, c'est Michel Strogoff. Les rôles s'inversent à la fin du chapitre V de la deuxième partie, au moment où Ivan Ogareff brandit la lettre impériale sous les yeux de Michel Strogoff en déclarant qu'il est désormais le « *vrai courrier du czar* » (*MSt*, II, V ; 345).

Les deux protagonistes ont dans leur nom le brouillard dont il importe de s'entourer pour avoir quelque chance de gagner, de parvenir rapidement à son but, le *fog* qui, dans un précédent roman, baignait déjà le voyage express d'un gentleman anglais (OGareFF, StroGOFF). Et, comme dans *Le Tour du monde en quatre-vingts jours*, ce nom de brume fait peser un interdit sur le *voir*[13]. Interdiction, pour Michel Strogoff, de voir sa mère ou d'être vu par elle, puis interdiction de voir la longue traversée de Tomsk à Irkoutsk ou, pour être tout à fait précis sur ce dernier point, interdiction de montrer qu'il la voit. Interdiction, pour Ivan Ogareff, de voir que son adversaire n'est pas aveugle. Chaque dérogation à cette loi, chaque déchirure du brouillard prélude à une catastrophe. Marfa Strogoff est capturée pour avoir reconnu son fils à la maison de poste d'Omsk (*MSt*, I, XIV ; 208-11). La présence de Michel parmi les prisonniers du camp de Zabédiero est révélée à Sangarre par un geste de Marfa et de Nadia dont les regards viennent de croiser ceux du courrier ; celui-ci, « *ne se sentant plus maître de lui, port*[*e*] *la main à ses yeux* » (II, III ; 307) en un geste révélateur de l'interdit, s'éloigne et demeure invisible. Mais, peu après, il se trahit quand les Tartares lèvent le knout sur sa mère (316). Capturé une seconde fois aux portes de Nijni-Oudinsk, Michel Strogoff, aveugle désormais, manque se rompre les os dans une fondrière parce qu'un soldat tartare ayant simplement émis l'hypothèse que l'infirme pourrait voir, on l'a installé sur le dos d'un cheval aveugle (VIII ; 394-5). Enfin, Ivan Ogareff meurt poignardé par Strogoff après s'être

13. Patrick Avrane voit dans le nom de Phileas Fogg l'amour du brouillard qui interdit toute vision (*Un Divan pour Phileas Fogg*..., p.30).

écrié : « *Il voit,* [...] *il voit !...* » (XIV ; 489). Tous ces épisodes traduisent la puissance de l'interdit et le danger de sa transgression.

Parvenir à son but, je l'ai dit, c'est arriver aux pieds du grand-duc. Mais c'est aussi, et surtout, satisfaire une vengeance. En effet, « *Ivan Ogareff, altéré de vengeance, veut attenter à la vie* » du frère du czar (*MSt*, I, II ; 21) ; quant à Michel Strogoff, le supplice qu'il subit au camp tartare fait naître en lui « *le sentiment d'une vengeance à accomplir quand même* » (II, V ; 342), et il sait, par la lecture de la lettre impériale, qu'il pourra l'assouvir à Irkoutsk. D'ailleurs, devant le sort réservé à Michel, Alcide Jolivet ne baptise-t-il pas la seconde partie du roman, « *par anticipation "la campagne de la revanche"* » (341) ?

Pour que cette partie de cache-cache corresponde tout à fait au complexe némésique repéré dans les autres récits, il y faut encore de l'amour et de la mort. Gardant le meilleur pour la fin, je commencerai par la mort.

Pour l'ancien exilé, Ivan Ogareff, tout tient dans le reproche adressé par le grand maître de police à la clémence du czar : « *Il fut un temps, Sire, où, quand on allait en Sibérie, on n'en revenait pas !* » (*MSt*, I, II ; 19). La Sibérie imaginaire est un lieu d'où l'on ne revient pas. En franchissant les monts Oural, frappé par la disgrâce du grand-duc, le colonel Ogareff a donc fait l'expérience de la mort. Il en est revenu, puis il y est retourné, volontairement, et c'est de ce lieu infernal qu'il a lancé la rébellion. Ainsi, par la grâce du czar, Ivan Ogareff s'est-il fait maître des Enfers, à l'instar du vieil Hadès. Quant à la mort imaginaire de Michel Strogoff, elle tient pour l'essentiel à la mise en place d'une substituabilité de la *vie* et de la *vue*. Cela commence dès la condamnation du courrier : « *Ce n'était pas de mort, mais de cécité, qu'allait être frappé Michel Strogoff. Perte de la vue, plus terrible peut-être que la perte de la vie ! Le malheureux était condamné à être aveuglé.* » (II, V ; 342). La cécité est ici posée comme une mort emblématique. Au terme du roman, la formule *physiologico-sentimentaliste* par laquelle Verne explique que son héros ait échappé à l'aveuglement, confirme le jeu paradigmatique qui institue sa mort fictive : « *Remontant à flots de son cœur à ses yeux, des larmes, que sa fierté essayait en vain de retenir, s'étaient amassées sous ses paupières et, en se volatilisant sur la cornée, lui avaient sauvé la vue.* » (XV ; 492). Dans les deux cas donc, l'exil en Sibérie et la cécité, le rapport à la mort est consubstantiel de ce qui provoque le désir de revanche — c'est du fond des Enfers que le héros vernien se venge.

À l'amour, maintenant. Les clivages, sur ce terrain, sont déterminants. La vengeance de Michel Strogoff se rattache à l'image de deux femmes, Marfa Strogoff et Nadia Fédor. Verne ne nous laisse aucun doute à cet égard, qui résume ainsi les pensées du supplicié au moment où il croit devoir perdre la vue : « *Toute sa pensée se condensa sur sa mission, irrévocablement manquée, sur sa mère, sur Nadia, qu'il ne reverrait plus !* » (*MSt*, II, v ; 342). Le désir de vengeance le gagne au paragraphe suivant. C'est donc au moment où Marfa et Nadia s'apprêtent à *disparaître* à ses yeux que Michel se change en vengeur et quitte, nous l'avons vu, le rôle de courrier. Son aventure suit dans les grandes lignes le schéma tracé par la biographie du capitaine Nemo, la disparition étant, comme on le sait, substitut de la mort. Blessure d'amour, donc, et qui touche au personnage de Nadia plus encore qu'à celui de Marfa puisque, sitôt le supplice achevé, Michel avoue à sa mère le secret de sa vue, alors qu'il laisse Nadia dans les limbes de l'ignorance jusqu'au face-à-face final avec Ivan Ogareff, la maintenant en quelque sorte dans une forme de mort imaginaire. Blessure d'amour qui m'amène à déplorer que d'Ennery ait quasiment débarrassé l'adaptation théâtrale du roman de ce sentiment, pourtant si important pour l'architecture imaginaire de la fiction[14]. Le cas d'Ivan Ogareff est tout à fait différent. S'il forme avec Sangarre un couple romanesque, l'amour n'a aucune place dans son cœur. La tsigane, « *esclave du traître* » (II ; 280), est pour lui non un mobile, mais un instrument de vengeance. C'est pourquoi Simone Vierne relève en elle un des éléments de la figure du monstre que doit affronter Michel Strogoff[15], alors qu'à aucun moment Nadia ne semble combattre Ivan Ogareff. L'une participe à une vengeance, l'autre ne fait que secourir son compagnon. L'ambition et la haine sont les seuls mobiles du colonel. Et sans doute est-ce pour cela que sa vengeance échoue.

Le cas de Thomas Roch est identique, qui, « *face au drapeau* » (*FD*, XVII ; 258) français, renonce à accomplir une « *vengeance* » (XVI ;

14. Les critiques de l'époque regrettèrent, eux aussi, que la pièce jouée au Châtelet ne comportât pas « *la plus petite pointe d'amour* » (p. 306), ainsi que le rapporte Pierre TERRASSE, « Un Centenaire : "Michel Strogoff" au Théâtre du Châtelet », *Bull. JV*, n° 56, 4ᵉ trim. 1980, pp. 296–309.

15. Monstre tricéphale, composé de Féofar Khan, d'Ivan Ogareff et de Sangarre. Voir VIERNE, *Jules Verne et le roman initiatique...*, pp. 508–11.

244) uniquement fondée sur la haine et les ambitions déçues, puis retourne son arme contre lui-même et les bandits qui ont cherché à l'utiliser (XVIII ; 264). La figure la plus originale, peut-être, de ces vengeurs haineux est, dans *Nord contre Sud*, celle de Texar, le malfaiteur sudiste résolu à ne se considérer comme « *bien vengé* » (*NS*, I, XV ; 235) que par l'extermination de l'honnête famille Burbank. La singularité de ce personnage tient à la nature paradoxale de son invisibilité. Celui-là, en effet, paraît bien visible, mais un mystère plane sur « *cette vie de crimes, toujours protégée par d'inexplicables alibis* » (II, XV ; 469). L'explication ne vient qu'à l'instant suprême du châtiment : il n'y a pas un, mais deux Texar, deux frères qui ont toujours pu s'innocenter en jouant de leur « *extraordinaire ressemblance* » (471). L'« *ubiquité* » (VIII ; 365) peut être aveuglante. Pour « *seul sentiment humain* » (XV ; 471), ces deux criminels jumeaux sont unis par une « *farouche amitié de frère à frère* » — cela n'est pas de l'amour, mais de la complicité.

L'amour est une condition indispensable du succès de la némésis vernienne. Amour humain ou amour de la patrie, les deux parfois, comme dans « Un Drame au Mexique ». Dès le premier chapitre de cette nouvelle, le capitaine don Orteva, pressentant la trahison de son équipage, fait jurer à l'aspirant Pablo de le venger, en cas de mutinerie, « *pour venger en même temps l'Espagne, qu'on veut atteindre en* [*l*]*e frappant* » (*DM*, I ; $_{I}$426). Pour tenir sa promesse, Pablo, qui « *se fût fait tuer pour son bienfaiteur* » ($_{I}$424), se joindra à « *l'honnête contremaître Jacopo* ». Les deux hommes, rejoignant un temps les mutins, « *dispar*[*aissent*] » (II ; $_{I}$433) bientôt. Sans jamais se montrer, ils suivent sur le chemin d'Acapulco à Mexico le lieutenant Martinez, parti avec un complice pour vendre à la jeune république mexicaine les deux navires dont il s'est emparé. Au fil du trajet, leur présence invisible hante le traître ; « *en proie à un violent sentiment de terreur* » (IV ; $_{I}$447), Martinez se croit poursuivi par le fantôme du capitaine. Dans un accès de délire, il tue son complice. Alors, sonne l'heure de son propre châtiment ; tranchant un pont de cordes, Pablo et Jacopo le précipitent dans le torrent d'Ixtolucca :

> « J'ai vengé don Orteva ! dit Jacopo.
> — Et moi, répondit Pablo, j'ai vengé l'Espagne ! » (*DM*, V ; $_{I}$452)

Affection pour l'homme et amour de la patrie se confondent dans ce duo de la vengeance.

un beau nom !

La scène est en pleine mer, « *par 47° 24' de latitude et 17° 28' de longitude* » (*20M*, II, xx ; 589), exactement. Et par huit cent trente-trois mètres de fond. Le capitaine Nemo montre au professeur Aronnax une épave couverte de coquillages. Il en raconte l'histoire, faite d'audace, de gloire, d'idéal républicain et de sabordage. Soudain le professeur pousse un cri :

> « [...]
> — Le *Vengeur !* m'écriai-je.
> — Oui ! monsieur. Le *Vengeur !* Un beau nom ! » murmura le capitaine Nemo en se croisant les bras. (*20M*, II, xx ; 589)

Au chapitre suivant, c'est l'« *HÉCATOMBE* » (xxi ; 589). La ruine patriotique du "*Vengeur !*" a éclairé Aronnax sur les motivations du mystérieux capitaine. Elle tend une autre clé à qui connaît le goût particulier de Verne pour les jeux de mots et les anagrammes.

Dans *Vengeur*, il y a *Verne*, plus une consonne constrictive sonore prépalatale (*g* prononcé *j*) et un *u*, soit les deux premiers éléments du prénom *Jules* ; le troisième est dans l'article. « *Le* Vengeur », c'est donc Verne — rien d'étonnant à ce que le nom lui paraisse « *beau* ». On comprendra que, d'un nom si beau, j'aie choisi de baptiser le complexe némésique.

La leçon de ce court dialogue est claire : c'est en vengeur que Verne investit le domaine de l'esthétique. C'est en vengeur qu'il se fait romancier. Le complexe s'épaissit : le livre apparaît comme une machine à rendre invisible son auteur, ordonnateur clandestin d'un monde de chimères. Et si l'on y regarde de près, en effet, Verne a bien eu la notoriété dissimulatrice, de l'exil amiénois à l'accusation d'écrivain pseudonyme[16], jusqu'au doute sur la pater-

16. Je rappelle, pour mémoire, qu'on l'a soupçonné d'avoir écrit sous le pseudonyme de X. Nagrien un ouvrage intitulé *Prodigieuse découverte et ses incalculables conséquences sur la destinée du monde*, paru chez Hetzel en 1867. L'affaire, initiée du vivant même de l'auteur par la publication de ce texte sous son nom en Espagne (1872) et en Italie (vers 1875), a excité les milieux verniens jusqu'à l'identification de X. Nagrien par Marie Cordroc'h, en 1969, dans une communication prononcée devant l'Assemblée générale de la Société Jules Verne et restée inédite. Il s'agissait d'un nommé Audoy, avocat au barreau de Paris.

nité de certains de ses livres[17], voire sur son identité[18] et son existence même... ne s'amusa-t-il pas, de son vivant, à prouver qu'il n'était pas un mythe au jeune écrivain italien De Amicis, de passage à Amiens, en lui faisant visiter son cabinet de travail et sa bibliothèque. Enfin, on a pu croire, après sa mort et devant la publication des posthumes, que son nom recouvrait un aréopage de conteurs anonymes. Mais ce ne sont là qu'anecdotes. Il est plus intéressant de remarquer que l'aveuglement de certains personnages et du lecteur lui-même constitue pour Verne une véritable stratégie narrative à laquelle nous devons parmi les plus célèbres intrigues des « Voyages extraordinaires ». Ainsi du *Tour du monde en quatre-vingts jours*, par exemple. Un article du *Matin*, repris dans le *Journal d'Amiens* du 1er août 1901, explique comment vint à l'auteur l'inspiration de ce récit — confidences au crépuscule d'une carrière bien remplie :

> Ce fut, il y a quinze ans, un article du *Siècle*, tombé par hasard sous ses yeux, qui lui en fournit l'idée génératrice. L'auteur y démontrait la possibilité théorique du tour complet en quatre-vingts jours ; mais cette démonstration ne semblait donner lieu, de prime abord, qu'à une suite un peu monotone de chapitres géographiques. Il n'y pensait plus lorsque, au cours de recherches pour quelque autre roman analogue, il s'aperçut qu'un voyageur décrivant de l'est à l'ouest un rayon complet autour du globe gagnerait vingt-quatre heures sur la date du calendrier.
>
> C'était son principe d'Archimède, l'intrigue nécessaire et l'intérêt de l'aventure : son globe-trotter reviendrait, après de fabuleuses péripéties, vaincu et ruiné en apparence, riche et triomphant en réalité, et ne s'apercevrait qu'à la dernière minute de son heureuse méprise.[19]

C'est donc dans ce tour de passe-passe du jour gagné à voyager d'est en ouest que réside la puissance romanesque de l'ouvrage. Que le lecteur comprenne le « truc » avant la fin du livre, qu'il

17. L'abondance et la durée de sa création valurent à Verne d'être soupçonné d'avoir des nègres. En outre, en 1875, un certain Delmas, dit de Pongest, accusa Verne d'avoir plagié sa nouvelle « La Tête de Minerve » pour écrire *Voyage au centre de la Terre*.

18. Je pense ici à l'affaire Olszewicz, ce mythomane cupide qui, en 1875, tenta de soutirer quelque argent à Verne en l'identifiant comme un juif polonais de sa famille, ayant abjuré sa religion pour épouser la princesse Krysanowska, puis s'étant réfugié en France après la rupture des fiançailles. Ce n'est certes pas ce délire vénal qui m'intéresse, mais la façon dont Verne évinça l'importun, lorsque celui-ci vint le relancer jusqu'à son domicile : il abonda dans son sens et en *rajouta* même, témoignant ainsi de son amusement à passer pour un clandestin. Voir sur ce point : MARTIN, *Jules Verne, sa vie et son œuvre*, pp. 294–9.

19. J. VERNE, « Le Tour du monde et Jules Verne », pp. 379–82 in *Textes oubliés* (Paris, U.G.É., « 10/18 », 1979), p. 381.

le lise au cadran sans cesse retardé de la montre de Passepartout, et le rebondissement final devient impossible ! À l'image de son parieur de héros, risquant sa fortune dans ce périple, Verne joue ici son statut de romancier : il organise l'erreur de son héros et mise sur notre aveuglement — non sans prendre soin, toutefois, de masquer à tous le passage de la ligne de changement de date au détour du 180e méridien[20]. De même, dans *Un Capitaine de quinze ans*, le lecteur partage l'erreur des héros et, de faux nandous en vraies tsé-tsé, pris au piège de maintes surprises botaniques ou zoologiques, confond avec eux Afrique et Amérique du Sud. Puis la vérité se trouve progressivement distillée, en forme de « *lumière* » (*C15*, II, III ; 288), au lecteur et à Dick Sand d'abord, au vieux Tom, à Mrs. Weldon. *Sans dessus dessous* repose également sur cette stratégie de l'aveuglement — il est vrai que de ne pas voir quelques zéros manquants, est une erreur bien excusable...

L'aveuglement des personnages ou du lecteur constitue l'une des bases de la grande œuvre descriptive que sont les « Voyages extraordinaires », un instrument narratif générateur d'intrigues, de suspense[21]. L'écriture romanesque de Verne s'instaure donc dans l'aveuglement ; l'auteur existe, crée, en rendant aveugles tantôt ses personnages et tantôt ses lecteurs. La plume qui rédige les « Voyages extraordinaires » est tenue par une main aveuglante, invisible — vengeresse ! Le complexe du "*Vengeur*" affiche les motivations du sujet écrivant.

20. Voir François RAYMOND, « Tours du monde et tours du texte : procédés verniens, procédés rousselliens » (*JV1*, 81–3). Dans le même recueil, on lira avec plaisir le texte d'une communication prononcée sur ce sujet par Verne lui-même devant la Société de Géographie, le 4 avril 1873 (« Les Méridiens et le calendrier » [*JV1*, 125–30]).

21. Le motif de l'aveuglement a également influencé en profondeur la technique descriptive de Verne. En effet, dans l'étude qu'Alain Buisine consacre à la description dans *Vingt mille lieues sous les mers*, on peut relever deux phénomènes qui tendent à priver le focalisateur de regard. Je pense, tout d'abord, au fait que les nombreuses descriptions de ce roman ne représentent pas le réel mais retranscrivent la culture ichtyologique, ce qu'Alain Buisine résume ainsi : « *Le personnage qui décrit n'est donc nullement un spectateur qui voit, qui regarde, qui observe, mais la plupart du temps un lecteur qui "note", qui "cite", qui "relève", ou même qui, directement, "classe".* » (BUISINE, « Un Cas limite de la description : l'énumération — l'exemple de *Vingt mille lieues sous les mers* », pp. 81–102 in *La Description — Nodier, Sue, Flaubert, Hugo, Verne, Zola, Alexis, Fénéon*, Philippe BONNEFIS, Pierre REBOUL *eds* [Lille, Presses Universitaires de Lille, 1981], pp. 82-3). En second lieu, je renvoie à l'utilisation que Verne fait de la prétérition pour compléter ses tableaux.

Pour trouver une peine d'origine amoureuse qui aurait fondé cette écriture vindicative, il convient de se tourner du côté de Mlle Herminie Arnault-Grossetière, infidèle amante qui délaissa le jeune poète pour épouser M. Terrien de la Haye, le 19 juillet 1848. Chagrin d'amour bafoué. Et départ pour Paris, mais départ pour reprendre l'avantage — exil à charge de revanche : « [...] *je pars, puisqu'on n'a pas voulu de moi, mais les unes et les autres verront de quel bois est fait ce pauvre jeune homme, qu'on appelle Jules Verne.* »[22]. Le futur écrivain s'adresse ici à son ami Aristide Hignard ; et dans la formulation même, on voit que le nom trône au cœur du dispositif némésique, un nom dont Marc Soriano, relevant ici la sémantique sylvestre du *verne*, avait fort justement noté qu'il était « *du bois de calembour* »[23]. La fameuse lettre du 30 juillet 1848, par laquelle Verne réagit à ce mariage et confie ses humeurs à sa mère — lettre dite « du rêve » —, compare les noces d'Herminie à une « *cérémonie funèbre* » (JVCF, 4), dont le récit s'ouvre sur ce portrait sans complaisance des invités : « *Non! ces guerriers sont des Anglais / Qui vont voir mourir une fâme !* »

Herminie est donc morte en épousant M. Terrien de la Haye ; elle a été ravie à l'amour du jeune Verne, qui est monté à Paris pour se venger en écrivant des livres. Tel est le patron biographique des destins de Nemo ou de Mathias Sandorf. Le nom de Terrien n'est sans doute pas pour rien dans le tour géographique que prend, très tôt, l'inspiration du jeune nouvelliste. Au moins deux poèmes de jeunesse prouvent, de fait, que Verne s'est plu à jouer sur le patronyme de son rival. C'est, d'abord, « *La Fille de l'air* », longue réflexion d'une jeune fille, dédiée *« à Herminie », où l'héroïne prononce ce douloureux avertissement : « *La terre ternirait l'éclat de mon ciel pur !* » (*PI*, I, XI ; $_6$29). L'enchaînement « *terre ter*[...] », s'il n'est guère euphonique, est en revanche un excellent révélateur du point d'ancrage des ressentiments du poète. Le second texte symptomatique porte le titre amer de « *Bonheur domestique* » ; il s'agit d'un sonnet cynique qui débute et se termine sur ce même vers méprisant : « *Il est des gens pour qui le bonheur est sur terre.* » (II, XXIII ; $_6$167). Afin de s'assurer que les lecteurs comprennent l'allusion, Verne a d'abord dédicacé cette pièce « *à Mme H. Terrien de la H.* » puis,

22. Cité par ALLOTTE DE LA FUŸE, *Jules Verne, sa vie, son œuvre*, p. 28.
23. Voir SORIANO, *Jules Verne (le cas Verne)*, pp. 33-4.

plus précisément, « *à Mr. Terrien de la H.* », ce qui revenait à mettre en avant le mari et la terre de son nom. La terre, responsable de la disparition d'Herminie, devient l'objet de la vengeance vernienne — je suis tenté de dire que l'auteur la *haye* — et le sujet de son instrument : le livre. C'est ainsi que sera lancée une exploration méthodique du globe terrestre, qui ne commence pas seulement en 1862 avec la rédaction de *Cinq semaines en ballon*, mais dès 1850. En effet, les premiers textes narratifs de Verne explorent le Mexique (« Les Premiers navires de la marine mexicaine », 1850), le Pérou (« Martin Paz », 1852), la Suisse (« Maître Zacharius », 1854), l'Arctique (« Un Hivernage dans les glaces », 1855), la Grande-Bretagne (*Voyage en Angleterre et en Écosse*, 1859). Avec les « Voyages » viennent les itinéraires circulaires, symboles de la maîtrise de l'homme sur la nature[24], et de la supériorité de Verne sur Terrien.

Ce Terrien n'a pu manquer de se joindre, très tôt, à la figure de Pierre Verne — père rigide contre les ambitions duquel le jeune écrivain s'est construit — pour composer la constellation tellurique de l'imaginaire vernien. Verne est entré en littérature pour prendre le meilleur sur deux individus dont les noms se rattachaient au règne minéral. D'où la lutte perpétuelle que se livrent l'homme et la Terre dans les « Voyages », les victoires d'explorateurs ou de savants experts de la survie, conjointes aux mésaventures tragiques de héros menacés par toutes sortes de phénomènes volcaniques : éruptions, raz de marée, tremblements de terre, etc. Autant de défaites bien propres à relancer de nouvelles aventures, de nouvelles tentatives visant à affirmer sa domination, à perpétrer une vengeance qui, dans les faits, se réalise par la notoriété qu'assure à leur auteur ces fictions cataclysmiques. Dans la psychomythie du sujet vernien, affronter la Terre, c'est affronter le père et le rival.

24. Jean Chesneaux, en particulier, voit dans *Le Tour du monde en quatre-vingts jours* un hymne à la locomotion à vapeur, en tant qu'elle « *assure la domination de l'homme sur le globe terrestre* » (« *Le Tour du Monde en quatre-vingts jours*, notes de lecture », *JV1*, 11).

CHAPITRE 4

LE COMPLEXE D'HERMINIE

LES AMOURS

le mariage contraint

Malheur aux parents qui accordent contre son gré la main de leur fille ! C'est assurer sa perte. Quand il n'est pas librement consenti, le mariage prend, pour la fiancée vernienne, les allures de la mort. Ce motif apparaît dès « Maître Zacharius » : lorsque l'horloger se décide à donner sa fille au seigneur Pittonaccio, alors qu'approche le minuit des noces, on voit Gérande, « *plus morte que vive* » (*MZ*, V ; 175), s'apprêter dans la prière à se voir sacrifiée à la science, conformément à la dernière maxime affichée par l'horloge d'Andernatt :

L'homme doit être l'esclave de la science,
et pour elle sacrifier parents et famille.

La scène se joue sur un double plan mythologique et familial. Distribuons les rôles. Pittonaccio est Cronos : « *Vois cet homme, c'est le Temps !* » (172), déclare Zacharius à sa fille, qui se trouve donc menacée de jouer Rhéa, la Titanide à la colombe, épouse et sœur de Cronos. L'horloger, lui, incarne le mauvais père, Ouranos, qui précipite ses enfants dans le Tartare — car ce serait bien un enfer, pour Gérande, que cette union monstrueuse. On reconnaît au passage la colombe emblématique de la famille de la Fuÿe[1] : le rôle de Rhéa serait aussi celui de Sophie. À

1. L'ascendance maternelle de Verne devait sa noblesse au droit de Fuye — c'est-à-dire au privilège de pouvoir posséder un pigeonnier —, jadis octroyé à un certain Allot, qui servait dans la garde écossaise de Louis XI. Philippe Bonnefis a fort justement remarqué que, dans l'œuvre de son fils, Sophie Allotte de la Fuÿe est campée en « *dame au pigeonnier* » (« La Mécanique des chutes », *JV3*, 72).

travers le mythe, Verne esquisse un cruel tableau de famille : un père dévorant et une mère complice par faiblesse, victime plus que coupable. Et comme Cronos émascula Ouranos, comme le temps *assassine* finalement l'horloger (176), l'auteur prend ici le plaisir furtif de renier l'œuvre infanticide de Pierre Verne en lui refusant la main de Sophie à qui il assure, du même coup, une vie de vrai bonheur dans les bras d'Aubert Thün. Pareil reniement engage la nouvelle tout entière : avec « Maître Zacharius », Verne affirme sa vocation de romancier et trouve sa voie, aux antipodes des ambitions paternelles. La fiction inscrit, en abîme, la fonction assignée au texte par son auteur. Et puis cette autre morale : en matière de mariage, Pierre Verne n'y entend rien — c'est son fils qui parle, il a vingt-six ans et il est encore célibataire.

Par respect envers la crapule qu'elle prend encore pour son père, Sava Toronthal s'est résignée à épouser Sarcany ; et son obéissance manque lui être fatale — le respect filial n'est pas du goût de Verne. La mort habite les noces de Sava sous trois formes. Tout d'abord, une fois la cérémonie annoncée, Mme Toronthal et sa fille deviennent « *invisibles* » (*MS*, II, VII ; 323), détail qui prend un sens funèbre lorsqu'on le relie à la sentence indienne que murmure peu après le docteur Antékirrt, au chevet de Pierre Bathory, et que j'ai déjà amplement commentée. Mme Toronthal, qui souffre autant que Sava de ce mariage forcé, partage donc sa mort sociale — contagion des cœurs dolents... Ensuite, la rencontre dans le Stradone du convoi funèbre de Pierre et du cortège nuptial de Sava (VII ; 328-30) dit à sa manière l'analogie romanesque des deux cérémonies. Enfin, l'évanouissement de Sava (330), grâce auquel elle échappe à ses funestes noces, est un de ces substituts de la mort dont Jules Verne use ordinairement.

À l'instar de ce drame, un mal étrange frappe les jeunes filles au moment où elles se marient contre leur gré. D'une façon générale, Verne se refuse à peindre le sacrifice nuptial de ses héroïnes. En effet, lorsque quelqu'une se trouve livrée, pieds et poings liés, à un homme qu'elle n'aime pas, ses tristes noces sont rejetées dans l'*aval* du texte ; mais l'infortunée n'entre pas dans la fiction sans connaître la mort. C'est ce qui arrive dans *Une Ville flottante*. Lorsque débute le voyage du "*Great-Eastern*", Ellen, pour son malheur, est déjà Mme Drake, et la mort la poursuit sous la forme d'une démence que le narrateur impute explicitement à son mariage : « *Elle était folle, et sans doute, la dou-*

leur, le désespoir, son amour tué dans son cœur, le contact de l'homme indigne qui l'avait arrachée à Fabian, la ruine, la misère, la honte avaient brisé son âme ! » (*VF*, XX ; ₁89). L'analogie entre cette folie et la mort est développée au moment de la guérison d'Ellen : « *On eût dit une morte revenant à la vie* » (XXVIII ; ₁168). Et la robe noire que la malheureuse arbore tout au long du récit apparaît comme le double symbole de sa mort et du deuil de ses amours anciennes. Ces exemples suffisent à illustrer une des lois de l'imaginaire vernien : le mariage d'une jeune fille contre son gré, pour des questions d'intérêt paternel — sauver sa « *vie* » (*MZ*, V ; 172), sa réputation (*MS*, II, VII ; 319) ou sa « *fortune* » (*VF*, XII ; 62) —, est toujours vécu par elle comme une mort.

La clé de ces morts est sentimentale et onirique. La matrice des Sava, des Ellen, n'est autre que cette demoiselle Rose Herminie Arnault-Grossetière — ou de la Grossetière — que nous avons déjà croisée : amour de jeunesse du futur auteur des « Voyages extraordinaires », amour déçu. La « lettre du rêve » posait l'équivalence du mariage et de la mort sur le double plan de la symbolique des couleurs et de la physiologie. Ce récit fantasmatique de noces abhorrées est une véritable catharsis : « *La mariée était vêtue de blanc, gracieux symbole de l'âme candide de son fiancé ; le marié était vêtu de noir, allusion mystique à la couleur de l'âme de sa fiancée !* » (JVCF, 4). Sous les vêtements de l'apparence, couleurs et valeurs s'inversent ; la vérité des profondeurs est aux antipodes des conventions superficielles. Un peu plus bas, une courte phrase concrétise physiologiquement cette mort symbolique de l'épousée : « *La fiancée était froide, et comme une étrange idée d'anciens amours passait dans elle.* ». Noir de la perfidie : Verne dénonce la trahison amoureuse de sa belle. Noir de la mélancolie : la « *fiancée* » porte le deuil de ses « *anciens amours* ». Enfin, noir mystique de la mort, dont la valeur se trouve reprise par cette formule d'un réalisme brutal : « *la fiancée était froide* ». Herminie meurt, symboliquement, de ne pas épouser celui qui veut croire encore en son amour. Herminie meurt, et cela explique que Verne s'obstine à parler de *fiancés* alors que la scène se passe après la cérémonie nuptiale[2] : dans son imaginaire, cette mort symbolique infirme déjà le

2. L'obstination est d'autant plus marquée que Verne avait d'abord écrit *« époux » à la place de « *fiancé* ». Charles-Noël Martin, à qui nous devons les annotations reproduites par Olivier Dumas, interprète ce détail comme un refus inconscient du mariage d'Herminie (JVCF, 4, n. 14).

mariage, comme elle interrompra plus tard les noces de Gérande et de Sava. Ce sont bien les mêmes mécanismes imaginaires qui agissent dans cette lettre et dans les romans ; et cette identité des procédés garantit la parenté de leurs fonctions. « *La fiancée était froide* » : sous le sens mondain de l'expression, il faut lire ses significations funèbre et sexuelle. Cette alliance permet seule de comprendre la fonction de cette analogie dans l'imaginaire de l'auteur : la mort nuptiale venge le soupirant délaissé par la peinture d'une mariée sexuellement fort décevante. La mort de la mariée symbolise ses réticences intimes. Le songe avait commencé de façon tout à fait crue : « *Consommatum est* ». C'est l'idée de consommation sexuelle du mariage, évidemment insupportable à un rival malheureux, que l'épistolier tâche à compenser par l'image de la mort. Le romancier n'agira pas autrement, qui expliquera la folie d'Ellen Drake par le « *contact* » (*VF*, XX ; 189) de son époux.

Cette déplorable expérience de voir un amour de jeunesse se marier à son nez et à sa barbe, Verne la vécut six fois au moins[3]. Et dans une lettre du 14 décembre 1854 — l'année où « Maître Zacharius » fut publié dans le *Musée des familles* —, il énonçait cette triste loi de sa vie sentimentale : « [...] *toutes les jeunes filles que j'honore de mes bontés se marient toutes invariablement dans un temps rapproché !* » (JVCF, 89). Il y a bien de quoi être marqué.

Dans l'œuvre romanesque, l'analogie du mariage à la mort devient un véritable complexe, au prix de quelques modifications. D'abord, la mort est évoquée par toute sorte de substituts : folie, évanouissement, invisibilité. Ensuite, sur le chapitre de la loyauté, les fiancées sont *blanchies* par la contrainte, au détriment de leurs époux, toujours présentés comme de fieffées crapules. Et plutôt que d'écrire *blanchies*, je risque le néologisme métaphorique d'*herminies* pour faire ressortir le mécanisme d'hommage amoureux qui fut sans doute à l'œuvre dans la mise en place du complexe — l'image de la blanche fourrure n'a pu échapper à l'amateur de jeux de mots qu'était Verne. Enfin, la contrainte est expliquée par une question d'intérêt, qui touche sans doute de près à la réalité : Verne dut être considéré plus d'une fois comme un parti peu avantageux à cause de ses aspi-

3. Voir Charles-Noël MARTIN, « Les Amours de jeunesse de Jules Verne (suite) », *Bull. JV*, n° 29-30, 1er et 2e trim. 1974, pp. 104-5.

rations littéraires. On comprend aisément qu'il ait préféré se croire délaissé par intérêt, sous la pression parentale, plutôt que par manque d'affection. Ce complexe, qui mérite naturellement le nom d'Herminie, peut être interprété comme une compensation des premières déceptions amoureuses de l'auteur, une manière d'exorciser le souvenir de ces trahisons féminines, d'une part en les attribuant à la contrainte, d'autre part en évacuant des unions concernées l'image de la sexualité. Régulièrement, à la fin, l'amour triomphe ; et derrière les nécessités du *happy end* hetzelien, il convient sans doute de lire quelque futile revanche du délaissé sur ses rivaux.

Avant de pousser plus avant l'étude de ce complexe, je tiens à souligner que, pour ce qui touche au mariage contraint, il n'adopte pas toujours une forme aussi pure que dans les exemples dont j'ai choisi d'illustrer mon propos. Il peut n'apparaître que de façon allusive comme dans *Kéraban-le-têtu* — Amasia est résolue à se donner la mort avant même de savoir qu'on l'a enlevée pour l'épouser contre son gré (*K*, II, V ; 314) —, ou bien encore mêlé de redondances symboliques comme dans *Le Tour du monde en quatre-vingts jours* — Aouda est droguée pour affronter une mort bien réelle qui est une forme de consommation du mariage, ainsi qu'en témoigne l'histoire de cette jeune veuve de Bombay qui « *consomma son sacrifice* » (*TM*, XII ; 92) avec tant de résolution. Toutes ces morts sont de véritables négatifs de la sexualité. Elles font surgir le romanesque en transformant l'amour en drame, et marquent au sceau de Verne ce qu'il faut bien reconnaître comme un cliché littéraire rebattu : le mariage forcé. C'est par la mort que les mariées involontaires se font verniennes — une mort qui les sauve d'une sexualité qu'elles ne sauraient mieux accepter que l'auteur celle d'Herminie.

Mais le complexe d'Herminie ne se borne pas au seul motif du mariage contraint. Il se ramifie à partir de ce que nous venons de le voir évacuer : la sexualité.

La dernière histoire d'amour qu'ait écrite Verne, *Le Secret de Wilhelm Storitz*, rompt avec le schéma du mariage contraint. Au trio *prétendant aimé - mariée - époux haï*, Verne substitue le trio *prétendant haï - mariée - époux aimé.* Éconduit par la famille Roderich, Wilhelm Storitz, qui se refuse à voir Myra épouser son rival, se venge en semant une indicible panique lors de la cérémonie nuptiale. Invisible, il profane l'hostie au cours de la messe de mariage et provoque de la sorte la mort imaginaire de la mariée : « *Myra poussa un cri et, comme si son cœur se fût brisé, s'évanouit entre les bras de Marc !* » (*WS*, XII ; $_3$123). Storitz étant intervenu avant que Marc et Myra se soient prêté serment devant Dieu, leurs noces sont suspendues. Il tire ainsi parti de la logique du complexe : la mort évite la consommation. Et c'est bien de cela qu'il s'agit, en effet, puisqu'après avoir laissé se dérouler en paix la cérémonie civile, il prévient le sacrement qui, dans l'opinion publique du XIXe siècle, légitimait seul la sexualité des époux. Wilhelm Storitz fait donc du mariage de Marc et de Myra une union inconsommable. Son attitude est en somme comparable à celle que nous avons vu Verne adopter il y a peu. Je relève, à l'appui de cette analogie, le fait que les différentes morts imaginaires infligées par le savant à la pauvre Myra — évanouissement, folie (XIV ; $_3$132), invisibilité (XVII ; $_3$162) — reconstituent le catalogue des substituts de la mort que nous a révélé l'analyse du mariage contraint. Wilhelm Storitz est comme un sombre autoportrait du romancier en rival malheureux et obstinément jaloux. Voilà que, dans sa soixante-dixième année[4], Verne semble enfin prêt à s'avouer que ses premières amours se soient mariées de leur plein gré ; il tance et il châtie à sa manière le jeune auteur d'*Une Ville flottante*. J'en viens à comprendre l'initiale de Wilhelm comme une inscription du moi de l'auteur et le nom de Storitz comme un dérivé de l'allemand *stören* (« déranger, troubler, interrompre ») ou *störrig* (« entêté, opiniâtre »). Wilhelm Storitz, c'est Verne en trouble-noces obstiné — cela aussi participe de son secret.

Le savant prussien habite « *à l'angle du boulevard Tékéli* » (*WS*, IV ; $_3$42) : Verne révèle d'où il agit. Le nom de cette artère sonne

4. Voir la datation du manuscrit *supra*, chap. 3, n. 2.

comme une allusion explicite à l'obsédant *« Tekeli-li ! » qui rythme la fin des *Aventures d'Arthur Gordon Pym* :

> *Tekeli-li !* était le cri des naturels de Tsalal épouvantés à la vue du cadavre de l'animal *blanc* ramassé en mer. *Tekeli-li !* était aussi l'exclamation de terreur du captif tsalalien au contact des objets *blancs* appartenant à M. Pym. C'était aussi le cri des gigantesques oiseaux *blancs* au vol rapide qui sortaient du rideau *blanc* de vapeur au sud.[5]

Tekeli-li ! ou la peur, l'*« horreur du blanc »[6] — l'expression est de Verne, dans son étude sur « Edgar Poe et ses œuvres », et c'est lui qui souligne. L'intertexte parle un langage au symbolisme transparent : c'est de peur du mariage qu'il s'agit, plus précisément d'horreur de la mariée, d'angoisse de la virginité. Le boulevard où loge Storitz symbolise le lieu mental d'où Verne considère le mariage. Cette peur n'entre pas en contradiction avec la jalousie du savant, non plus qu'avec l'heureuse et nuptiale conclusion de bien des « Voyages extraordinaires ». Mais cela mérite explication. La jalousie est le nécessaire pendant de cette angoisse à laquelle il convient d'attribuer l'étrange mécanique sentimentale qui poussait le jeune Verne à jeter son dévolu sur des femmes qui ne pouvaient pas l'aimer[7]. C'est pourquoi le prétendant éconduit habite boulevard Tékéli. Quant aux heureux dénouements, ce ne sont en somme qu'obligations romanesques ; l'auteur de *Clovis Dardentor* l'avoue de bon cœur en terminant ce roman par le paragraphe suivant : « *Mais, dira-t-on, cela finit comme un vaudeville... Eh bien ! qu'est ce récit, sinon un vaudeville sans couplets, et avec le dénouement obligatoire du mariage à l'instant où le rideau baisse ?...* » (*CD*, XVI ; $_{1}$211). Le final matrimonial n'est rien d'autre à ses yeux qu'une convention romanesque à laquelle il ne se plie qu'en affichant une distance certaine, comme à la fin du *Tour du monde en quatre-vingts jours* :

> [...] Qu'avait-il gagné à ce déplacement ? Qu'avait-il rapporté de ce voyage ?
>
> Rien, dira-t-on ? Rien, soit, si ce n'est une charmante femme, qui — quelque invraisemblable que cela puisse paraître — le rendit le plus heureux des hommes ! (*TM*, XXXVII ; 331)

5. Edgar Allan POE, *Aventures d'Arthur Gordon Pym de Nantucket*, pp. 497–691 in *Œuvres en prose* (Paris, Gallimard, « Bibl. de la Pléiade », 1975), p. 691.
6. J. VERNE, « Edgar Poe et ses œuvres », pp. 111–53 in *Textes oubliés* (Paris, U.G.É., « 10/18 », 1979), p. 149.
7. Voir SORIANO, *Jules Verne (le cas Verne)*, pp. 32-3.

Nous verrons bientôt comment il s'y prend pour garantir le bonheur du couple au-delà des noces... Le bonheur conjugal n'est pas un thème vernien ; le seul des « Voyages extraordinaires » qui commence par un mariage, *La Chasse au météore*, se termine par le divorce des intéressés. De même, dans *Claudius Bombarnac*, si Fulk Ephrinell et Miss Horatia Bluet s'épousent en cours de fiction, ce n'est que pour des raisons d'intérêt commercial (*CB*, XXII ; $_{1}$227) et ils divorcent, dès leur arrivée à Pékin, faute d'avoir « *pu s'entendre sur les divers tantièmes stipulés dans leur association matrimoniale* » (XXVII ; $_{1}$284).

Tekeli-li ! ou le blanc qui tue. Car Pym meurt d'avoir franchi le rideau blanc d'où s'envolaient une « *foule d'oiseaux gigantesques, d'un blanc livide* », poussant « *le sempiternel* Tekelili ! »[8]. Le blanc virginal est un blanc funeste. En l'alliance poesque du blanc et de la mort, Verne a trouvé le parfait symbole de ce qu'il nommait « *la tragédie du mariage* » (JVCF, 78), dans une lettre du 29 avril 1854 où, d'ailleurs, il réutilisait l'expression « *Consommatum est* ». L'érotisation de la fin des *Aventures d'Arthur Gordon Pym* laisse à penser qu'il faut chercher de ce côté la justification de la peur vernienne[9]. Mais puisque Verne a jugé utile de donner une suite à ce roman, c'est évidemment là qu'il a dû renfermer le mot de cette « *tragédie* ». Au coin du boulevard Tékéli trône un sphinx...

> Dans sa forme étrange, ce massif ressemblait volontiers à un énorme sphinx, le torse redressé, les pattes étendues, accroupi dans l'attitude du monstre ailé que la mythologie grecque a placé sur la route de Thèbes.
> (*SG*, II, XV ; 478)

Ne nous laissons pas prendre au piège du masculin ; la « lettre du rêve » nous a montré que la vérité profonde est à l'inverse des apparences superficielles : ce sphinx est une femme, contrairement à la « *figure humaine* » de Poe[10], et la référence mytho-

8. Edgar Allan POE (cité n.5), p. 688.

9. Les principaux termes de cette érotisation sont cités tels quels par Verne dans son étude sur Poe : « *Et alors nous nous précipitâmes dans les étreintes de la cataracte, où un gouffre s'entrouvrit comme pour nous recevoir* » (« Edgar Poe et ses œuvres » [cité n.6], p. 151).

10. « *Mais voilà qu'en travers de notre route se dressa une figure humaine voilée, de proportions beaucoup plus vastes que celles d'aucun habitant de la terre. Et la couleur de la peau de l'homme était la blancheur parfaite de la neige...* ». Ces phrases, que Verne recopie également dans son étude sur Poe, terminent le récit du voyage de Pym et font immédiatement suite à celle dont j'ai donné la référence *supra*, n. 9.

logique est là pour le confirmer au lecteur attentif. Peut-être même est-ce d'abord pour inscrire cette divergence que Verne prit la peine d'écrire *Le Sphinx des glaces*. Ce monstre est posé là comme une allégorie de la femme : *aimant*, il attire celui qu'il *aime* et le tue de son irrésistible étreinte. À l'appui de cette thèse, je note que la description du cadavre de Pym comporte un symbolisme sexuel évident :

> Comment ce corps était-il appliqué contre le flanc du massif à deux toises au-dessus du sol ?...
>
> En travers du torse, maintenu par sa bretelle de cuir, nous vîmes le canon d'un fusil tordu, à demi rongé par la rouille... (*SG*, II, XV ; 486)

Fusil phallique, coït meurtrier ! Arthur Gordon Pym est mort d'avoir traversé le « *rideau blanc* », cet hymen, mort d'avoir défloré le sphinx. La glace, dans tout cela, dit la victorienne froideur de l'épouse vierge.

Hymen — le double sens de ce mot précise le point d'ancrage des sentiments de l'auteur à l'égard du mariage, sentiments d'aversion si puissants, vécus comme si originaux que, pour les transférer sur le héros éponyme de *Clovis Dardentor*, Verne crée un néologisme : « [...] *il était* MISOGAME *au plus haut degré* » (*CD*, III ; 128). Ce qui effraie Verne dans le mariage, c'est la défloration qui y est culturellement associée, d'où une véritable prohibition de ce terme d'*hymen* sous sa plume : on ne le trouve dans aucun roman, aucune nouvelle. Je n'en ai relevé qu'un seul emploi, dans un drame en cinq Actes et en vers écrit en 1848, *La Conspiration des poudres*. La scène est sous le Parlement britannique, dans la cave où sont entreposées les poudres ; l'un des conspirateurs, Guy Fawkes, monologue. Il songe à Jenny Monteagle, la femme dont il est épris. Épouse d'un lord qui la maltraite, elle a repoussé les avances de Guy Fawkes ; pourtant, elle vient de lui fixer un rendez-vous dans ce sombre lieu. Lucide, le catholique sait que Jenny n'est pas animée par l'amour, mais par la peur. Elle veut, malgré tout, sauver son mari de l'attentat qui se prépare. Tout en poursuivant son discours, Guy Fawkes allume une mèche :

> Ma pauvre amie ! ici tu ne regretteras
> De laisser ton amour s'apaiser en mes bras !
> Fuis les menteurs plaisirs d'ivresse conjugale !
> Je viens te préparer ta chambre nuptiale ;

Pour torche de l'hymen, de ta couche de fer
Tu verras flamboyer les flammes de l'Enfer !

(*CP*, V, II ; $_6$691)

Le contexte de fer, de feu, d'Enfer dans lequel le mot apparaît dit bien la charge de violence qu'il revêt déjà aux yeux du jeune homme. Il ne l'utilisera plus. *Hymen*, mot tabou chez Verne.

Tekeli-li ! ou les périls de l'hymen. Dans le manuscrit du *Secret de Wilhelm Storitz*, Verne écrit parfois *Téléki* au lieu de *Tékéli*, surtout au début. Cette variante, sans doute due à un défaut de mémoire, m'aiguille sur la piste d'une autre vierge à marier, la Stilla, qui aspire à devenir Mme Franz de Télek. Ce nom de Télek me paraît affilié à la même citation poesque. Dans *Le Château des Carpathes*, le baron de Gortz et le comte de Télek incarnent deux formes opposées d'amour de la Stilla ; le premier lui est attaché par l'ouïe, le second par la vue : « *Si Franz de Télek ne vivait plus que pour la Stilla depuis le jour où il l'avait vue sur le théâtre de Naples, il y avait six ans déjà que cet excentrique dilettante ne vivait plus que pour l'entendre* [...]. » (*ChCar*, IX ; 142). Le baron ne s'intéresse qu'au chant de la cantatrice, qu'à son « *âme* » (XVI ; 232) ; en définitive, c'est une méprise fatale qui fait craindre à la Stilla le regard de Rodolphe de Gortz (IX, 142). Le comte, lui, désire surtout le corps de la diva, un corps que Jules Verne s'attache à rendre aussi désirable que possible :

La Stilla, alors âgée de vingt-cinq ans, était une femme d'une beauté incomparable, avec sa longue chevelure aux teintes dorées, ses yeux noirs et profonds, [...] sa carnation chaude, sa taille que le ciseau d'un Praxitèle n'aurait pu former plus parfaite. (*ChCar*, IX ; 140)

Tout dans ce portrait respire l'érotisme, de la chevelure chantée par Baudelaire, à la référence au maître d'Athènes, qui évoque irrésistiblement la grâce et la pureté sensuelles d'une Vénus, en passant par le regard et surtout la carnation dont l'adjectif « *chaude* » dit toutes les promesses. Nous sommes en face d'une beauté sculpturale et ardente, classique et romantique à la fois. Mais Verne insiste également sur la virginité de cette femme : « *Jamais elle n'avait aimé, jamais ses yeux n'avaient répondu aux mille regards qui l'enveloppaient sur la scène. Il semblait qu'elle ne voulût vivre que dans son art et uniquement pour son art.* ». Aucun homme n'a jamais caressé ce corps, seuls les opéras italiens, le « *théâtre de Carignan à Turin, la Scala à Milan, le Fenice à Venise, le théâtre Alfieri à Florence, le théâtre Apollo à Rome, San-Carlo à Naples, la* POSSÉDAIENT *tour à tour* » (139-40). Le verbe est significatif, et nous sommes d'autant plus invités à sa lecture érotique que le texte glisse progressivement de simples appellations de théâtres au nom d'Apollon, riche de connotations amoureuses, et à un simple prénom, Carlo, à peine racheté par la sanctification. L'art vocal de la Stilla constitue bel et bien la sublimation de ses désirs physiques.

Dans ce cadre, le nom de Télek, symbolisant par un jeu intertextuel l'horreur de la défloration, condamne à l'échec l'amour charnel de Franz. Et l'ultime chant de la Stilla *« Innamorata Voglio morire... » (*ChCar*, IX ; 149) — « amoureuse, je veux mourir » — apparaît à la fois comme le plus engageant aveu de réciprocité du désir, et la formulation du piège que l'imaginaire fait courir aux amants. Dans tous les cas, c'est dire que la perte de la virginité et la mort sont indissociables. Pour en trouver confirmation, il suffit de lire attentivement le récit du décès de la cantatrice. Le spectacle soudain de la « *figure extatique* » du baron — une jouissance qui en évoque d'autres — est vécu par elle comme un véritable viol. Et le tableau de sa mort est un transparent symbole de la défloration : « *Elle porte vivement la main à sa bouche, qui se rougit de sang...* ». Je comprends pourquoi il était si important que la Stilla ait peur du baron : son état nerveux sert de justification réaliste à cette scène hautement symbolique.

Grâce à la fantasmagorie d'Orfanik, qui recompose le personnage de la Stilla dans sa dichotomie — appareil phonographique d'un côté, artifice optique de l'autre (*ChCar*, XVIII ; 238) —, le baron de Gortz suspend la mort de l'artiste[11]. Intime revanche du dilettante sur l'amoureux ; mais aussi perpétuation du viol et triomphe de la perversion[12], dans la mesure où l'immobilité de l'image vaut pour l'absence de consentement, et où la funèbre prière est répétée sur le mode compulsif. Ce n'est qu'en poignardant l'image de la Stilla, au moment où Franz s'apprête à la ravir,

11. Pour une analyse du dispositif mis en place et de ses rapports avec l'inconscient, voir MILNER, *La Fantasmagorie. Essai sur l'optique fantastique* (*op. cit.*), pp. 221–33.

12. Le caractère pervers du dispositif audio-optique du baron de Gortz a été fort justement relevé par Philippe MUSTIÈRE, « La Chambre au miroir ou l'appropriation de l'être dans "Le Château des Carpathes" », *Bull. JV*, n° 59, 3e trim. 1981, pp. 110–6.

que le baron exauce définitivement le vœu de la cantatrice. Aussitôt, Rotzko détruit l'enregistrement du « *finale de la tragique scène d'*Orlando » (XVI ; 229). Rodolphe meurt du coup, comme le comte de Télek a sombré dans la folie lorsque a été brisé le corps de la Stilla. L'un reçoit enfin le châtiment de son viol, il meurt d'avoir défloré l'artiste ; l'autre tente de rejoindre sa bien-aimée dans une forme de mort.

À la fin du roman, la voix de la Stilla rappelle Franz à la raison, à la vie (*ChCar*, XVIII ; 240). Cette relation amoureuse, sans regard et sans corps, la seule possible entre une vierge et un Télek, reforme le couple brisé à l'opéra de Naples. Et la Stilla module enfin d'« *autres chants* » (239) que le terrible air d'*Orlando*. La fiction détourne sur la tête du baron de Gortz le fatal sortilège que l'imaginaire vernien réserve aux *déflorateurs* par le jeu du complexe d'Herminie.

Scholie. L'île Spencer — « *Une île avec forêts encore vierges* » (*ÉR*, I ; 6) —, est rebaptisée par le jeune Godfrey, qui s'y échoue, du nom de sa fiancée :

> « Eh bien, [...] puisque je ne connais pas le nom de cette île, qu'elle soit nommée île Phina, en souvenir de celle que je n'aurais pas dû abandonner pour aller courir le monde, et puisse ce nom nous porter bonheur ! »
>
> (*ÉR*, X ; 108)

Mais bientôt, ce paradis se révèle hostile, chaque jour davantage, jusqu'à menacer de mort ses occupants (XXI ; 247-8). La virginité n'est rassurante qu'en apparence, sa défloration ménage des périls inattendus.

le veuvage salvateur

La prohibition de l'hymen explique l'importance des veuves dans la vie et l'œuvre de Verne : épouser une veuve, Honorine[13] ou toute autre, c'est se préserver de la défloration. Nombreux sont les adeptes de cette solution dans les « Voyages extraordinaires » : Kin-Fo dans *Les Tribulations*, J.-T. Maston dans *Sans dessus dessous*, Hector Servadac et son rival le comte Timascheff, pour n'en citer que quelques-uns. Parallèlement, les

13. Le 10 janvier 1857, Verne épousa Honorine de Viane, veuve Morel et mère de deux enfants. Voir, notamment, Cécile COMPÈRE, « Extrapolations autour d'un acte de mariage », *Bull. JV*, n° 62, 2e trim. 1982, pp. 211-6.

jeunes filles doivent subir, avant que de se marier, un douloureux travail de deuil, substitut du veuvage. Perdre son fiancé, craindre sa mort, est une étape obligée de l'idylle vernienne. La jeune Marie, au début de « Un Hivernage dans les glaces », comme Hulda, l'héroïne d'*Un Billet de loterie*, apprennent la disparition de l'homme qu'elles s'apprêtaient à épouser à sa descente de bateau (*HG*, I ; 223-4 et *BL*, XI ; 401–7) ; et la fiction est dans la recherche pour l'une, pour l'autre dans l'attente. De même, Nadia Fédor voit Michel Strogoff, frappé d'un coup de lance, s'écrouler et disparaître dans les eaux de l'Irtyche (*MSt*, I, XIII ; 196). Jenny Halliburt, dans « Les Forceurs de blocus », entend son futur époux, le capitaine James Playfair, lui annoncer en ces termes son prochain engagement dans l'évasion de Jonathan Halliburt : « *Jenny, dans deux heures votre père sera en sûreté auprès de vous, ou j'aurai péri en voulant le sauver !* » (*FB*, VIII ; 413) ; Alice Stannard se voit réduite à demander en vain la grâce de Gilbert Burbank, condamné à mort par un tribunal sudiste acquis à la cause de Texar (*NS*, II, III ; 286–7) — et dans ses épreuves mêmes, elle puisera la force d'espérer, une fois le lieutenant libéré : « *Ces tristes jours, pendant lesquels nous avons tant souffert, Dieu nous les rendra en années de bonheur.* » (V ; 317)... Dieu, ou Verne lui-même, qui ne saurait refuser le mariage à une jeune fille qui « *ne croyai*[*t*] *plus revoir* » (316) son fiancé. L'angoisse devant une possible mort de leur fiancé constitue pour les jeunes filles des « Voyages extraordinaires » un substitut symbolique du veuvage. Subir cette épreuve leur permet de se marier dans les conditions imaginaires d'une veuve, donc sans courir les risques de la défloration. Par ce biais, Verne intègre à ses fictions la conduite qu'il a lui-même adoptée dans son choix matrimonial.

On comprend donc qu'au début de *La Jangada*, la charmante Lina tombe amoureuse du jeune Fragoso qu'elle trouve pendu au bout d'une liane (*J*, I, VII ; 86). Comment une vierge pourrait-elle résister, dans la logique du complexe d'Herminie, à un parti déjà revenu, symboliquement, du royaume des morts ? Pourtant, l'épreuve de la peur ne sera pas épargnée à la belle mulâtresse : avant que leurs fiançailles soient prononcées, il lui faudra redouter un instant que son figaro finisse entre les dents d'un caïman (*J*, I, XVII ; 205 et XVIII ; 207).

Les exemples qui m'ont jusqu'ici permis de dégager le motif du veuvage symbolique plaçaient la femme en situation de victime. C'est évidemment la situation la plus courante, mais *Voyage au centre de la Terre* prouve que ce n'est pas la seule possible. Ici, c'est la jeune Graüben qui pousse son fiancé à lui infliger l'épreuve qui fera d'elle une veuve symbolique, épousable sans dommage. La fiancée prend pour ainsi dire, son sort en mains :

> « [...] Ah ! cher Axel, c'est beau de se dévouer ainsi à la science ! Quelle gloire attend M. Lidenbrock et rejaillira sur son compagnon ! Au retour, Axel, tu seras un homme, son égal, libre de parler, libre d'agir, libre enfin de... »
>
> La jeune fille, rougissante, n'acheva pas. (*VCT*, VII ; 59)

La suspension du discours trahit le caractère indicible du mariage. Au moment des adieux, la jeune fille formule sa promesse en des termes qui ne laissent aucun doute quant à l'évacuation de la cérémonie matrimoniale : « [...] *tu quittes ta fiancée, mais tu trouveras ta femme au retour.* » (63). Et, de fait, point de récit de mariage à la fin du roman, mais cette simple formule : « [...] *ma jolie Virlandaise, abdiquant sa position de pupille, prit rang dans la maison de Königstrasse en la double qualité de nièce et d'épouse.* » (XLV ; 372). L'épreuve que doit subir Axel vise certes à le parer des charmes du héros, mais elle a surtout pour fonction de changer sa fiancée en femme tout en lui épargnant les périls de l'hymen par un veuvage symbolique. Celui-ci est organisé autour de deux éléments fictionnels. La séparation d'abord, dont Graüben révèle, au retour d'Axel, qu'elle était le but du voyage, puisque le fiancé est accueilli par ces mots : « *Maintenant que tu es un héros* [...], *tu n'auras plus besoin de me quitter, Axel !* » (369). La formule pose le voyage comme une nécessité explicitement liée au genre héroïque, mais implicitement dictée par le complexe d'Herminie. En second lieu, le veuvage symbolique est assuré par la valeur mortifère de l'épreuve imposée au fiancé. Celle-ci se trouve attestée par de nombreuses références aux voyages d'Orphée, d'Ulysse et d'Énée dans les contrées infernales[14]. L'épreuve est donc double : séjour au pays des morts pour le fiancé, attente pour la

14. Voir Daniel COMPÈRE, *Un Voyage imaginaire de Jules Verne : "Voyage au centre de la Terre"* (Paris, Lettres Modernes, « Archives des lettres modernes » 174, 1977), pp.55–8. Daniel Compère relève les références aux aventures d'Orphée et d'Ulysse au royaume d'Hadès, mais il ne signale pas celle, pourtant explicite, à l'*Énéide* : la descente dans les entrailles du globe est comparée au « facilis descensus Averni *de Virgile* » (*VCT*, XVIII ; 156).

fiancée. Et si Graüben ne connaît nullement l'angoisse d'une Hulda, c'est, d'une part, qu'elle fait volontairement fonctionner le complexe et, de l'autre, que la maison de Königstrasse est habitée par un symbole rassurant : la bonne Marthe, domestique baptisée du nom de la ménagère sœur de Lazare et de Marie-Madeleine, qui certifie par cette double parenté la possibilité de la résurrection et de la rédemption du péché de chair.

combinaison du mariage contraint et du veuvage symbolique

Les motifs du veuvage symbolique et du mariage contraint peuvent se combiner pour produire une forme intermédiaire. *L'Étoile du Sud* offre un bon exemple de ce phénomène.

Dans ce roman, le motif du mariage contraint repose sur la promesse formulée par John Watkins d'accorder la main de sa fille Alice à qui lui rapportera le diamant « volé ». Celui du veuvage symbolique est impliqué par le fait que l'amant de cœur, Cyprien Méré, entre dans la compétition, en accord avec Alice, pour tenter de conjurer la menace de noces abhorrées. Lisons la scène où ces deux motifs se combinent. La parole est au père indigne :

« Tenez, messieurs, reprit-il, vous êtes là quatre jeunes gens qui ambitionnez la main de ma fille ! Eh bien ! rattrapez-moi cet homme-là avec mon diamant ! [...] et, foi de Watkins, ma fille sera à qui me le rapportera !

— Accepté ! cria James Hilton.

— J'en suis ! déclara Friedel.

— Qui ne voudrait essayer de gagner un prix si précieux ? » murmura Annibal Pantalacci avec un sourire jaune.

Alice, toute rouge, profondément humiliée de se voir jetée comme l'enjeu d'une telle partie, et cela en présence du jeune ingénieur, essayait vainement de cacher sa confusion.

« Miss Watkins, lui dit Cyprien à demi-voix, en s'inclinant respectueusement devant elle, je me mettrais bien sur les rangs, mais le dois-je sans votre permission ?

— Vous l'avez, avec mes meilleurs souhaits, monsieur Cyprien ! répondit-elle vivement.

[...] » (*ÉS*, XII ; 154-5)

Sur le plan discursif, les deux motifs combinés se trouvent mis en place de part et d'autre du paragraphe narratif qui fait état de la réaction affective d'Alice. Tout ici concourt à démarquer fortement Cyprien des trois autres prétendants. D'abord, il s'adresse à Alice alors que les autres ne répondent qu'à son père, ce qui est une manière de protester contre l'humiliation de la jeune fille. Ensuite, il arbore la plus grande politesse, tandis que Hilton et Friedel se montrent brutaux dans la brièveté exclamative, et qu'Annibal Pantalacci prend un ton de grossièreté sournoise, sous-entendant par son vocabulaire que l'enjeu de la partie est autant la *fille* que l'*héritière* de John Watkins.

La combinaison des motifs du complexe d'Herminie entraîne des modifications dans la structuration de l'un comme de l'autre. Examinons-les successivement. De la logique du mariage contraint, Verne ne conserve que la dimension économique : la main d'Alice sera accordée à celui des prétendants qui apportera la fortune à John Watkins. Le veuvage symbolique n'est ici ni tout à fait passif comme celui de Hulda, puisque Alice consent bel et bien à ce que Cyprien affronte les dangers d'une expédition vers le nord du Griqualand, ni aussi résolument actif que celui de Graüben, car le consentement à l'épreuve est dicté à la jeune fille par la menace que son père fait peser sur elle et sur son amour. En fait, l'épreuve est ici un choix de couple : Cyprien en est le véritable instigateur et Alice ne fait que lui donner sa bénédiction. C'est pourquoi les deux amants subissent durement l'épreuve, Cyprien en poursuivant Matakit au péril de sa vie, Alice en l'attendant dans les affres de l'angoisse :

> De retour en Griqualand, [Bardik] avait appris à M. Watkins la mort de James Hilton et celle de Friedel. C'était de bien mauvais augure pour les survivants de l'expédition, Cyprien Méré, Annibal Pantalacci et le Chinois.
> Aussi Alice était-elle fort malheureuse. Elle ne chantait plus, et son piano restait invariablement muet. (*ÉS*, xx ; 253)

À ces activités, elle en substitue une autre, lourde de connotations mythologiques : elle entreprend un ouvrage de tapisserie, comme Pénélope. C'est dire la douleur de l'attente et la crainte du dernier prétendant, Annibal Pantalacci.

Dans *Mirifiques aventures de Maître Antifer*, Verne reprend sur le mode humoristique la même combinaison du mariage contraint et du veuvage symbolique. Si Maître Antifer ne désapprouve pas l'amour de son neveu Juhel pour la charmante Enogate, dont il est le tuteur, il cherche à leur imposer des noces en rapport avec la fortune que doit lui rapporter l'héritage de Kamylk-Pacha. Mais ses rêves de mariage princier descendent au fur et à mesure des partages l'échelle des titres nobiliaires, et les amoureux s'épousent enfin au retour du troisième îlot, une fois réduits à néant les espoirs du Malouin et de ses colégataires. En dépit de la légèreté dont ce récit est empreint, Enogate subit le veuvage symbolique en connaissant la peur, à réception de la lettre par laquelle Juhel lui annonce que le premier îlot ne recelait qu'une nouvelle longitude, et qu'il leur faut chercher la latitude correspondante chez un certain Zambuco, banquier à Tunis :

> Enogate laissa tomber la lettre, que sa mère ramassa. Elle ne pouvait en continuer la lecture. Elle voyait les absents entraînés à des milliers de lieues, exposés aux plus grands dangers dans des contrées terribles, n'en revenant jamais peut-être, et ce cri lui échappa :
>
> — Oh ! mon oncle... mon oncle, quel mal vous faites à ceux qui vous aiment tant ! (*MA*, II, I ; $_{1}$197-8)

Cette jeune fille, qui se destine à la difficile condition d'épouse de marin, ne s'effraie qu'au moment où le voyage bascule du connu dans l'inconnu — l'absence, on le comprend, ne pouvait suffire à assurer son veuvage. Le terme *contrées* prouve même que ce sont les terres et non les mers qui la font trembler. Verne démarque ainsi la séparation romanesque, condition imaginaire du mariage, des futures absences du capitaine au long cours, qu'il avait d'ailleurs pris soin de banaliser précédemment : « *Sans doute, fille de marin, Enogate était faite à cette idée que de longues navigations entraîneraient son mari loin d'elle, n'imaginant pas qu'il pût en être autrement ?* » (I, IX ; $_{1}$93).

Quant à la logique du mariage contraint, nous la retrouvons là encore, comme dans *L'Étoile du Sud*, subordonnée à une problématique économique. La question de fortune est ce qui reste de ce motif lorsqu'il entre en combinaison avec celui du veuvage symbolique. Reliquat minimal du motif, il suffit à le faire fonctionner, preuve qu'il en constitue le noyau. Ce phénomène confirme l'hypothèse selon laquelle la blessure de se voir considéré comme un mauvais parti fut déterminante dans la constitution du complexe d'Herminie. Méprisé de la bourgeoisie nantaise à cause de ses ambitions et fantaisies littéraires, Verne, par un esprit de contradiction bien compréhensible, voulut assener à ses détracteurs la preuve, par le succès, de l'inanité de leur raisonnement. Cette dimension sociale rattache le complexe d'Herminie à celui du "*Vengeur*". Et sans doute faut-il voir dans la dimension sexuelle du premier une conséquence de l'interdit social que le jeune Verne sentit peser sur lui, interdit qu'il tourne par un déplacement de ses pulsions sur la carte du globe, dont les blancs se trouvent déflorés en lieu et place des jeunes vierges. Points communs des motifs du mariage contraint et du veuvage symbolique, la prohibition de l'hymen et la substitution de la mort à l'amour constituent quant à eux le cœur imaginaire du complexe.

Ce mécanisme profond entraîne une attraction réciproque des motifs liés à l'amour et à la mort. Dans *Un Drame en Livonie*, Ilka Nicolef et Wladimir Yanof sont unis sur la tombe de Dimitri Nicolef, dans le cimetière de Riga (*DL*, XV ; 236). Les jeunes héros des *Indes noires*, Harry et Nell, se marient « *vêtus de noir* » (*IN*, XXII ; 235) dans les profondeurs subterrestres de la Nouvelle Aberfoyle. Thanatos préside au triomphe d'Éros. Il y a mieux encore. Près des cataractes de la Madeira se joue un acte de tragédie. Les Indiens ont condamné à mort la jeune Sarah, pour la punir d'avoir motivé la défection de Martin Paz et causé l'échec de leur révolte. Ligotée au fond d'un canot d'écorce, elle doit périr dans les eaux de la rivière ; au moment suprême, Martin Paz apparaît et s'apprête à retenir la barque à l'aide de son lazo :

> Soudain, une flèche siffla à travers les airs, et Martin Paz, tombant en avant dans la barque de la victime, alla s'engloutir avec Sarah dans le tourbillon de la cataracte.
>
> [...]
>
> Martin Paz et Sarah étaient fiancés pour la vie éternelle, car, dans leur suprême réunion, le dernier geste de la jeune fille avait imprimé le sceau du baptême au front de l'Indien régénéré. (*MP*, X ; $_1$292-3)

La scène est reprise et encore dramatisée dans *Famille-Sans-Nom*. Au milieu des égorgements et des noyades, Jean-Sans-Nom expire dans les bras de Clary Vaudreuil. Leur amour trouve « *dans le gouffre des cataractes* » (*FSN*, II, XIII ; $_5$303), dans la mort, une apothéose qu'il ne pouvait trouver dans le mariage. Mourir ou vivre ensemble, c'est tout comme. « *J'aurais été fière de porter votre nom !...* » (XIII ; $_5$303) dit la fille du patriote au fils du traître ; c'est affirmer que le crime de Simon Morgaz est expié, et Jean ne s'y trompe pas. L'expiation par la mort se confond avec la rédemption par l'amour. Ainsi, les sentiments de Clary et de Jean se trouvent-ils libérés de l'angoisse de la défloration.

Toute cette scène se déroule sous l'invocation de "*Caroline*", nom de bateau ici, mais, dans la vie de Verne, prénom d'une cousine qui fut aussi son premier amour, bien avant Herminie. L'auteur semble ainsi désigner ses premières déceptions amoureuses comme la cause de sa confusion du désir et de la mort. Caroline, Herminie, la critique vernienne les a longtemps confondues, occultant la seconde au profit de la première, sur la foi du témoignage de Marguerite Allotte de la Fuÿe[15]. Je constate que, si le nom et l'histoire d'Herminie ont déterminé chez le jeune poète un complexe imaginaire remarquablement productif, il n'oublia jamais la première traîtresse, Mlle Caroline Tronson. Une question reste en suspens. Pourquoi Verne, qui avait supporté bien d'autres trahisons, ne toléra-t-il pas celle d'Herminie ? La réponse, à mon sens, est inscrite dans les noms. Herminie a « cristallisé » le traumatisme de Verne parce qu'en la blanche hermine de son prénom se conjuguait l'ire à l'hymen (He*r*min*ie*) — rappelons-nous qu'il écrivit *La Conspiration des poudres* en 1848, l'année même de son mariage —, comme parce qu'elle s'éprit d'un M. Terrien dont le patronyme réactivait les frustrations filiales du jeune homme.

Je finirai sur un extrait d'une lettre à Hetzel, contemporaine de la rédaction des *Enfants du capitaine Grant* :

> * [Je suis très maladroit à exprimer des sentiments d'amour. Ce mot là seul « amour » m'effraye à écrire. Je sens parfaitement ma gaucherie, et je me tortille pour n'arriver à rien. Aussi, pour esquiver la difficulté, je compte être très sobre de ces scènes. Vous me demandez de mettre un mot du cœur en passant ! Rien que cela ! mais il ne me vient pas, ce mot du cœur, sans quoi, il y serait depuis long-temps !]
>
> (BN, I-7)

La complexe d'Herminie explique l'impuissance que l'auteur avoue dans ces lignes. L'amour ne peut venir simplement sous la plume de Verne. Son expression passe par une stratégie visant à en évacuer l'angoisse de la défloration par diverses formes de combinaison avec la mort[16]. Celle-ci apparaît souvent comme essentielle au lecteur, car elle participe pleinement à la constitu-

15. Sur ce point d'histoire critique, voir DUMAS, *Jules Verne*, p.25.

16. Sur la place de la mort dans les « Voyages extraordinaires », voir Jean-Pierre PICOT, « Hublots, miroirs, projecteurs, spectacles de la mort » (*JV4*, 15–36) ; et Alain BUISINE, « Voglio morire... », pp.157–79 in *Modernités de Jules Verne*.

tion du suspense et de l'action héroïque, tandis que le mariage se trouve relégué au rang de banal *happy end.* Les épreuves périlleuses retiennent plus l'attention que les fins heureuses, elles occupent plus de place dans le texte et on se les rappelle davantage ; il n'en reste pas moins que ces formes de suspense sont déterminées par les conditions que pose l'imaginaire vernien en préalable à la consommation du mariage. Contrairement aux idées reçues, il apparaît donc que le désir amoureux occupe une place importante dans la création romanesque de Verne. Pas seulement le désir...

Le complexe d'Herminie se rattache globalement au « tabou de la virginité », tel que le définit Freud[17] dans une brève étude. Il y explique certaines traditions primitives, dans lesquelles l'époux se garde de déflorer lui-même sa femme, par le fait que la défloration, si elle lie de façon durable la femme à l'homme qui la commet, délie en outre « *une réaction archaïque d'hostilité* » (p.79[17]) à cet homme, un besoin de se « *venger de sa défloration* » (p.78[17]). Élargissant le champ de l'étude à son époque, Freud attribue à cette réaction « *le fait que dans un nombre considérable de cas, la femme reste frigide dans son premier mariage et s'y sent malheureuse, tandis qu'après la rupture de celui-ci elle devient pour son second mari une épouse heureuse et tendre* » (*ibid.*) En conséquence, force est de constater que, par le complexe d'Herminie, Verne assure le plaisir sexuel de ses héroïnes et le bonheur conjugal de ses héros. On ne l'attendait guère sur ce terrain... C'était le méconnaître. La jouissance dans le mariage était cruciale à ses yeux, ainsi qu'en atteste un sonnet de décembre 1847, hymne lyrique à la douceur de vivre auprès d'Herminie, qui se termine par ce tercet significatif :

> Tu me mettrais, amie, à l'abri du tonnerre,
> Avec toi, je ferais mon Eden de la terre...
> Mais au moment suprême, irais-je vers le ciel ?
>
> (*PI*, I, XL, $_6$78)

Nul doute que ce « *ciel* », atteint au « *moment suprême* », soit le septième, de si fameuse réputation. Verne refuse de dissocier le mariage du plaisir, et il rompt en cela avec la tradition bourgeoise.

17. Voir Sigmund FREUD, *La Vie sexuelle* (Paris, P.U.F., « Bibl. de psychanalyse », 1969), « Le Tabou de la virginité », pp. 66–80.

CHAPITRE 5

FILIATION ET CRÉATION

naissance

Rechercher la gloire pour échapper à la carrière que voulait lui imposer son père et laver un affront amoureux, tels sont les deux mobiles qui dynamisent la poétique du sujet vernien. Bien différents, en apparence, ils se trouvent unifiés par un même désir de vengeance et un même objet de ressentiment : la pierre, ou la terre, c'est tout un. L'écriture vernienne se charge de composer une figure du sujet qui assure — du moins à ses propres yeux — son triomphe sur Pierre Verne et Mlle de la Grossetière, épouse Terrien de la Haye. Ces mobiles se trouvent mis en place dès 1848 et le départ à Paris mais, pour que naissent les « Voyages », il aura fallu que Verne se marie et qu'Honorine lui donne un fils. En d'autres termes, il aura fallu que soit effacée, sur les registres d'état civil, l'humiliation que Caroline, Herminie et quelques autres lui avait infligée en refusant de l'épouser et que, père à son tour, il soit en position non plus de subir, mais de détenir l'autorité paternelle. Les composantes optiques de l'imaginaire vernien, par la place qu'y occupe la problématique de la filiation, permettent de comprendre la curieuse concomittance de la grossesse d'Honorine et de la conception des « Voyages extraordinaires ». Marc Soriano s'est déjà intéressé à la question. Il explique l'intrigue du premier roman de Verne par un calembour renvoyant à l'état d'Honorine : « [...] *être enceinte, dans le parler populaire, se dit "avoir le ballon"* »[1] ; l'hypothèse est séduisante, mais elle ne repose

1. Voir SORIANO, *Jules Verne (le cas Verne)*, p. 100. Je note, du reste, que l'expression utilisée par Marc Soriano ne figure pas parmi les acceptions familières de *ballon* que relève Émile Littré : « Être enflé comme un ballon, être très gros, et quelquefois avoir trop mangé ; et figurément, être bouffi d'orgueil. »

sur aucun document. Je préfère, pour ma part, m'en tenir à constater que la réparation *objective* des principales frustrations dont souffrait l'auteur semble avoir déclenché une nouvelle structuration de son imaginaire, permettant la pleine expression de ses talents de romancier. Cela suffit, me semble-t-il, à mettre sur la voie des motivations profondes de la création vernienne, à condition qu'on veuille bien inscrire ce détail dans une perspective biographique.

Le mardi 2 juillet 1861, alors qu'Honorine attend leur enfant pour la fin du mois, Verne se lance avec son ami Aristide Hignard dans un voyage maritime qui le conduira en Norvège et en Scandinavie. Il est prévu que l'escapade dure six semaines. Le futur père sera rappelé au Danemark, mais il arrivera trop tard pour entendre les premiers cris de son fils, le 3 août[2]. Absence involontaire ? C'est ce que pense Marguerite Allotte de la Fuÿe, chronique familiale à l'appui. Sur une photographie de famille, prise semble-t-il en juin 1861, on le voit en effet lever le bras par-dessus la tête de son épouse ; il s'agirait d'un geste de coulissier en bourse, signifiant sa volonté de « *retarder l'échéance jusqu'au retour du voyage qu'il est sur le point d'entreprendre* »[3]. Je veux bien croire que Verne l'ait dit, lui qui, par la suite, a pris soin de dissimuler la date véritable de son voyage en la retardant d'un an, comme dans cette lettre à un correspondant suédois : « *Et puis en 1862, lorsque j'étais à Stockholm, lorsque j'allais de cette capitale à Gotteborg par le canal de Gotha, est-ce que je n'ai pas trouvé sur une route nombre de vos compatriotes qui parlaient français ?* »[4]. On ne se trompe pas sur la date de naissance de son fils unique, ou bien cela ne manque pas de traduire l'irruption de l'inconscient. Quoi qu'il en soit, pareille erreur signe le remords et suffit à établir que l'absence de Jules Verne à la naissance de Michel était bel et bien programmée. En cet été 1861, le fils aîné de Pierre Verne ressent l'insuffisance d'une réparation *objective* de ses frustrations. Déçu par sa paternité, il la fuit. Quelques mois plus tard, l'homme s'est métamorphosé : en février 1862, il travaille à *Un Voyage en l'air* qui deviendra *Cinq semaines*

2. Il est revenu le 7 août.
3. Voir ALLOTTE DE LA FUŸE, *Jules Verne, sa vie, son œuvre*, p.87.
4. Lettre du 15 janvier 1898 reproduite en fac-similé dans Uno ASPLUND, *Jules Vernes — Undeare Resor* (Uddevalla [Suède], s.é., 1973), p.73.

en ballon, mis en vente le 31 janvier 1863[5].

L'imaginaire vernien auquel nous devons les « Voyages extraordinaires » s'est structuré sous le coup du traumatisme que représenta pour l'auteur la déception éprouvée à la naissance de Michel. Henry Lowenfeld écrit que « *pour l'artiste, l'acceptation du monde* [*est*] *presque automatiquement associée à une attitude de défense et d'autoprotection* » qui seule lui « *permet de traduire son expérience dans son œuvre* »[6] ; la genèse des « Voyages » illustre parfaitement cette théorie et son corollaire : le besoin de réparer encore et encore la blessure. Jusqu'à la grossesse d'Honorine, Verne a suivi une double stratégie de défense, artiste et bourgeoise à la fois, comptant sur la famille autant que sur le succès pour lui apporter le bonheur. Cela permet d'expliquer ses errements littéraires. En 1861, il pouvait se croire librettiste car, alors qu'il n'avait plus publié de récit depuis « Un Hivernage dans les glaces » en 1855, il avait fait jouer plusieurs opérettes et opéras comiques : *Le Colin-maillard* (1853), *Les Compagnons de la Marjolaine* (1855), *Monsieur de Chimpanzé* (1858), *Le Page de Madame Marlbrough* (1858), *L'Auberge des Ardennes* (1860), *Onze jours de siège* (1861). Sa réussite dans ce genre, quoiqu'en demi-teinte, était réelle. La naissance de Michel a tout remis en cause : en faisant prendre conscience à l'auteur de son insatisfaction, elle a ravivé ses frustrations antérieures et nécessité une modification radicale de la stratégie de défense, une réorganisation de la psychomythie. Elle est à l'origine d'une structuration de l'imaginaire dans laquelle le besoin de revanche unifie naturellement, sur fond d'interrogations sexuelles, les blessures liées à la paternité et à l'amour. La figure de l'œil constitue le ciment de cette nouvelle structuration de l'imaginaire ; or, c'est elle qui, dans les romans, structure la représentation de la science, si bien qu'on peut l'identifier comme la véritable matrice du versant éducatif des « Voyages extraordinaires ».

Le rôle qu'a joué dans ce bouleversement la naissance de Michel explique peut-être les étranges liens qui se sont tissés, au fil des ans, entre ce père et ce fils — et inversement... Ces liens ont une place dans l'œuvre, clandestine, énigmatique.

5. Voir Gondolo della Riva, *Bibliographie analytique de toutes les œuvres publiées de Jules Verne. I : Œuvres romanesques publiées*, p. 6.

6. Voir Lowenfeld, « Traumatisme psychique et expérience créatrice chez l'artiste » (*loc. cit.*), p. 676.

Une croix de Saint-André traversée, en son exact milieu, par une barre verticale. Tel est le mystérieux caractère que nous retrouvons dans le *Voyage au centre de la Terre* et les *Mirifiques aventures de maître Antifer*. Ce signe forme l'initiale du cryptogramme manuscrit que le professeur Lidenbrock trouve glissé entre les pages de « *l'*Heims-Kringla *de Snorre Turleson, le fameux auteur islandais du* XIIe *siècle* » (*VCT*, II ; 11) ; il attire immédiatement l'attention du savant minéralogiste et lui permet de dater approximativement le parchemin qui vient de lui tomber entre les mains :

« Ces deux écritures ne sont pas de la même main, dit-il ; le cryptogramme est postérieur au livre, et j'en vois tout d'abord une preuve irréfragable. En effet, la première lettre est une double M qu'on chercherait vainement dans le livre de Turleson, car elle ne fut ajoutée à l'alphabet islandais qu'au XIVe siècle. Ainsi donc, il y a au moins deux cents ans entre le manuscrit et le document. » (*VCT*, III ; 17)

Mirifiques aventures de maître Antifer, de trente ans postérieur, fait d'un signe calligraphiquement très proche le « *monogramme* » (*MA*, I, III ; $_1$31) d'un riche combattant de la cause ottomane : « *C'étaient les deux K du nom de Kamylk-Pacha, accolés l'un à l'autre, et dont l'Égyptien faisait sa signature habituelle.* ».

Ainsi, le même signe — ou très peu s'en faut — est-il « *double* M » (*VCT*, III ; 17) dans *Voyage au centre de la Terre* et « *double* K » (*MA*, II, X ; $_1$296) dans *Mirifiques aventures de maître Antifer*. Tout est question de lecture, précisément de *sens* de la lecture. Rappelons-nous que dans *Voyage au centre de la Terre* Arne Saknussemm écrit à l'envers. La dernière lettre de son nom devient en conséquence la première : le double M de Saknussemm et le double K de Kamylk-Pacha sont donc, tous deux, des initiales. Et ces initiales fixent le trajet que vont parcourir les protagonistes de chacun de ces deux romans. Le caractère runique, en effet, ne constitue pas seulement l'équivalent graphique d'une géminée, il représente aussi deux fois la double arche de deux m minuscules disposés en miroir selon un axe vertical : le voyage qu'il initie se fait donc de haut en bas, puis de bas en haut. Le double K, quant à lui, est également disposé en miroir, mais selon un axe horizontal cette fois : le voyage se fait donc en surface, de gauche à droite, et de droite à gauche. *Voyage au centre de la Terre* est roman de la verticalité, et *Mirifiques aventures de maître Antifer*, roman de l'horizontalité. Ce sont là deux orientations familières chez Verne, mais la particularité de ces romans, c'est que les voyageurs, tandis qu'ils suivent l'axe de la double lettre, se heurtent à la dimension contraire.

Le savant de Hambourg, son neveu et leur guide, lancés à la conquête verticale du centre de la Terre, se trouvent bientôt coincés à l'horizontale, incapables de descendre sous le niveau de la mer Lidenbrock. J'entends d'ici les cris du minéralogiste : «*Nous ne descendons pas ! reprend le professeur. Tout cela est du temps perdu, et, en somme, je ne suis pas venu si loin pour faire une partie de bateau sur un étang !*» (*VCT*, XXXIII ; 264). Le pêcheur malouin et ses acolytes, partis à la recherche de l'île sur laquelle Kamylk-Pacha dissimula sa fortune, se retrouvent finalement à la verticale d'un îlot volcanique inatteignable, enfoui qu'il est sous les eaux de la Méditerranée. Et Maître Antifer d'ironiser, par dépit, sur le sort de ses cohéritiers : « *Oui ! s'écria-t-il, les millions sont là... sous nos pieds, et si vous voulez en avoir votre part, il n'y a qu'un plongeon à faire !...* » (*MA*, II, XVI ; ₁377). Rien qu'un plongeon, certes, mais un plongeon de «*trois cents pieds*» ! Les personnages des deux romans se trouvent en définitive prisonniers de l'axe de projection des lettres qui les guident — je savais déjà malaisée la traversée du miroir, voilà que Verne, ce grand rêveur, m'en confirme l'impossibilité.

L'auteur des «Voyages extraordinaires» est trop expert en logogrammes pour que l'on puisse voir dans ce phénomène une pure coïncidence. Il se cache un secret dans ce renversement du m et dans ce miroir, jeté comme une infranchissable barrière à tout ce qui n'est pas l'œil. Un M, un K, un miroir, un renversement, telles sont les données du problème. J'en ajoute une dernière, essentielle : les trente années qui séparent ces deux récits.

Le M n'est guère difficile à élucider. Il s'agit de l'initiale de Michel. À partir de là, le miroir s'éclaire. Que l'on regarde de plus près le mystérieux caractère runique, et l'on voit apparaître, en effet, une lettre cyrillique : *ge*, l'initiale de Jules en russe. Ainsi, l'initiale du fils se mire-t-elle dans celle du père. Ce *ge*, écrit à l'ancienne dans *Voyage au centre de la Terre* prend, dans *Mirifiques aventures de maître Antifer*, un tour plus moderne, sans cesser d'être lui-même... voilà qui certifie, s'il en était besoin, que le double K de Kamylk-Pacha est bien le double M de Saknussemm. D'un roman l'autre, Verne inscrit, dans l'initiale de ce prénom qui différencie les deux Verne, l'histoire de leur relation.

Double M : regardant Michel, le père ne voit que Michel, désespérément... Il ne se reconnaît guère dans cette progéniture dont il ne supporte pas les cris. On racontait, dans la famille, une fameuse histoire de pendule qui en dit long sur les rapports de ce père et de ce fils. Excédé par les hurlements de Michel, Jules sort de son bureau et demande ce que veut l'enfant ; Honorine lui apprend qu'il réclame la pendule posée sur la cheminée, « *Eh bien, donne-la lui cette pendule !* »[7], lance le romancier en rentrant dans son antre... Ce fils menace de sa voix suraiguë la concentration de l'écrivain, nuit à l'élaboration de son œuvre débutante, au point de lui faire craindre un retour en arrière. Verne insistait sur le caractère unique de cet enfant : « *Ma femme* [...] *a trois enfants et moi, un* »[8], confiait-il à qui voulait l'entendre. Mêlant l'idiome d'Arne Saknussemm et la valeur *rétrogressive* du préfixe *re-*, en français, je suis pour ma part tenté de traduire, dans l'idiolecte vernien : fils *runique*. Et j'y suis encouragé, de surcroît, par le souvenir du voyage en Scandinavie.

Passons trente ans ! Le décor a totalement changé, après une période des plus houleuses, Michel a renoué avec son père. Depuis mai 1888, il a même fait ses premières armes d'écrivain en signant, dans le supplément littéraire du *Figaro*, neuf articles intitulés *Zigzags à travers la science*[9]. Un an plus tard, il a confirmé ses dons en publiant, dans *The Forum*, une nouvelle intitulée « In the Year 2889 », version originale de « La Journée d'un journaliste américain en 2889 »[10]. Michel s'apprête à hériter de son père. Il revient, en conséquence, dans un roman de l'héritage, mais de l'impossible héritage : *Mirifiques aventures de maître Antifer*. Au passage, double M est devenu double K.

7. Voir MARTIN, *La Vie et l'œuvre de Jules Verne*, p. 121.
8. Cité par SORIANO, *Jules Verne (le cas Verne)*, p. 101.
9. Articles publiés dans *Bull. JV*, n° 106, 2e trim. 1993, pp. 10–47.
10. Sur l'œuvre de Michel Verne, voir Olivier DUMAS, « La Carrière littéraire de Michel Verne », *Bull. JV*, n° 103, 3e trim. 1992, pp. 3–13.

Qu'est-ce à dire ? Il n'est besoin que de lire, à voix haute : Michel est devenu un K ou, si l'on préfère, un « cas » — depuis 1883, le terme était utilisé familièrement dans son sens moderne de « phénomène »[11]. Même schéma, mais situation renversée. La reduplication de la lettre, qui exprimait le *défaut* de reconnaissance dans *Voyage au centre de la Terre*, signifie cette fois son *excès*. Verne, qui se réjouit des essais de Michel, inscrit ici sa crainte de le voir par trop imiter son style. Rappelons-nous qu'en 1890 il reprit à son compte « La Journée d'un journaliste », sans doute refusée par *Le Figaro*[12]. C'était une manière de reconnaître le talent de son fils, mais aussi d'en *publier* le peu d'originalité. Le monogramme de Kamylk-Pacha signifie à un fils, désormais trop conforme à son père, qu'il ne saurait réussir en littérature qu'à la condition de renoncer à l'héritage paternel. Cela me conduit à penser que Verne ne souhaitait guère, pour son fils, la voie que celui-ci emprunta finalement, celle de l'héritage. Il la savait bouchée, vaine, et appelait de ses vœux un « style Michel » qui ne vint jamais.

Ce n'est qu'en désespoir de cause, à mon sens, que Verne souffla l'idée de *L'Agence Thompson and C^o^* à son fils, en 1895, trois ans après la rédaction des *Mirifiques aventures de maître Antifer*[13]. Dans cette collaboration, je ne vois que résignation du père devant les talents d'imitateur de son fils. Dans une lettre à son frère Paul, en date du 12 octobre 1895, Verne, évoquant le travail de Michel sur ce roman, écrit : « *Il y a, certainement, une remarquable facilité d'écrire.* » (JVCF, 181). Mis en valeur par les virgules, l'adverbe est un notable bémol — Jules Verne reconnaît le don de son fils, mais il en sait les limites littéraires.

À en croire Verne lui-même, le manuscrit de *L'Agence Thompson and C^o^* fut achevé en 1896. Durant cette année, le romancier rédigea, de son côté, *"La Grande Forêt"* — futur *Village aérien* — et *"La Nouvelle Suisse"* — futur *Seconde patrie*. Sitôt fini ce travail et connu le manuscrit de Michel, il s'attaque à un nouveau roman de l'héritage, *Le Testament d'un excen-*

11. Voir *Dictionnaire historique de la langue française*, Alain REY *ed.* (Paris, Dictionnaires Le Robert, 1995).

12. Voir Frédéric HERMÈS, « Michel Verne, soutenu par son père », *Bull. JV*, n° 110, 2e trim. 1994, pp.4-5.

13. *Mirifiques aventures de maître Antifer* fut rédigé entre juillet 1892 et mars 1893. Voir Piero GONDOLO DELLA RIVA, « Les Dates de composition des derniers *Voyages extraordinaires* », *Bull. JV*, n° 119, 3e trim. 1996, pp.12–4.

trique[14]. Or, nous croisons dans ce roman un mystérieux personnage, le septième joueur de la fameuse partie de jeu de l'oie dont l'enjeu est la fortune colossale de William J. Hypperbone ; ce protagoniste, introduit par le codicille du milliardaire, se trouve désigné « *sous les initiales X K Z* » (*TE*, I, v ; ₁60). Qui est donc « *l'homme masqué* » (I, xv ; ₁197) que Verne s'amuse à baptiser de si curieuse façon ? Encore une fois, il suffit de lire. Le codicille formule explicitement que le personnage intervient « SOUS *les initiales X K Z* »... Celles-ci fonctionnent donc, dans le texte, selon un axe vertical. Opérons ! Superposons ces lettres ! Le X, d'abord, pose sa croix de Saint-André ; le K vient y ajouter, en l'exact milieu, sa barre verticale... Sous mes yeux se forment le double M de Saknussemm et la signature de Kamylk-Pacha. J'ajoute le Z... sa diagonale se superpose à celle du X et ses horizontales viennent clore le monogramme, jusque-là parfaitement ouvert. X pour le mystère et la dissimulation, X, le masque à lever. K pour le clin d'œil. Et Z... pourquoi Z ? Pour la fermeture sans doute, mais quel sens donner à celle-ci ? Roland Barthes a révélé dans *S/Z* la valeur sémiotique de ce caractère : il est « *l'initiale de la castration* »[15]. Ce Z vient castrer le monogramme[16] et celui qu'il désigne : double M, double K, entendez Michel Verne. À ce jeu symbolique vient s'ajouter une allusion littéraire : le Z castrateur renvoie aussi aux débuts journalistiques de Michel Verne, à ses *Zigzags à travers la science* ; il borne son destin littéraire à ces neuf articles du *Figaro*. Aux yeux de Verne, Michel n'ira jamais plus loin, c'est un écrivain mort-né. Excentrique testament filial que *Le Testament d'un excentrique* ! Dans ce roman où l'héritage du milliardaire revient en définitive au milliardaire lui-même, que l'on avait cru mort à tort, Verne inscrit la radicale castration de son fils. On n'hérite pas plus des dollars de William J. Hypperbone que des talents littéraires de Verne ; tout juste peut-on les par-

14. Pour ce roman, Verne indique les dates de rédaction suivantes : *« 1er v. 7 Mars 97, fini 15 Juillet. 2e v. 15 Juillet 97, fini 22 7bre » (Piero GONDOLO DELLA RIVA, « Les Dates de composition des derniers *Voyages extraordinaires* », *Bull. JV*, n° 119, 3e trim. 1996, p. 12). *Le Testament d'un excentrique* fut publié en 1899.

15. Voir Roland BARTHES, *S/Z* (Paris, Seuil, « Points », 1970), p. 113.

16. J'exclus de mon analyse les initiales K. Z. sous lesquelles se dissimule le capitaine Hatteras (*CH*, I, I ; 1), car elles ne s'inscrivent pas dans le cadre monogrammatique qui m'intéresse. Le Z, dans ce roman, déborde en quelque sorte le K ; sans le X, point de monogramme.

tager, avec son consentement, à la manière de Lissy Wag et Jovita Foley. Le père reste maître du jeu. Il sait, depuis qu'il a lu *L'Agence Thompson and C°*, que Michel ne produira jamais une œuvre personnelle, qu'il se dissimulera toujours sous un nom qui n'est pas le sien, celui de Jules Verne. Et Michel le fera bel et bien, qui ira jusqu'à léguer à ses enfants les nom et prénom de son illustre père, soudés en patronyme : Michel Jules-Verne, fils de Jules Verne et père de Jean Jules-Verne... Il est des filiations écrasantes.

La note sur laquelle Verne datait ses manuscrits, au fur et à mesure de leur production vient à propos confirmer mon analyse. *Agence Thomson* (*sic*), bien que daté de 1896, est inscrit dans la liste entre *"Frères Norik"* — titre primitif des *Frères Kip* —, achevé le 30 octobre 1898, et *"Grand serpent de mer"* — devenu *Les Histoires de Jean-Marie Cabidoulin* —, commencé le 6 janvier 1899 ; le roman de Michel a donc été définitivement adopté par son père entre novembre 1898 et les tout premiers jours de 1899, soit au moment où il s'apprêtait à publier *Le Testament d'un excentrique* dans le *Magasin d'éducation et de récréation*, peut-être même le jour de sa première livraison, soit le 1er janvier 1899[17]. La coïncidence est pour le moins troublante : pour Verne, une fois publié *Le Testament d'un excentrique*, la castration de Michel devient effective ; son unique roman, *L'Agence Thompson and C°*, peut donc être définitivement annexé à la somme des « Voyages extraordinaires ».

Michel n'y a-t-il vu que du bleu ? Pas si sûr. Dans le manuscrit posthume du *Beau Danube jaune*, rédigé entre le 1er janvier et le 29 mars 1901, un peu plus de deux ans après *Le Testament d'un excentrique*, Verne réutilise les initiales sous lesquelles se déguisait William J. Hypperbone. Cette fois, elles garantissent l'anonymat postal du chef de la police, Karl Dragoch *alias* M. Jaeger, qui descend le fleuve dans la barque d'Ilia Krusch. On est à Ratisbonne, et les hommes se séparent : « *Si Ilia Krusch eût suivi son compagnon pendant cette matinée, il l'aurait vu se rendre tout droit au bureau de poste. Là, M. Jaeger demanda s'il y avait des lettres poste restante aux initiales X.K.Z..* » (*BDJ*, VI ; $_{3}$60). Lorsqu'il reprit le manuscrit de son père, Michel y apporta de nombreux remaniements ; il

17. Voir GONDOLO DELLA RIVA, *Bibliographie analytique de toutes les œuvres de Jules Verne, I. Œuvres romanesques publiées*, p. 130.

modifia considérablement l'intrigue[18] et intitula sa version du roman *Le Pilote du Danube*, mais il conserva l'épisode de Ratisbonne... à l'exception, toutefois, des fameuses initiales :

[Karl Dragoch] ne dépenserait pas un *trinkgeld*, le pourboire allemand, à payer les services d'un cicérone. Il n'en avait pas besoin, et c'est sans le secours de personne qu'il se rendit au Bureau des Postes, où plusieurs lettres l'attendaient à des initiales convenues. (*PD*, VI ; ₁356)

À la trappe, X K Z !... Pour expliquer la variante, je suis enclin à penser que Michel avait compris le sens profond des « *initiales convenues* » qu'il passe sous silence. Il marque ainsi son refus de la castration et se venge, en quelque sorte, de l'autorité paternelle.

Kamylk-Pacha ou William J. Hypperbone, je note que, dans *Maître Antifer* et *Le Testament d'un excentrique*, Verne fait en sorte de placer Michel dans l'avantageuse position du milliardaire et non dans celle de l'héritier malheureux. Dans *Le Beau Danube jaune*, il en fait un honnête policier. La loi d'inversion qui vaut pour les deux premiers romans, vaut aussi pour le troisième. Elle procède d'une forme d'ironie cruelle. Le père, conscient de l'avidité de son fils, n'est pas loin de voir en lui un véritable coquin. Il sait que, pour lui, l'héritage littéraire est plus une question de gain que de prestige. C'est d'ailleurs toute la différence qui sépare le plagiaire du véritable créateur. Les relations de Michel Verne avec Jules Hetzel attestent de son obsession financière. L'âpreté des négociations de Michel avec l'éditeur, son souci d'adapter les « Voyages extraordinaires » au théâtre, d'abord, puis au cinéma, suffisent à démontrer que Verne ne se trompait guère sur le caractère de son fils. C'était un homme intéressé, pour qui l'œuvre paternelle n'était qu'une source de profit. Ainsi, les seules lignes de sa correspondance où l'on sente une véritable émotion filiale, débarrassée des affectations conventionnelles, sont-elles, le 10 août 1917, pour reconnaître la valeur économique de son héritage :

Sans les livres, je me demande ce que nous serions tous devenus, et cela me fait penser avec attendrissement à mon père, dont la protection dure

18. Voir Olivier DUMAS, « Préface. *Le Beau Danube jaune* retrouve sa couleur », pp. 5-11 in Jules VERNE, *Le Beau Danube jaune* (Paris, Société Jules Verne, 1988).

par-delà la tombe. Le cinéma, plus brillant, m'a complètement lâché. Les livres, plus modestes, ont fermement tenu.[19]

Les « *livres* », écrit-il, non point l'œuvre, non pas les « Voyages extraordinaires », mais le produit manufacturé... son « *attendrissement* » n'est que reconnaissance du ventre.

K M X Z, ces caractères énigmatiques et récurrents ont tous leur source dans la langue d'Arne Saknussemm. À la manière de son manuscrit, dont les runes dissimulaient un texte en latin, ils véhiculent, sous l'aspect du russe et du vieil islandais, un message en bon français. Langue gigogne, cette écriture runique est, pour Verne, l'idiolecte ludique de la paternité. Le choix n'est pas anodin : la langue du pays des glaces s'accorde naturellement à sa froideur de père sévère, de père déçu. « *J'aime les pays froids par tempérament* »[20], écrivait-il dans le manuscrit des *Joyeuses misères de trois voyageurs en Scandinavie*, récemment révélé par Piero Gondolo della Riva[21] — ma lecture vient donner de cette confidence une rigoureuse illustration.

19. « Correspondance inédite de Michel Verne », *Bull. JV*, n° 115, 3e trim. 1995, p. 44.

20. Extrait lu par Piero Gondolo della Riva, le samedi 22 mars 1997, au cours des deuxièmes rencontres internationales Jules Verne d'Amiens.

21. Piero GONDOLO DELLA RIVA, « Du nouveau sur Jules Verne grâce à un manuscrit inédit et inconnu », *RJV*, n° 3, 1er sem. 1997, pp. 125–31.

SECONDE PARTIE

LE VENTRE ET LA MÈRE

« Ah ! jeunes gens, voyagez si vous le pouvez, et si vous ne le pouvez pas... voyagez tout de même ! » (*ÉR*, VI ; 52)

*

LE COMPLEXE DE GÉOPHAGIE
L'ORALITÉ SAUVAGE ET L'ESPACE

CHAPITRE 6

EAU DOUCE, EAU SALÉE

espace à boire

Verne avait douze ans lorsqu'il vit la mer pour la première fois. Son père l'avait autorisé à descendre jusqu'à l'embouchure de la Loire en compagnie de son frère Paul. Pour cette promenade extraordinaire, les deux jeunes Nantais embarquèrent à bord d'un bateau à vapeur, un pyroscaphe comme on disait alors. Arrivés à destination, leur premier souci fut de goûter à cet élément dont ils avaient tant rêvé :

> Se précipiter hors du bateau, descendre les roches tapissées de varechs, afin de puiser de l'eau de mer dans notre main, et la porter à nos lèvres, ce fut pour mon frère et moi l'affaire de quelques bonds...
>
> « Mais elle n'est pas salée ! » dis-je en pâlissant.
>
> — « Pas du tout salée ! » me répondit-il.
>
> — « On nous a trompés ! » m'écriai-je d'un ton où perçait le plus vif désappointement.
>
> Les nigauds que nous étions ! La marée était basse alors, et c'était simplement de l'eau de la Loire que nous avions prise dans le creux d'une roche ! Et quand le flot revint, nous la trouvâmes salée au-delà de nos espérances ! (*SEJ*, V ; $_3$7)

Le Chancellor et *Deux ans de vacances* mettent en scène, dramatisent cette scène réelle. Bien sûr, il y a loin de la sottise des deux frères à la gorgée de J.-R. Kazallon et aux lampées du chien Phann, mais le procédé est le même : de l'eau, que l'on croit marine, se révèle au goût être de l'eau douce. Cette triple scène, réelle et fictive, biographique et romanesque, est une scène clé qui ouvre les portes du cosmos imaginaire dans lequel se déplacent les voyageurs verniens.

Le Chancellor est le récit d'un naufrage inspiré par le drame de *La Méduse*, qui avait remué l'opinion publique au début du siècle. Géricault, en 1819, trois ans après la tragédie, en avait tiré le parti esthétique que l'on sait. Verne prétend dépasser à la fois l'art et la réalité : * [Je crois que le radeau de La Méduse n'a rien produit d'aussi terrible. Je crois surtout que cela aura l'air vrai, à moins que je ne me trompe.] (BN, I-157). Installé au Crotoy, l'auteur écrit ces lignes à son éditeur le 15 février 1871, en lui annonçant son manuscrit. Pour plus d'efficacité dramatique, il a choisi de nous présenter son texte comme le «*JOURNAL DU PASSAGER J.-R. KAZALLON*» (C, I ; 1) — ce titre trône en tête du premier chapitre. Dans les « Voyages extraordinaires », le genre du Journal est réservé aux situations les plus périlleuses. Verne nous fait ainsi vivre le drame en direct, par un véritable coup de force de la réalité dans le sein de la fiction[1].

La scène qui nous intéresse occupe une place privilégiée dans cette noire illustration de l'indigence : c'est elle qui introduit le dénouement. Elle survient au paroxysme de la violence anthropophagique qui marque toute la fin du roman. Alors qu'un matelot enragé va mutiler la victime désignée par le sort, les derniers naufragés encore humains engagent une rixe pour le sauver ; dans la bousculade, J.-R. Kazallon tombe à la mer, il ferme la bouche, il veut «*mourir étouffé*» (C, LV ; 232) pour abréger ses souffrances, mais l'eau glisse entre ses lèvres... elle est douce ! Verne considérait cette ultime péripétie comme le meilleur de son livre, ainsi qu'en témoigne sa réponse aux reproches d'Hetzel quant à la violence du texte :

* [Ce que vous me dites des 50 dernières pages du Chancellor ne m'étonne pas du tout. Mais souvenez-vous de ce que je vous avais dit. Je vous avais dit que bene volente j'avais poussé cela jusqu'au répugnant, jusqu'au dégoûtant. Je sais parfaitement bien que cela ne peut rester ainsi. Je ne

1. Axel explicite ce stratagème narratif lorsqu'il explique pourquoi il choisit de raconter la tempête sur la mer Lidenbrock en nous livrant les notes écrites au moment des événements :

[Ici mes notes de voyage devinrent très incomplètes. Je n'ai plus retrouvé que quelques observations fugitives, prises machinalement pour ainsi dire. Mais dans leur brièveté, dans leur obscurité même, elles sont empreintes de l'émotion qui me dominait, et mieux que ma mémoire, elles donnent le sentiment de la situation.]
(*VCT*, XXXV ; 286-7)

Le Journal est utilisé pour restituer l'émotion. Ici, Verne force le réalisme en isolant par des crochets cette digression métalinguistique, alors que le roman est écrit à la première personne. Il s'agit, pour lui, de n'autoriser aucune confusion entre le stratège stylistique et le narrateur, sans doute pour rassurer son lecteur quant à une éventuelle manipulation.

tiens qu'à une chose, au dénouement qui est neuf, et qu'une singularité unique dans tout l'Océan, m'a permis d'imaginer : celle de ces malheureux dévorés par la soif, et naviguant sans s'en douter sur un fleuve d'eau douce en pleine mer. Le reste, je vous l'abandonne.]

(BN, I-162)

Ce dénouement « neuf » constitue la principale ligne de rupture entre la fiction et sa source historique. L'Océan Atlantique à l'embouchure de l'Amazone démarque le "*Chancellor*" de *La Méduse* et l'intègre à la géographie extraordinaire des voyages verniens, une géographie romanesque, prétexte à intrigues de toutes sortes. À cet endroit, le monde construit le texte.

J.-R. Kazallon est le héros involontaire de cette scène ; ce narrateur, qui s'était cantonné jusque-là dans sa fonction de spectateur privilégié, devient acteur à part entière. Mais il aura fallu qu'on l'y pousse — au sens propre. Le fait est significatif. Derrière son « homme de plume », c'est Verne en personne qui se cache, qui tombe à l'eau et reconnaît alors son univers au fait qu'il est comestible. Dès lors, la distance qui séparait artificiellement les naufragés de leur créateur est abolie, l'hiatus dans lequel pouvait s'inscrire le réalisme n'est plus. La fiction jette son masque : le découpage en chapitres sépare clairement la prise de conscience personnelle du phénomène de sa communication aux autres naufragés et de son explication, l'acte alimentaire de sa glose géographique. En effet, le chapitre LV s'achève sur l'exclamation intérieure du narrateur : « *Dieu éternel ! Cette eau est douce !* » (*C*, LV ; 232) ; et le suivant s'ouvre sur un échange :

— *Suite du 27 janvier.* — J'ai bu, j'ai bu ! Je renais ! Soudain la vie est rentrée en moi ! Je ne veux plus mourir !

Je crie. Mes cris sont entendus. Robert Kurtis apparaît au-dessus du bord, me jette une corde, que ma main saisit. Je me hisse et je retombe sur la plate-forme.

Mes premiers cris sont ceux-ci :

« L'eau douce !

— L'eau douce ! crie Robert Kurtis. La terre est là ! » (*C*, LVI ; 234)

Ce découpage souligne l'importance dramatique de la révélation et sa vocation conclusive. Elle procède d'une *mise en roman* d'autant plus nette qu'elle interrompt un même quantième. Pareil décalage n'est pas sans exemple dans le reste du texte, mais il revêt ici un importance toute particulière : il matérialise le changement qui intervient dans l'instance narrative. J.-R. Kazallon plonge mais, à la voix de sa conscience, l'écrivain démiurge se réveille, refait surface et prend en main les rênes de la fiction ; c'est lui qui apporte la révélation à ses personnages, puis laisse au vaillant Robert Kurtis le privilège d'en tirer tout le parti géographique et conclusif, d'abord en annonçant la terre comme une vigie, puis en expliquant le phénomène au terme du chapitre :

> « [...]
> — La terre d'Amérique, la terre où coule l'Amazone, le seul fleuve qui ait un courant assez fort pour dessaler l'Océan jusqu'à vingt milles de son embouchure ! » (*C*, LVI ; 235)

Au plus fort des épreuves, Verne apporte à ses héros la grâce d'un dénouement romanesque. L'eau dans tout cela suffit à modifier la situation des naufragés, parce qu'elle consacre leur intrusion dans un monde nouveau. En changeant de nature, elle bouleverse le cadre de la fiction : le roman maritime s'achève en même temps que l'océan. Toutefois, les personnages ne troquent pas uniquement l'Atlantique contre l'Amazone et le dénuement contre l'abondance mais, d'un point de vue métatextuel, l'espace de *La Méduse* contre celui des « Voyages extraordinaires », le réalisme garanti par un fait historique contre le romanesque d'un *happy end* inespéré. Le marché est essentiel. À travers lui, Verne symbolise son univers mental et littéraire comme un cosmos alimentaire, un espace à avaler.

Le choix de l'eau comme support de ce symbole est commandé par la physique la plus élémentaire autant que par la logique de l'indigence. L'argument physique est simple : l'eau est le seul des quatre éléments dont la consommation soit naturelle, le seul espace comestible. Et la portion de l'océan dessalée par l'Amazone est donc le lieu idéal d'une représentation symbolique du personnage vernien en homme seul avec sa soif, devant l'immensité pour l'étancher. Mais la logique du dénuement procède également d'un raisonnement médical. Verne souligne à plusieurs reprises que la soif est plus atroce que la faim, il rappelle en outre que l'organisme humain survit plus longtemps sans manger que sans boire. Je n'en prendrai qu'un exemple :

> En vérité, ce qui nous fait le plus souffrir, ce n'est pas la faim, c'est la soif. Oui ! entre quelques gouttes d'eau et quelques miettes de biscuit, il n'est pas un de nous qui hésitât ! Cela a toujours été dit des naufragés qui se sont trouvés dans les circonstances où nous sommes, et cela est vrai.

On souffre plus de la soif que de la faim, on en meurt plus vite aussi.
(*C*, XLIX ; 212)

L'eau douce pare donc au plus pressé et au plus douloureux. En outre, quand on est nombreux, la faim est un problème assez facile à résoudre — morale à part — et, à cet égard, il est révélateur que J.-R. Kazallon tombe à l'eau au moment précis où les matelots s'apprêtent à couper les bras de M. Letourneur pour s'en repaître. Verne ne renonce pas à exploiter l'idée d'anthropophagie que lui fournissaient l'exemple de *La Méduse* comme *Les Aventures d'Arthur Gordon Pym*, la réalité comme la littérature ; mais il se refuse à peindre un passage à l'acte. Le romancier intervient comme pour éviter un basculement dans l'horreur.

La chute du narrateur interrompt la fiction du *Chancellor* parce qu'elle brise le territoire de son intrigue. L'originalité de ce coup de théâtre tient à l'étroite union d'une fonction narrative et d'un lieu géographique. Cette coïncidence symbolise un des moteurs de l'imaginaire vernien : l'*appétit d'espace*, une faim qui métamorphose l'univers en roman.

le goût des cartes

Deux ans de vacances offre une scène comparable, mais dans des circonstances très différentes. Ce roman appartient à un genre que Verne a maintes fois illustré et sur lequel je reviendrai bientôt, celui de la robinsonnade. Le propos de cette œuvre est fort bien résumé dans sa courte préface. Il s'agit de *« montrer une troupe d'enfants de huit à treize ans, abandonnés dans une île, luttant pour la vie au milieu des passions entretenues par les différences de nationalité, — en un mot, un pensionnat de Robinsons » (*2A*, « Préface ») ; la formule finale est d'ailleurs le titre que Verne avait initialement envisagé pour ce roman. Loin de dénouer l'action, la scène de gustation de l'eau prend ici place dans la série des épreuves d'installation que doit surmonter chaque naufragé ; elle se rattache à l'importante « *question "de continent ou d'île"* » (*ÎM*, I, X ; 118), expression que j'emprunte à Cyrus Smith et qui constitue le véritable acte de baptême de tout Robinson.

Peu après le naufrage du "*Sloughi*", le Français Briant tente seul une escalade afin de reconnaître, du haut d'un promontoire rocheux, la nature exacte du territoire sur lequel ils se sont échoués. Il se livre à une exploration optique, lunette en bandoulière. De là, il s'aperçoit que l'horizon de l'est, le seul que l'on pût espérer terrestre, est bordé par « *une ligne bleuâtre, qui se prolong*[*e*] *du nord au sud, sur une étendue de plusieurs milles, et dont les deux extrémités se perd*[*ent*] *derrière la masse confuse des arbres* » (2*A*, v ; 88). Un horizon de mer : on est bien sur une île, ces enfants sont donc de vrais Robinsons. Au retour, Briant annonce la triste nouvelle ; Doniphan, l'Anglais, proteste et se moque. On décide une seconde expédition, dans le but de vérifier la conclusion du Français. Briant et son rival partent de conserve. Dans l'intérieur du pays, ils reconnaissent les traces d'une occupation assez ancienne. Enfin, ils arrivent au littoral aperçu... « *Il n'y avait plus à douter maintenant !* » (vii ; 120), conclut Verne. Les jeunes garçons déjeunent et, alors qu'ils s'apprêtent à partir, Phann, le chien de la troupe, part en gambadant du côté de la grève :

> « Phann !... Ici, Phann ! » cria Service.
>
> Mais le chien continua de courir en humant le sable humide. Puis, s'élançant d'un bond au milieu des petites lames du ressac, il se mit à boire avidement.
>
> « Il boit !... Il boit !... » s'écria Doniphan.
>
> En un instant, Doniphan eut traversé la bande de sable et porté à ses lèvres un peu de cette eau à laquelle se désaltérait Phann... Elle était douce !
>
> C'était un lac qui s'étendait jusqu'à l'horizon dans l'est... Ce n'était point une mer ! (2*A*, vii ; 122)

Ainsi se termine le chapitre. La scène nous fait pénétrer dans un recoin peu étudié des « Voyages extraordinaires »: le monde sensible. Les sens de Phann viennent corriger les présomptions optiques de Briant, d'abord, et aussi de toute la petite troupe venue manger sur le littoral. La leçon est claire. De loin comme de près, avec ou sans lunette, le regard est impuissant à nous renseigner sur la totalité du réel. Il est des choses qui ne se laissent pas voir. L'expérience gustative vient ici mettre un terme à l'illusion optique que partagent Briant, Doniphan et Service. Le rôle du chien n'est pas anecdotique : Phann doit introduire l'expérience du goût, parce que ses maîtres sont trop imbus de leur assurance visuelle. Même Doniphan et Wilcox, si enclins qu'ils aient été à refuser la première conclusion de Briant, sont persuadés de voir une mer — on peut douter des yeux d'autrui, non des siens propres.

Le monde, selon Verne, doit être appréhendé par la bouche autant que par l'œil ; pour être parfaitement *reconnu*, il doit être goûté autant que regardé. Ainsi, les meilleurs yeux peuvent-ils être détrompés par le contact oral avec la matière et l'espace. D'une manière générale, le savant entretient avec les trahisons de son œil un rapport ambigu, que le docteur Clawbonny exprime bien, après qu'on l'a tiré d'un entonnoir où il venait de tomber, malgré toutes ses précautions :

> « [...]
> — Eh ! c'est la faute de la réfraction ! répondit-il en riant, toujours la réfraction ! j'ai cru franchir un intervalle large d'un pied, et je suis tombé dans un trou profond de dix ! Ah ! les illusions d'optique ! ce sont les seules illusions qui me restent, mes amis, mais j'aurai de la peine à les perdre ! Que cela vous apprenne à ne jamais faire un pas sans avoir sondé le terrain, car il ne faut pas compter sur ses sens ! Ici, les oreilles entendent de travers et les yeux voient faux ! C'est vraiment un pays de prédilection.
> [...] » (*CH*, I, XXIX ; 273)

Qui dira la part, ici, de la franchise et de l'ironie ? Qui dira si la « *peine* » invoquée est simple difficulté, et s'il n'y entre pas un peu de déplaisir ? La réplique est parfaitement équivoque : le savant aime ces illusions qu'il s'applique à perdre. Mais une remarque s'impose : le docteur réduit les « *sens* » à deux — voir, entendre —, sans réaliser que sonder aussi est un acte sensible, puisqu'il s'agit de toucher, fût-ce avec un alpenstock. Le discours de Clawbonny reflète le privilège dont jouissent la vue et l'ouïe dans la constitution de la science[2]. Ce qui distingue ces sens du toucher, c'est qu'ils tiennent la matière à distance de l'homme. C'est aussi ce qui les distingue du goût. Ainsi s'opposent connaissance abstraite et appréhension concrète. Chez Verne, ce clivage est celui de la science et de l'oralité. Rappelons-nous la lettre à Hetzel à propos du *Chancellor* ; Verne s'y montrait séduit par une situation qui lui permettait de hausser jusqu'au tragique notre défaut de contact avec la matière. Bévue et berlue dessinent la limite de la science ; et cette limite est, pour l'auteur, « *pays*

2. Michel Serres explique fort bien ce phénomène :
Rêvons que la vue ou l'ouïe donnent assez vite des informations générales, déjà un peu abstraites ou universelles, des formes : une ligne mélodique, des accords, une morphologie. Les philosophies de la connaissance prennent appui ou référence plus volontiers sur l'optique ou l'audition, en raison, sans doute, de ces performances : intuition, harmonie.
(*Les Cinq sens* [Paris, Grasset, 1985], p. 184).

de prédilection », sans doute parce qu'il se plaît à pointer du doigt les lacunes du savoir scientifique.

L'appréhension orale définit un savoir parfait, global et sans faille. Le régime exclusivement marin en vigueur à bord du "*Nautilus*" offre un parfait exemple de ce phénomène ; il reflète le rapport osmotique qui unit le capitaine Nemo à l'océan, il symbolise sa suprême connaissance de l'élément dans lequel il vit. Les erreurs gustatives du professeur Aronnax, qui prend du poisson pour de la viande (*20M*, I, X ; 102-3), nous font mesurer la différence qui existe entre le savoir oral et la connaissance scientifique. L'oralité ouvre seule la voie d'un savoir absolu. Qui ne sait se rendre à ses verdicts sombre dans la folie. Ainsi de Joe, le serviteur du docteur Fergusson :

> Vers le soir, Joe fut pris à son tour d'un commencement de FOLIE ; cette vaste oasis de sable lui paraissait comme un étang immense, avec des eaux claires et limpides ; plus d'une fois il se précipita sur ce sol enflammé pour boire à même, et il se relevait la bouche pleine de poussière.
>
> « Malédiction ! dit-il avec colère ! c'est de l'eau salée ! »
>
> (*5S*, XXVII ; 225)

La raison vernienne est orale.

Sur les rives du Family-Lake, à la fin du chapitre VII de *Deux ans de vacances* qui semblait s'achever de la manière la plus prévisible par la confirmation des hypothèses de Briant et le désappointement de Doniphan, la scène de gustation paraît retourner radicalement la situation. Elle semble avoir le même caractère conclusif que celle du *Chancellor*, à ceci près, toutefois, qu'à ce moment du récit le lecteur n'a pas encore parcouru le quart du volume qu'il tient entre les mains. L'échafaudage géographique de la fiction paraît s'effondrer sous les coups de langue de Phann ; mais le début du chapitre suivant y met bon ordre et réduit l'événement aux dimensions d'un modeste rebondissement :

> Ainsi, l'importante question, de laquelle dépendait le salut des jeunes naufragés, n'était pas définitivement résolue. Que cette prétendue mer fût un lac, nul doute à cet égard. Mais n'était-il pas possible que ce lac appartînt à une île ? En prolongeant l'exploration au-delà, ne serait-ce pas une véritable mer que l'on découvrirait — une mer qu'il n'y aurait aucun moyen de franchir ? (*2A*, VIII ; 122)

La situation des personnages est inchangée, la réponse à l'interrogation des naufragés reportée, l'exploration doit être reconduite. L'impact, l'efficacité du rebondissement tient à ce qu'il trompe l'attente du lecteur, non point à ce qu'il remet l'intrigue en question ; il implique une suite qui réponde enfin à la question initiale. Cela ne tarde pas. Non que les héros se lancent dans une nouvelle expédition, mais ils découvrent au retour de celle-ci la grotte d'un ancien naufragé, François Baudouin, et la carte de leur île, qu'il avait soigneusement dressée. Verne nous livre ici une véritable allégorie de son travail : du Family-Lake à la carte de l'île Hanovre, les jeunes Robinsons cheminent à contre-courant de l'écriture, qui s'applique à gorger de saveurs les topographies arides des atlas et des géographies scolaires. Si la scène du *Chancellor* mettait un terme à l'espace de la fiction, le finissait, celle de *Deux ans de vacances* le définit. Mais, dans les deux cas, le goût des eaux détermine le lieu dans lequel se déploie l'imagination.

Tout un monde dans une gorgée d'eau ! L'avaler, c'est se l'assimiler, le comprendre et le faire sien, non seulement le reconnaître, mais se l'approprier. Verne hiérarchise de la sorte investigation optique et curiosité orale ; et il donne à la seconde la place de choix. Par un jeu de mots supplémentaire, en l'occurrence l'exploitation d'une amphibologie, le *goût des cartes* est venu à Verne par la recherche des saveurs qu'elles recouvrent sans jamais les révéler à l'œil. L'appréhension orale apparaît ainsi plus précise et plus riche que la perception optique. C'est là un motif fondamental de l'imaginaire vernien, qui contribue à définir la relation que le sujet entretient avec l'espace par le biais de l'écriture romanesque. Pour préciser cette relation, il convient de faire un détour par des lieux purement fictifs, conçus pour les besoins de l'aventure : ceux où échoue une cohorte de Robinsons.

CHAPITRE 7

L'ESPACE DE ROBINSON

dénuement et alimentation

La figure de Robinson revient comme un leitmotiv dans les « Voyages extraordinaires ». On n'y compte pas moins de quatre robinsonnades d'appellation contrôlée : *L'Île mystérieuse*, la plus connue et la plus réussie, parue en 1874 et 1875, *L'École des Robinsons*, de 1882, *Deux ans de vacances* qui fut publié en 1888, enfin *Seconde patrie*, mis en vente en 1900[1]. Ce dernier roman est un peu particulier ; il donne une suite, en forme d'hommage, au *Robinson suisse* de Wyss, et met donc en scène des Robinsons bien installés. Mais, à l'intérieur de ce cadre, Verne insère deux robinsonnades précédées d'un échouage. La première raconte en quelques pages les deux ans et demi que Jenny Montrose a passés sur l'îlot de la Roche-Fumante (*SP*, V ; $_{1}$64–7). La seconde, beaucoup plus développée, occupe les chapitres XIX à XXVI : à la suite d'une mutinerie, cinq hommes, trois femmes — dont Jenny, décidément vouée à ce sort — et un enfant échouent sur une terre aride dans laquelle ils finiront par reconnaître une portion ingrate de cette Nouvelle Suisse que certains d'entre eux avaient quittée peu auparavant et qu'ils s'apprêtaient à rejoindre. Ce récit comprend en quelque sorte deux robinsonnades enchâssées dans un récit de colonisation.

L'Île mystérieuse s'impose comme le patron romanesque de toute robinsonnade vernienne. À peine remis du naufrage aérien,

1. Le texte publié par Le Cherche Midi sous le titre *L'Oncle Robinson* ne constitue pas une cinquième robinsonnade, il s'agit seulement d'un manuscrit refusé par Hetzel, qui servit à Verne pour composer, moyennant une refonte globale, la première partie de *L'Île mystérieuse*. Sur l'histoire de ce manuscrit et du premier projet vernien de robinsonnade, voir Christian CHELEBOURG, « Du "*Robinson magnifique*" à *L'Île mystérieuse*, annales d'une création », *Bull. JV*, n° 105, 1er trim. 1993, pp. 11–9.

Pencroff pose avec le bon sens pratique qui le caractérise le point de départ de l'aventure et formule les éléments de base de sa dynamique :

« [...]
— [...] Procédons avec méthode. Nous sommes fatigués, nous avons froid, nous avons faim. Il s'agit donc de trouver abri, feu et nourriture. [...] » (*ÎM*, I, IV ; 36)

Trois termes, trois soucis d'égale importance qui définissent le champ narratif de la fiction, du dénuement au dénouement. Le repas est en première ligne, il devient un des principaux sujets de l'intrigue, mais il reste indissolublement lié aux questions du feu et de l'abri : l'alimentation prélude à l'installation.

Sur quatre robinsonnades, Verne choisit par trois fois de livrer ses naufragés à leur île dans un complet dénuement, tel est en effet le cas dans *L'Île mystérieuse*, *L'École des Robinsons* et *Seconde patrie*.

Les colons de l'île Lincoln comme les apprentis Robinsons échoués sur l'île Spencer — rebaptisée Phina — échouent à terre dans le plus simple appareil que l'on puisse imaginer en gardant les convenances, sans épave ni provisions d'aucune sorte. Dans les deux cas, une malle finit par apporter aux héros ce que leur industrie demeure incapable de produire, mais il faut l'attendre longtemps. Verne nous donne ainsi sa version du très chrétien « Aide-toi, le Ciel t'aidera ! ». La référence n'est pas hasardée puisque chacune de ces malles contient une Bible et que, dans celle recueillie par Cyrus Smith et ses compagnons, on trouve coché ce verset de saint Mathieu : *« Quiconque demande reçoit, et qui cherche trouve » (*ÎM*, II, II ; 325). Si Verne a choisi cette citation d'où le Ciel est absent, c'est sans doute pour permettre l'identification ultérieure du capitaine Nemo à un dieu terrestre, incarné. Les malles qui abordent les îles Lincoln et Phina regorgent d'ustensiles de cuisine : un coquemar en fer, six casseroles de cuivre étamé, trois plats de fer, dix couverts d'aluminium, deux bouilloires, un petit fourneau portatif, six couteaux de table dans *L'Île mystérieuse* (320-1) ; « *bouilloire, cafetière, théière, quelques cuillers, fourchettes et couteaux* » (*ÉR*, XIV ; 155) dans *L'École des Robinsons...* sans oublier une « *marmite — la fameuse marmite tant demandée* », celle qui ouvre la voie grandiose du pot-au-feu. Dans cette curieuse école, la providence est particulièrement généreuse puisque la malle recèle, outre la batterie de cuisine, « *trois bidons contenant environ quinze pintes d'eau-de-vie et de tafia, et plusieurs livres de thé et de café* », ainsi que le *Manuel du parfait cuisinier*, bible gourmande des nourritures terrestres. Ainsi, se trouvent réunis les outils, la matière première et le mode d'emploi. Je passe sur les diverses carabines et autres fusils de chasse, autant de redondances alimentaires. Le ciel pourvoit au luxe gastronomique.

Pas de malle providentielle dans *Seconde patrie*. Après son échouage sur la Roche-Fumante, Jenny Montrose bénéficie toutefois de quelques épaves : « [...] *plusieurs caisses de conserves et fûts de vin jetés sur le littoral pendant les deux ou trois jours qui suivirent le naufrage permirent à la jeune Anglaise d'ajouter aux racines et aux coquillages qui l'avaient d'abord nourrie.* » (*SP*, V ; $_{1}$66). L'ordinaire est maigre, on le voit, mais Verne rechigne manifestement à placer une femme seule dans un dénuement absolu. À sa seconde expérience, celle-ci n'a pas autant de chance. Lorsqu'ils touchent terre, les victimes de Robert Borupt n'ont « *plus que pour vingt-quatre heures* » (XX ; $_{1}$253) de provisions et ils débarquent sur une côte totalement aride, parfaitement impropre à tout projet d'installation : « *En effet, aucune créature, fût-ce de celles qui sont placées au plus bas de l'échelle humaine, n'aurait pu vivre sur cet infertile rivage.* » (XXI ; $_{1}$264). Pour comble de malheur, leur frêle embarcation est bientôt brisée par un ouragan (XXII ; $_{1}$286).

L'entorse que fait Verne au schéma du dénuement dans *Deux ans de vacances* s'explique par la jeunesse de ses héros. Si *briants* soient-ils, ils ne sauraient égaler des hommes mûrs pour l'ingéniosité ; aussi leur laisse-t-il presque intacte l'épave du "*Sloughi*", sa cuisine, une vaisselle suffisante et quelques provisions. Encore celles-ci sont-elles assez peu de chose : elles ne suffiraient pas à les faire vivre pendant plus de deux mois, « *même en n'y recourant qu'avec une extrême parcimonie* » (2A, IV ; 59). Dès lors, les jeunes naufragés se retrouvent dans la position de leurs aînés, obligés de pourvoir à leur alimentation. Ils ont des armes dès le début, tel est leur principal privilège. Tout bien considéré, cette épave a un intérêt plus technique que gastronomique, elle remplace en quelque sorte un Cyrus Smith, ce « *composé de toute la science et de toute l'intelligence humaine* » (*ÎM*, I, IX ; 102).

À partir de là, les mêmes scènes clés se déroulent, les mêmes étapes sont parcourues, les mêmes épisodes décrits. Le roman commence par une quête, quête de Cyrus Smith ou première reconnaissance du territoire où l'on est échoué, quête alimentaire bientôt, que vient clore le menu détaillé de l'un des premiers repas. Les coquillages ou les œufs sont de rigueur ; ils symbolisent la première communion des naufragés avec leur île. Verne tient tant à ce repas solennel que par deux fois, dans *L'Île mystérieuse* et dans *Deux ans de vacances*, il l'annonce en tête de chapitre. Cette collation est une initiation au territoire romanesque et au dur métier de Robinson, une première épreuve qui lance en quelque sorte toute la fiction. Cette initiale alimentaire du roman met sur pied, à bien des égards, le fonctionnement de celui-ci. L'aventure alimentaire des naufragés se développe par paliers d'inégale dimension : d'abord, ils se nourrissent de coquillages et d'œufs, ensuite ils posent des pièges, ils chassent et ils pêchent.

Un oiseau hante les textes : les « *pigeons sauvages, ou pigeons de roche* » (*ÎM*, I, IV ; 48) sont de toutes les robinsonnades, sauf *Seconde patrie*[2] — j'y reviendrai. Verne confond *colomba œnas* (pigeon sauvage) et *colomba livia* (pigeon de rocher), mais peu importe : c'est l'omniprésence de ces specimens qui m'interroge, d'autant plus que les plats de coquillages, eux, varient d'une île à l'autre. Certes, ces pigeons ont quelques avantages explicites : ils sont réputés bons à manger et leur répartition géographique, très large, permet d'éviter les erreurs ornithologiques. En outre ces oiseaux, si fréquents dans nos villes, constituent pour les jeunes lecteurs une référence connue, familière même, ils relient l'espace de la fiction à celui de sa diffusion. Mais il n'y a rien dans tout cela de décisif. Ces volatiles fonctionnent moins dans le rapport du lecteur au texte que dans celui, implicite, de l'auteur à son œuvre. Les pigeons de roche relient le fils de Pierre Verne et de Sophie Allotte de la Fuÿe à ses origines et à son monde imaginaire. Pour le comprendre, il faut procéder à un travail de décryptage : Pierre se traduit *roche* et Fuÿe ou *fuie*, *pigeonnier*[3] — entendons *pigeon* ; le détour est habile, car

2. Voir *ÉR*, X ; 103 et *2A*, IV ; 68.

3. Philippe Bonnefis a exploité ce jeu de mots pour voir des doubles de Sophie dans les femmes qui hantent les tours, tourelles et donjons des « Voyages extraordinaires ». Rapprochant ensuite le colombier du *colombarium* où l'on dépose les urnes funéraires, il offre une intéressante lecture des *Indes noires* (« La Mécanique des chutes », *JV3*, 72–4).

le passage du pigeon au pigeonnier recouvre celui du texte à l'auteur, et réciproquement. En d'autres termes, la métonymie traduit l'investissement, l'implication du sujet dans son œuvre. L'œuf de pigeon de roche, c'est donc Verne lui-même, qui s'offre en pâture pour sauver ses héros et poursuivre sa fiction[4]. Il lance l'aventure alimentaire. Une fois pris ce premier repas, chasse et pêche vont de soi ; plus tard, l'agriculture et l'élevage viennent couronner cet inexorable marche au progrès. Emblème du sujet vernien, l'œuf de pigeon de roche symbolise l'ancrage oral, la dimension nourricière des espaces qu'il imagine. Qu'il vienne à manquer, et le pire est à craindre...

C'est le cas dans *Seconde patrie*. À son arrivée sur la Roche-Fumante, Jenny se nourrit de « *quelques œufs* » (*SP*, v ; $_{\text{I}}$65), sans plus de précision ; aussi se voit-elle condamnée, du moins durant la saison des pluies, à prolonger un régime de début de robinsonnade :

> Réfugiée alors au fond de la grotte, d'où elle ne pouvait sortir ni pour chasser, ni pour pêcher, il lui fallait pourvoir à sa nourriture. Heureusement, rien qu'avec les œufs, très abondants entre les rochers, les coquillages entassés au pied de la grotte, les fruits conservés pour cette période, son existence fut assurée. (*SP*, v ; $_{\text{I}}$67)

Sur la face ingrate de la Nouvelle Suisse, les œufs de pigeons de roche se trouvent remplacés par des œufs de tortue ; pour Verne, c'est clairement indiquer que les héros de cette aventure ne sont pas les fruits de sa seule création, mais il y a plus. John Block craint un moment que, sur la terre particulièrement inhospitalière où ils viennent d'atterrir, les Robinsons doivent se contenter de « *galets à la coque* » (xxi ; 266 et 272). En remplaçant les œufs de pigeon par des galets, cette expression procède à une occultation de la figure maternelle et réduit le trio familial à la

4. À la fin d'une conférence consacrée aux naufragés verniens, François Raymond risquait une traduction pataphysique de la devise de ces robinsons de l'espace que sont Hector Servadac et ses compagnons : *« Orbe fracto, spes illæsa ! » (*HS*, I, xvi ; 171). Il voyait dans l'orbe un double sens ironique, « *une nef fracassée, ou un œuf qui s'entrouvre* », et offrait « *à la perplexité ou à la sagacité du lecteur, cet ultime "polyèdres d'idées"* ». Je constate, non sans quelque amusement, que mes analyses corroborent et éclairent cette facétie de l'un des meilleurs spécialistes de l'œuvre vernienne. Car cet œuf qui s'entrouvre, c'est évidemment celui que nous voyons nourrir les Robinsons après leur échouage. Voir François Raymond, « L'Odyssée du naufragé vernien », pp. 36–56 in *Colloque de Cerisy Jules Verne...*, p. 56.

confusion du père et du fils dans le paradigme des « *galets* ». Pierre Verne est évoqué symboliquement par la minéralité ; son fils l'est en qualité d'*œuf*, métaphoriquement et par contamination sémantique régressive, le complément « *à la coque* » établissant une analogie entre ces « *galets* » et des œufs. En vertu de cette régression, le père est sémantiquement premier, et le fils second : la logique de la filiation est conservée, mais la mère en est exclue. Pour souligner l'aridité de l'île où accostent les victimes de Robert Borupt, Verne marque ce territoire au sceau de sa seule ascendance paternelle ; c'est dire que, pour lui, ce qui alimente ses Robinsons tient à son lignage Allotte. Faute de porter le symbole maternel, la terre est « *inhabitable* » (XXIII ; $_{1}$288) — cette épithète vaut, en effet, pour les deux robinsonnades enchâssées dans *Seconde patrie*, comme en témoigne cette réplique émue de Fritz à sa jeune épouse : « [...] *te voilà jetée sur une terre inconnue, plus inhabitable que ton îlot de la Roche Fumante...* » (XXII ; $_{1}$278).

Robinson s'installe

Les deux questions des vivres et du feu sont étroitement liées : dans *L'École des Robinsons*, Verne parle de « *La question des vivres, surtout celle du feu qui lui était* CONNEXE » (*ÉR*, XII ; 124)[5]. À leur atterrissage, les naufragés se heurtent naturellement au problème du feu, comme à celui de la nourriture. Les naufragés du "*Dream*" doivent se contenter, pour leur premier repas, d'un en-cas cru — repas du dénuement, repas d'avant le feu (IX, 98-9). Ce rapprochement initial est une première explication, encore sommaire, de la connexité du feu et de l'alimentation.

La mise en place des liens entre le feu et la nourriture diffère selon les romans. Les jeunes élèves de la pension Chairman n'ont pas à s'inquiéter de ces questions : la nourriture et le feu, toujours soigneusement liés, leur sont donnés d'emblée. Aussi peuvent-ils s'offrir le luxe d'« *accommoder* » (2A, IV ; 68) leur premier repas. Les neuf personnes échouées sans le savoir sur la Nouvelle Suisse ne prennent pas non plus de premier repas cru, contrairement à ce qui était arrivé à Jenny sur la Roche-Fumante.

5. « *La question des vivres, surtout celle du feu qui lui était connexe, primait toutes les autres* » (*ÉR*, XII ; 124) ; au moment où Verne écrit ces lignes, les naufragés ont un toit.

Comme ils n'en sont pas à leur premier naufrage, ils n'ont pas à subir cette étape initiale. Du reste, ils ne se posent nullement la question de savoir comment allumer un feu ; en revanche, Verne leur ménage une autre épreuve : celle du combustible. Dans ce roman éminemment déceptif, qui met en scène des Robinsons chevronnés, c'est l'avenir qui inquiète, comme en témoigne ce court dialogue :

> « À défaut de bois, fit observer Fritz, si nous étions forcés d'hiverner ici, ces varechs nous fourniraient assez longtemps du combustible...
> — Un combustible qui brûle vite ! ajouta le bosseman. Il est vrai, avant d'avoir épuisé de pareilles masses... Enfin, nous avons toujours de quoi faire bouillir la marmite aujourd'hui !...
> [...] » (*SP*, XXI ; 268)

Les pauses discursives du bosseman, marquées par les points de suspension, sont autant de menaces pour la suite des événements. Sur l'île Lincoln, on prépare des œufs sous la cendre dès le « *premier repas* » (*ÎM*, I, V ; 61), mais Harbert et Pencroff, au cours de leur exploration, font d'abord une « *bonne consommation de* [...] *lithodomes* » (IV ; 40) qu'ils mangent « *comme des huîtres* » — scène de genre, plus scientifique que gastronomique, écrite pour permettre au jeune Harbert d'exposer ses connaissances de naturaliste :

> « Eh ! ce sont des moules ! s'écria le marin. Voilà de quoi remplacer les œufs qui nous manquent !
> — Ce ne sont point des moules, répondit le jeune Harbert, qui examinait avec attention les mollusques attachés aux roches, ce sont des lithodomes.
> — Et cela se mange ? demanda Pencroff.
> — Parfaitement.
> — Alors, mangeons des lithodomes. » (*ÎM*, IV ; 40)

Ce court dialogue prouve l'utilité du savoir scolaire dans une situation où beaucoup le trouveraient déplacé. À son échelle, Harbert remplit ici la fonction qu'assumera par la suite Cyrus Smith et qui est le prétexte essentiel du roman. Le message est limpide : la science nourrit son homme. Nous allons voir qu'elle le chauffe également.

C'est une science d'emprunt qui allume les premiers feux sur l'île Lincoln et sur la Roche-Fumante. Dans la doublure du gilet de Gédéon Spilett, Harbert retrouve une allumette, fragile vestige de la civilisation, tandis que Jenny découvre « *un briquet de métal* » (*SP*, v ; 165) dans les vêtements d'homme qu'elle a revêtus au moment du naufrage. L'enfant et la femme se trouvent dans la même situation, ce qui ne doit pas nous étonner sous la plume d'un marin... L'histoire de Jenny est très elliptique : l'auteur se contente de nous apprendre qu'elle utilise les débris de la "*Dorcas*" « *pour l'entretien de son foyer* ». Le cas d'Harbert est plus intéressant. Lorsqu'il s'apprête solennellement à craquer son unique allumette, une image riche de sens le compare à Prométhée : « *Certes, le jeune garçon n'avait de sa vie été aussi impressionné. Le cœur lui battait fort. Prométhée allant dérober le feu du ciel ne devait pas être plus ému !* » (*ÎM*, I, v ; 60). La figure est à double sens. D'une part, comme le fameux dieu grec a dérobé la flamme du ciel pour animer l'homme qu'il venait de créer, Harbert se propose de ranimer ses compagnons d'infortune en leur offrant ce feu où cuire leur repas et se réchauffer ; mais d'autre part, l'analogie entre le dieu et l'enfant, limitée au critère de leur émotion, trahit la distance qui les sépare — Harbert, malgré tout son sérieux, n'est qu'un Prométhée burlesque. À moins d'être une femme seule, comme Jenny Montrose, il faut plus que cela pour mériter le feu dans l'univers vernien : la première tempête éteindra celui d'Harbert. C'est seulement par une science bien assimilée, et non par la reproduction mécanique de gestes banals, que l'homme peut s'élever au-dessus de sa condition et maîtriser le monde — ainsi de Cyrus Smith dérobant le feu du soleil à l'aide d'une lentille fabriquée avec des verres de montres (*ÎM*, I, x ; 117), tandis que Pencroff s'escrime vainement à « *frotter deux morceaux de bois sec l'un contre l'autre, à la manière des sauvages* » (IX ; 105). Toute la valorisation de la démarche scientifique est contenue dans le regard que Pencroff porte à ce moment sur Cyrus Smith : « *Le marin considéra l'appareil, puis il regarda l'ingénieur sans prononcer un mot. Seulement, son regard en disait long ! Si, pour lui, Cyrus Smith n'était pas un dieu, c'était assurément plus qu'un homme.* » (X ; 118). Toute tentative de régression historique est vouée à l'échec ; la voie du progrès, seule, est salutaire.

À ce roman de la science, Verne oppose, avec *L'École des Robinsons*, celui de la providence. Pour actif qu'il soit, Godfrey Morgan est incapable de produire du feu. Quant à son compagnon, l'infortuné Tartelett, professeur de danse et de maintien à San Francisco, il n'est guère capable que de geindre. La science de ce négatif de l'ingénieur est impuissante devant la nature. Civilisation et civilité sont aux antipodes. Les apprentis Robinsons demeurent longtemps au stade alimentaire de la cueillette, et ce n'est qu'une fois ce régime devenu insupportable qu'un éclair miraculeux leur apporte enfin de quoi rôtir poules, agoutis, moutons. « [*C*]*irconstance inattendue — disons providentielle, si vous le voulez bien* » (*ÉR*, XII ; 134), précise l'auteur, marquant ainsi de son empreinte un événement plus romanesque que réaliste. Il fait de ses héros les opposés de Prométhée qui, décidément, n'épargne que Cyrus Smith d'un parallèle humoristique :

Godfrey et Tartelett n'avaient pas eu, comme Prométhée, à s'aventurer dans les espaces pour aller y dérober le feu céleste ! C'était bien le Ciel, en effet, comme l'avait dit Tartelett, qui avait été assez obligeant pour le leur envoyer par la voie d'un éclair. (*ÉR*, XIII ; 135-6)

Cette aventure place notamment le pauvre professeur de maintien dans une position passive bien peu vernienne, que son patronyme souligne de la manière la plus cocasse : Tartelett[e], il est fait pour être croqué plus que pour disputer sa nourriture à un univers hostile.

Feu et nourriture vont de pair dans les robinsonnades, ils cheminent côte à côte. La flamme est condition *sine qua non* du progrès culinaire auquel tendent ces romans. Sans elle, les héros sont condamnés à « *ce trop maigre repas d'œufs crus et de coquillages* » (*ÉR*, X ; 110), menu sain, mais trop sommaire, dont les écoliers de l'île Phina doivent se contenter jusqu'à l'éclair providentiel. Sans feu, il n'est point de cuisine. Dans *Deux ans de vacances*, la proposition a sa réciproque. Lorsqu'il s'agit de refaire leur réserve de bois en plein hiver, les jeunes colons imaginent de transporter le précieux combustible sur leur table à manger, renversée, en guise de traîneau. C'est là une véritable parabole, d'autant plus lisible que cette idée, aussi pratique que symbolique, revient à Moko, le maître-coq de service. Sur la neige gelée, sur le vaste espace « *blanc à perte de vue entre Auckland-hill et Family-lake* » (*2A*, XIII ; 222), ces enfants écrivent ainsi le lien imaginaire qui unit la table au feu de bois.

Après avoir offert le feu à ses apprentis Robinsons comme une manne divine, Verne conclut : « *À eux maintenant le soin de le conserver !* » (*ÉR*, XIII ; 136). Seuls les naufragés de l'île Lincoln *construisent* un feu, mais tous ont pour tâche d'entretenir le leur ; et une série d'épisodes s'organise autour de l'élément igné, de sa conservation, de son utilisation. C'est sans doute pour ne pas se priver de ces épisodes et respecter la logique du genre que l'auteur fournit en feu tous ses Robinsons. Il importe qu'au moins, s'ils ne sont pas tous capables d'élever leur science jusqu'à se faire verriers, métallurgistes ou potiers, les naufragés puissent être bûcherons et cuisiniers.

Le vocabulaire offre une autre explication, plus profonde, de la connexité du repas et du feu. Sur ce point, Verne tire sa matière du lexique le plus banal : il utilise de façon privilégiée les termes du vocabulaire du feu qui ont, par ailleurs, une place dans le registre alimentaire. Ainsi, dans cet extrait de *Deux ans de vacances* :

> Leur hache ne s'attaqua qu'aux arbres d'une certaine grosseur, qui furent dégagés des menues branches, afin de S'APPROVISIONNER, non de ces fagots qui flambent un instant, mais de bûches qui pourraient ALIMENTER convenablement le fourneau et les poêles. (*2A*, XIII ; 224)

La glose est aisée : le bois est l'aliment du feu, qui se trouve inscrit, de la sorte, dans le cycle vital du repas. L'élément igné a un comportement alimentaire que le verbe *dévorer* met fréquemment en valeur. Je me contenterai d'un seul exemple, tiré de *L'École des Robinsons* ; Tartelett et Godfrey viennent de ramasser à terre des brandons allumés par l'orage : « *Puis ils rentrèrent dans leur sombre demeure, au moment où la pluie, se déversant à flots, éteignait l'incendie, qui menaçait de* DÉVORER *la ramure supérieure de Will-Tree.* » (*ÉR*, XII ; 135). Maîtriser le feu, c'est maîtriser ses potentialités alimentaires.

L'abri se trouve lié au feu par un procédé lexical similaire à celui que je viens de relever. La première demeure des premiers Robinsons, ceux de l'île Lincoln, s'appelle « *les "Cheminées"* » (*ÎM*, I, IV ; 42), ce qui pose d'emblée un jeu imaginaire sur le double sens du mot *foyer*. L'habitation vernienne s'organise autour d'un feu, mieux : d'un foyer. La règle est à ce point stricte qu'au moment où les naufragés de l'île Phina découvrent Will-Tree, alors que l'auteur ne leur a point encore envoyé l'éclair providentiel, Tartelett ne peut s'empêcher de demander où est la cheminée, ce qui lui vaut une remontrance de son compagnon : « *Avant de réclamer la cheminée* [...], *attendez au moins que nous ayons pu nous procurer du feu !* » (*ÉR*, XI ; 121). Verne souligne aussitôt la « *logique* » de cette réponse, mais il ne tarde pas à donner la foudre à ses Robinsons, pour qu'ils puissent enfin envisager raisonnablement d'installer le feu dans leur demeure.

L'aménagement d'une cheminée ou la pose d'un fourneau sont des épisodes obligés de la robinsonnade vernienne. Aussi, ces romans montrent-ils volontiers les héros aux prises avec le grave problème du tuyau de poêle. On perce les parois de Granite-House (*ÎM*, I, XIX ; 256) et de French-den (2*A*, XI ; 179) aussi bien que l'écorce de Will-Tree (*ÉR*, XIX ; 212-3). Par ce geste rituel, les naufragés célèbrent leur complète *domestication* de l'élément igné. La fonction médiatrice du feu entre la nourriture et l'abri trouve sa concrétisation dans la double fonction culinaire et calorifique de ce miraculeux élément. Le foyer chauffe et nourrit ; à travers lui, l'abri synthétise les éléments de base de la robinsonnade. À première vue, l'espace de la robinsonnade est un espace protecteur. Seules les deux robinsonnades de *Seconde patrie* font exception à cette constante de la cheminée, et le silence de Verne à cet égard est symptomatique du manque d'hospitalité des espaces abordés dans ce roman. Sur la Roche-Fumante, Jenny s'installe « *à l'intérieur d'une grotte* » (*SP*, V ; $_1$65) et, à la baie des Tortues, dans une « *caverne* » (XXII ; $_1$275), mais aucun de ces refuges ne fait l'objet des travaux qui font le confort de Granite-House, de French-den ou de Will-Tree. Pas d'œufs de pigeon de roche à l'arrivée, pas de foyer !

L'imaginaire vernien relie abri et repas de façon tellement habituelle qu'il en arrive à se passer de l'entremise du feu. C'est le cas, par exemple, dans *L'École des Robinsons*, à la fin du chapitre XI, « *DANS LEQUEL LA QUESTION DU LOGEMENT EST RÉSOLUE AUTANT QU'ELLE PEUT L'ÊTRE* » (XI ; 112). À cet endroit, Verne nous invite à reconnaître, en compagnie de Godfrey, « *les environs du groupe d'arbres* » (121) auquel appartient le séquoia qu'il baptisera Will-Tree. Qu'aperçoit-il au premier plan ? « *Des arbustes de diverses sortes croissaient sur ses bords, myrtes, lentisques, entre autres, quantité de ces manzanillas, qui devaient assurer la récolte des pommes sauvages.* ». L'importance accordée à l'intérêt nutritionnel des manzanillas constitue la clé de cette courte description ; et cette clé est alimentaire. Les myrtes, en effet, peuvent fournir un succédané de poivre. Quant aux lentisques, on en extrait une huile comestible et une résine capable de parfumer l'eau-de-vie : c'est elle qui donne son goût au raki des Grecs. Plus loin, Godfrey se réjouit de trouver sur le même site divers animaux domestiques qui ont survécu au naufrage du "*Dream*" :

Agoutis, chèvres, moutons, avaient pris possession de ce domaine, qui leur offrait des racines à ronger ou de l'herbe à brouter au-delà de leur suffisance. Quant aux poules, elles becquetaient avidement des graines ou des vers sur les bords du ruisseau. La vie animale se manifestait déjà par des allées et venues, des gambades, des vols, des bêlements, des grognements, des gloussements, qui, sans doute, ne s'étaient jamais fait entendre en ces parages. (*ÉR*, XI ; 122)

Verne bâtit la demeure de ses personnages au beau milieu d'un jardin. À leur endroit, il agit, *mutatis mutandis*, selon le principe suivi par les révoltés de la "*Bounty*" : chercher une île « *dont le sol fût assez fertile pour les nourrir, et sur laquelle ils pussent vivre en toute sécurité* » (*RB*, III ; $_1$480). Le site habitable doit être un lieu nourricier. C'est à partir de là que la robinsonnade se développe, pour le meilleur et pour le pire. Verne nourrit ses Robinsons pour alimenter la fiction.

espaces aventureux

Feu, abri et nourriture fondent ensemble le principe de progrès qui régit les robinsonnades. C'est autour d'eux que s'organise la course au confort des héros, selon une succession de découvertes et de travaux petits ou grands. L'action les rapproche et le langage les confond en un trio poétique. La robinsonnade peut être définie comme le trait d'union romanesque de ces trois préoccupations que l'on retrouve, disséminées, dans nombre de « Voyages extraordinaires » sous la forme de motifs Robinsons. Qu'on se rappelle les angoisses de Vasquez, seul rescapé des trois gardiens de phare de l'île des États, si sauvagement agressés par la bande Kongre :

Ses provisions s'épuiseraient vite. Avant quarante-huit heures il n'en resterait plus rien. Comment les renouveler ? Il ne possédait pas même un engin de pêche ! Et se procurer du feu, par quel moyen ? En serait-il réduit à vivre de mollusques ou de coquillages ? (*PBM*, VII ; 84)

Et, peu après, le voilà parti « *à la recherche d'un abri* » (86)... Souvent, le trio se trouve dissocié. Ainsi, après l'extinction de leur volcan, les compagnons du capitaine Servadac se voient-ils confrontés à la seule question de l'abri :

« Mes amis, qu'est-ce qui nous menace ? Le froid, mais le froid seulement. Nous avons des vivres qui dureront plus que notre passage sur Gallia, et nos conserves sont assez abondantes pour que nous puissions nous passer de combustible. Or, que nous faut-il pour traverser ces quelques mois d'hiver ? Un peu de cette chaleur que la nature nous fournissait gratis ! Eh bien, cette chaleur, il est plus que probable qu'elle existe dans les entrailles de Gallia et c'est là que nous irons la chercher ! » (*HS*, II, XIII ; 439)

Et le capitaine de lancer aussitôt des recherches, bientôt couronnées de succès. Sur l'ombu qui leur sert de refuge au beau milieu de la pampa inondée, c'est la question du feu qui se pose aux héros partis à la recherche du capitaine Grant. Et, tandis que lord Glenarvan s'inquiète de leur amadou qui, désormais, « *ressemble à une éponge mouillée* » (*CG*, I, XXIII ; 251), Paganel les rassure en suggérant une solution similaire à celle qu'applique Cyrus Smith dans *L'Île mystérieuse* : « [...] *un peu de mousse sèche, un rayon de soleil, la lentille de ma longue vue, et vous allez voir de quel feu je me chauffe.* ». Sur le désert de glace que parcourent les fidèles du capitaine Hatteras, c'est la nourriture qui pose problème. Les hommes se voient réduits, d'abord, à « *trois quarts de ration* » (*CH*, II, III ; 337), puis un « *quart* » (343) seulement, quelques « *miettes de pemmican* » (IV ; 347), enfin une « *boisson brûlante* » (351), plus rien que du « *café* » (352) pour calmer « *les douleurs de la faim* ». Et cela donnera au capitaine l'occasion de déployer toute sa ruse dans une chasse bien inégale à l'ours blanc. Parfois, Verne souligne explicitement l'analogie d'une situation avec une scène de robinsonnade ; ainsi, de la petite troupe du capitaine Hardigan, surprise au sommet d'un tell par l'invasion de la mer Saharienne, il écrit : « *N'étaient-ils pas comme des naufragés jetés sur un îlot inconnu, et sans savoir s'ils pourraient le quitter ?* » (*IMer*, XVI ; $_1$457). Parfois, au contraire, il prend soin de se démarquer de la robinsonnade ; c'est le cas par exemple dans *En Magellanie*, où les colons partis pour l'Afrique échouent sur l'île Hoste :

> Ici, ce n'étaient point des émigrants arrivés à destination, mais des naufragés dont le rapatriement ne pourrait s'effectuer avant quelques mois, n'ayant d'autre souci que d'assurer leur existence durant l'hivernage.
>
> Et même, ils n'étaient pas dans les conditions infiniment plus graves de ces naufragés qui sont jetés sur une terre inconnue, dont on ignore le nom et le gisement, une des ces îles de l'Océan Pacifique, en dehors de toutes communications maritimes. (*M*, X ; $_3$118)

Il n'empêche qu'un chapitre entier se trouve aussitôt consacré à l'« *HIVERNAGE* » (XI ; $_3$124) de ces naufragés, et que ce sont bel et bien les aléas de leur installation sur l'île qui offrent à Verne l'opportunité de rédiger une véritable contre-utopie anarchiste. Si l'auteur d'*En Magellanie* se défend, à juste titre, d'écrire une nouvelle robinsonnade, il n'en exploite pas moins, dans ce roman, les questions du dénuement et de la volonté : l'île Hoste, menacée de «*périr sous les coups de l'anarchie, puis sous l'envahissement de l'étranger*» (XVI ; $_3$194), se trouve à chaque fois sauvée par l'énigmatique Kaw-djer, personnage épris d'indépendance, anarchiste convaincu qui, à l'épreuve des faits, doit se résigner à entrer dans la peau d'un «*chef*» (XIII ; $_3$157). Au total, le démarquage apparaît comme une forme de prétérition qui explicite l'élargissement du champ de la robinsonnade par-delà ses limites traditionnelles.

Pour Verne, la robinsonnade est plus qu'un genre littéraire ; elle synthétise un ensemble de motifs aventureux, centrés sur les problématiques du dénuement et de l'énergie salvatrice, dont les occurrences romanesques débordent largement le corpus des aventures de Robinsons.

Verne a contracté le virus de la robinsonnade dans l'œuvre de Wyss, plus que dans celle de Defoë, et sur une île de la Loire où il s'était échoué, enfant, après le naufrage de sa yole. Il a raconté cette mésaventure avec une émotion teintée d'humour dans ses « Souvenirs d'enfance et de jeunesse » :

> En attendant, sur mon îlot ce n'étaient pas les héros de Wyss. C'était le héros de Daniel de Foë qui s'incarnait en ma personne. Déjà je songeais à construire une cabane de branchages, à fabriquer une ligne avec un roseau et des hameçons avec des épines, à me procurer du feu, comme les sauvages, en frottant deux morceaux de bois secs l'un contre l'autre. Des signaux ?... Je n'en ferais pas, car ils seraient trop vite aperçus, et je serais sauvé plus tôt que je ne le voudrais ! Et tout d'abord, il convenait d'apaiser ma faim. Comment ? Mes provisions s'étaient noyées pendant le naufrage. Aller à la chasse aux oiseaux ?... Je n'avais ni chien ni fusil ! Eh bien, et les coquillages ?... Il n'y en avait pas ! Enfin, je connaissais donc les affres de l'abandon, les horreurs du dénuement sur une île déserte, comme les avaient connus les Selkirks et autres personnages des *Naufrages célèbres*, qui ne furent point des Robinsons imaginaires ! Mon estomac criait...
>
> Cela ne dura que quelques heures, et, dès que la marée fut basse, je n'eus qu'à traverser avec de l'eau jusqu'à la cheville pour gagner ce que j'appelais le continent, c'est-à-dire la rive droite de la Loire. Et je revins tranquillement à la maison, où je dus me contenter du dîner de famille au lieu du repas à la Crusoë que j'avais rêvé, des coquillages crus, une tranche de pécari et du pain fait de farine de manioc ! (*SEJ*, IV ; $_3$6)

Tous les éléments que nous avons étudiés se retrouvent dans ces lignes, hormis les œufs de pigeons de roche — Verne ne pouvait se donner en pâture à lui-même ! Et ces oiseaux sont absents, comme les parents. Plus tard, le trio du feu, de la cabane et du repas ne sera plus l'empreinte de Crusoë, mais le souvenir de cette grande aventure d'un jour. Les romans broderont sur le vécu. Les robinsonnades verniennes sont autant d'autobiographies imaginaires. Et tout n'y est pas rose...

Les « *îles à Robinsons* » (*ÉR*, XVIII ; 195), pour reprendre un terme de Tartelett, ne sont pas des espaces ordinaires. Dès *L'Oncle Robinson*, premier brouillon de sa première robinsonnade, Verne parlait d'« *îles à naufragés, créées spécialement pour eux* » (*OR*, XXII ; $_6$200) ; dans *L'Île mystérieuse*, il reprend l'idée et la développe :

> « Monsieur Cyrus, croyez-vous qu'il y ait des îles à naufragés ?
> — Qu'entendez-vous par là, Pencroff ?
> — Eh bien, j'entends des îles créées spécialement pour qu'on y fasse convenablement naufrage, et sur lesquelles de pauvres diables puissent toujours se tirer d'affaire !
> [...] » (*ÎM*, II, IX ; 423)

Qu'est-ce donc que faire « *convenablement naufrage* » ? Je ne pense pas que sur ce point la perspective de Pencroff soit tout à fait celle de l'auteur.

Si Verne conçoit ces îles pour que des Robinsons puissent y survivre, c'est afin de les soumettre à de rudes aventures. Ses robinsonnades ne sont pas de tout repos. L'île Lincoln, après avoir été abordée par des convicts, est embrasée par une éruption volcanique et s'abîme finalement en une formidable « *explosion* » (*ÎM*, III, XIX ; 858). Godfrey et Tartelett défendent l'île Phina contre une petite troupe de cannibales et recueillent la victime que ceux-ci s'apprêtaient à « *embrocher* » (*ÉR*, XVII ; 190) ; peu après, ils se voient confrontés à « *un ours gris* » (XVIII ; 205) puis à « *un tigre de grande taille* » (XIX ; 215) — tout cela est faux, bien sûr, manigancé par William W. Kolderup, l'oncle de Godfrey, mais voilà que bientôt surgissent un « *énorme crocodile* » (XX ; 230) et une bande d'« *animaux féroces* » (XXI ; 235), tous bien réels. Tigres, hyènes, lions, panthères, jetés là par le rival de William Kolderup, traquent les Robinsons jusque dans leur demeure et mettent le feu à Will-Tree (246), provoquant bientôt l'« *explosion* » de « *la réserve de poudre* » (247). Sur l'île Chairman, Briant sauve la vie à Doniphan, attaqué par « *un jaguar de grande taille* » (XXII ; 397), puis la petite colonie, réconciliée, doit faire face à « *sept malfaiteurs, vigoureux et armés* » (2A, XXIII ; 400). Dans la plupart des cas, ces périls sont liés à l'oralité. En ce qui concerne les fauves et les cannibales, ce lien est suffisamment évident pour que je ne m'y arrête pas. Restent le feu, l'explosion et les pirates. Les deux premiers éléments de ce dangereux trio ne font qu'un. Dans *L'Île mystérieuse*, comme dans *L'École des Robinsons*, l'incendie précède l'explosion ; seules les modalités changent : volcan ici, poudre là. Or, pour représenter le péril igné, Verne exploite systématiquement la catachrèse de la dévoration. « *Nous sommes dans la situation de passagers dont le navire est* DÉVORÉ *par un incendie qu'ils ne peuvent éteindre, et qui savent que tôt ou tard il gagnera la soute aux poudres* » (*ÎM*, III, XIX ; 855), lance Cyrus Smith à ses compagnons — et sa comparaison explicite l'analogie de l'éruption volcanique et de l'embrasement des poudres. « *Allaient-ils donc être* DÉVORÉS *par le feu qu'ils ne pouvaient combattre* » (*ÉR*, XXI ; 247) se demande le narrateur de *L'École des Robinsons*. Le feu vernien est un fauve sylleptique. Quant aux pirates, ce sont des fauves métaphoriques. Pencroff traite les convicts de « *vrais jaguars* » (*ÎM*, III, V ; 665), de « *reptiles* » (VI ; 673), de « *tigres* » (XI ; 736), et le narrateur lui-même, dans quelque moment d'accalmie, écrit : « [...] *il n'y avait rien à craindre, ni de la part des convicts, ni de la part des fauves, — deux sortes d'individus du genre animal que leurs féroces instincts mettaient au même niveau.* » (734). Dans *Deux ans de vacances*, il voit de même, dans les matelots du "*Severn*", des « *fauves à figure humaine* » (2A, XXIII ; 407). Tous les dangers qu'affrontent les Robinsons sont donc de nature alimentaire.

Seul *Seconde patrie* fait exception à cette règle. Dans les chapitres XIX à XXVI, on ne relève ni feu, ni fauves, ni cannibales, ni pirates. Dans le reste du roman, on voit Jack capturé par des sauvages, mais ceux-ci ne le maltraitent nullement et, loin de chercher à le dévorer, ils le nourrissent de « *poissons grillés* » (*SP*, XVI ; $_1$214). Par la suite, les colons de la Nouvelle Suisse se trouvent aux prises avec une nombreuse troupe de naturels des îles voisines, mais il ne s'agit point d'anthropophages, et ils ne sont nulle part comparés à des fauves dangereux ; tout juste se voient-ils qualifiés de « *singes sans queue* » (XXXI ; $_1$375) par John Block, et de « *vilains animaux* » par Jack ($_1$379). Verne rejette dans l'hypotexte de son roman les risques de dévoration ; ce n'est qu'en résumant Wyss qu'il évoque la défense des colons de la Nouvelle Suisse contre « *le lion, l'ours, le chacal, le chat-tigre, le tigre, le crocodile, la panthère* » (IV ; $_1$52). Ainsi, les seuls Robinsons verniens qui, à leur arrivée, soient privés d'œufs de pigeons de roche sont aussi les seuls à échapper aux fauves à deux comme à quatre pattes.

Une loi romanesque se fait jour : l'hospitalité nourricière des îles à Robinsons se retourne contre leurs habitants en menace de dévoration. Ou, pour réintroduire l'emblème du sujet, la promesse des œufs de pigeon de roche se referme comme un piège alimentaire sur les Robinsons verniens. Ce piège est un motif que nous retrouvons dans nombre de « Voyages extraordinaires ». Sur le domaine de James Burbank, envahi par plusieurs centaines de miliciens et de pillards, les Noirs se désespèrent devant leurs baraccons « *dévorés par l'incendie* » (*NS*, I, XI ; 157). Lorsqu'il voit le capitaine Huntly fuir le feu qui se propage à bord du "*Chancellor*", J.-R. Kazallon se rappelle « *qu'un autre homme est resté emprisonné sous la dunette, dans cette cabine que les flammes vont peut-être dévorer* » (*C*, XIII ; 56). Sur l'ombu qui leur offre refuge, les compagnons de lord Glenarvan manquent « *périr dévorés par les flammes ou par la dent des caïmans* » (*CG*, I, XXV ; 281) ; plus tard, en Nouvelle Zélande, ils tomberont entre les mains d'une tribu de Maoris anthropophages. Les hôtes de "*Standard Island*" doivent, de même, se défendre « *contre les cannibales des Nouvelles-Hébrides* » (*ÎH*, XI ; $_1$317). Mais ce sont surtout les attaques de fauves qui foisonnent sous la plume de Verne. Les passagers de la jangada sont assaillis par « [*t*]*rois gros sauriens, longs de quinze à vingt pieds* » (*J*, I, XVII ; 202) ; les voyageurs de *La Maison à vapeur* défendent leur kraal contre « [*d*]*ix tigres et une douzaine de panthères* » (*MV*, II, V ; 368) ; les hôtes du fort Espérance luttent contre une demi-douzaine de grands ours polaires, « *redoutables carnassiers* » (*PF*, I, XXI ; 227) décidés à se repaître de leur chair ; la famille Cascabel est assaillie par « *plusieurs centaines* » (*CC*, II, X ; $_1$420) de loups et, dans son Irlande de misère, P'tit Bonhomme lutte de même contre un de ces effrayants animaux, qui emporte dans sa gueule le berceau d'une enfant (*PB*, I, XIV ; $_5$158-9). Enfin, maints héros ont affaire à des fauves humains. Toujours dans *César Cascabel*, les complices d'Ortik et de Kirscheff suivent la "*Belle-Roulotte*" « *comme des chacals* » (XII ; $_1$456). Sur le mont Scorzef, les savants des *Aventures de trois Russes et de trois Anglais* résistent à une troupe de Makololos, indigènes de la pire espèce : « *C'était un assaut de bêtes féroces, que l'assaut de ces pillards altérés de sang, pire que les plus sauvages animaux de la faune africaine ! Certes, ils valaient bien les tigres qui manquent à ce continent !* » (*3A*, XXI ; [1]232). Veut-on un de ces tigres ? Il n'est que de relire la réplique du capitaine Hod sur laquelle s'achève *La Maison à vapeur* : « *Quarante-neuf tigres et... Kâlagani... cela ne fait-il pas mes cinquante ?* » (*MV*, II, XIV ; 522).

Il n'est pas nécessaire, on le voit, d'être un Robinson avéré pour en subir le sort. Les îles à Robinsons sont autant de microcosmes où se condensent des aventures communes à de nombreux personnages verniens ; faire « *convenablement naufrage* » (*ÎM*, II, IX ; 423) pour Verne, c'est se prêter à de telles intrigues. La concentration dramatique est sans doute pour beaucoup dans l'attrait que la robinsonnade exerce sur lui. Prolongement d'une mésaventure enfantine, la robinsonnade constitue pour le romancier un terrain privilégié où, de l'accueil nourricier à la menace de dévoration, se détaille le piège alimentaire que son imaginaire projette sur la représentation de l'espace. Les motifs Robinsons — dénuement, alimentation, installation, dévoration —, qui tous exaltent l'énergie des héros, se déploient dans son œuvre en passant de l'unité de lieu tragique aux tableaux multiples de la dramaturgie romantique.

Du reste, dès le premier chapitre de *Cinq semaines en ballon*, le pont était jeté entre robinsonnade et aventure géographique. Brossant le portrait psychologique du docteur Fergusson, Verne écrivait en effet :

> [...] il rêva la gloire des Mungo-Park, des Bruce, des Caillié, des Levaillant, et même un peu, je crois, celle de Selkirk, le Robinson Crusoé, qui ne lui paraissait pas inférieure. Que d'heures bien occupées il passa avec lui dans son île de Juan Fernandez ! Il approuva souvent les idées du matelot abandonné ; parfois il discuta ses plans et ses projets ; il eût fait autrement, mieux peut-être, tout aussi bien, à coup sûr ! Mais, chose certaine, il n'eût jamais fui cette bienheureuse île, où il était heureux comme un roi sans sujets... ; non, quand il se fût agi de devenir premier lord de l'amirauté !
> (*5S*, I ; 5)

Il en sera pour ses rêves d'île paradisiaque ! Néanmoins, dans le récit de son voyage, Verne n'épargne pas les motifs Robinsons. Le docteur et ses compagnons connaissent le rationnement, les repas composés « *d'un peu de viande séchée et de pemmican* » (xxiv ; 203), la « *soif ardente* » (208), la « *chaleur dévorante* » (xxv ; 214), la lutte contre « *les hyènes, les couguars, les chacals* » (xvii ; 144)... Son fidèle serviteur, Joe, craint de périr entre les mâchoires des caïmans (xxxv ; 288-9) après avoir plongé dans le lac Tchad pour sauver le "*Victoria*" ; recueilli par des indigènes et aussitôt adoré par eux, il ne tarde pas à se demander « *si, dans ce pays, l'adoration n'allait pas jusqu'à manger l'adoré* » (291) — fort heureusement, une inondation inopinée lui épargne toute réponse à cette question. De nouveau seul, se nourrissant « *de racines, de moelle d'arbustes, tels que le "mélé", ou des fruits du palmier doum* » (294), il fait l'expérience de la « *faim terrible* » (295). Enfin, au terme du voyage, les explorateurs de nouveau réunis fuient, dans un ballon qui se dégonfle, devant une troupe de Talibas dont Fergusson a, peu auparavant, affirmé qu'il préférerait se « *trouver en pleine forêt, au milieu d'un cercle de bêtes fauves, que de tomber entre les mains de ces bandits* » (xliii ; 349). L'espace dans lequel se meut le docteur n'est certes pas la « *bienheureuse île* » (i ; 5) de Selkirk, mais il y vit des aventures dignes des futurs Robinsons verniens. Et ce n'est pas par hasard, sans doute, que Verne choisit de faire échouer ses premiers Robinsons, ceux de *L'Île mystérieuse*, à bord d'un ballon et non point d'un bateau. C'était afficher le lien étroit que son imaginaire établit entre robinsonnade et « Voyages extraordinaires ».

L'espace des robinsonnades est, pour Verne, un véritable laboratoire de *cosmographie* romanesque ; il y développe une série de motifs aventureux à composante autobiographique qui prennent les voyageurs au piège d'un espace nourricier. J'aurai l'occasion de revenir sur l'origine et la nature de ce piège, qui impose une domestication de l'oralité ; mais il me faut, avant cela, montrer comment se manifeste la nature alimentaire de l'espace vernien en dehors des îles frappées au sceau des œufs de pigeons de roche, dans le champ de la réalité géographique. Gagnons la pointe de l'Afrique !

CHAPITRE 8

UN PAYS, UN FESTIN ET DES GÉOPHAGES

un voyage d'amour

L'Étoile du Sud est un curieux roman, tout entier fondé sur une supercherie scientifique qui n'en est pas le sujet principal. La fabrication du diamant artificiel est en effet comme un double leurre, chimique et narratif. Pour ce qui est de la chimie, les choses sont très simples : l'Étoile du Sud n'est pas un diamant artificiel créé par Cyprien Méré, comme on le croit pendant tout le roman, mais un diamant naturel que Matakit a glissé dans le fourneau de Cyprien, son maître, pour tout à la fois se racheter de l'avoir dérobé dans la mine, et faire plaisir à l'ingénieur au mépris de la réalité expérimentale. Quant à l'aspect narratif, expérience et pierre précieuse ne sont que les prétextes d'un roman d'amour. Dans un monde où la fortune est une vertu cardinale, fabriquer un diamant est pour le héros polytechnicien le seul moyen d'obtenir la « *main d'Alice* » (*ÉS*, I ; 1), Alice Watkins, fille de John Watkins, le propriétaire « *du plus riche Kopje de diamants des Deux-Mondes* » (12) — je note, pour introduire mon propos alimentaire, que le flamand *kopje* se prononce à peu près comme l'adjectif français *copieux*[1].

L'Étoile du Sud est principalement composé de deux grandes parties de dix chapitres chacune, la première consacrée à des scènes de la vie du Veld et à l'expérience de Cyprien Méré, la seconde à un voyage mouvementé à travers le Transvaal. L'amour est leur dénominateur commun. À cela viennent s'ajouter quatre chapitres de dénouement. L'objectif géographique de cet ouvrage est de faire le tableau des kopjes dia-

1. Je dois cette remarque à la compétence de Robert Pourvoyeur, néerlandophone polyglotte et vernien émérite.

mantifères et de toute la région du Transvaal, tableau de l'Afrique australe, de ce *Pays des diamants* qui donne à l'œuvre son sous-titre, portrait des hommes et de leur mentalité, toutes races confondues, colons et indigènes. Le voyage constitue le cœur de l'intrigue amoureuse ; c'est là que s'effectue la sélection entre les prétendants. Le frontispice de Benett illustre parfaitement cette relation entre amour et géographie : au premier plan, Cyprien est à sa table de travail, dans la cornue qu'il observe on voit Alice apportant à boire[2]. Le deuxième plan, qui occupe presque toute la superficie de l'image, représente une poursuite effrénée à dos d'autruche et de girafe. La mine n'occupe que les lointains. Quant à l'Étoile du Sud, elle brille de tous ses feux au-dessus du nom de l'auteur, comme séparée de tout le reste de l'image. La grande affaire de ce roman, c'est la course après Matakit, qui mène Cyprien du Vandergaart-Kopje jusqu'à la capitale de Tonaïa et retour. Des « *PRÉPARATIFS DE DÉPART* » (XII ; 150) à ce retour, le voyage occupe neuf chapitres, du XII au XX inclus, mais il est introduit dans la fiction par l'intrigue développée au chapitre XI.

Dans ce chapitre, le voyage est lancé par la disparition de la pierre à la fin du banquet que John Watkins organise en son honneur, après que Cyprien l'a offerte à Alice. Verne signale l'importance de cette péripétie en donnant au chapitre qui la contient le même titre qu'au roman. Il semble dire de cette manière que l'on arrive enfin à l'essentiel. Et de fait, la fiction prend ici un nouveau départ. Cette répétition du titre signifie aussi que l'Étoile du Sud n'a vraiment de place dans la fiction que par sa disparition. Avec elle commence réellement le voyage extraordinaire. En effet, une fois le diamant envolé, il faut le retrouver et, pour cela, en poursuivre le voleur présumé, Matakit, qui était chargé d'organiser le service en ce soir de fête, et qui a disparu peu après le diamant. C'est ainsi que, de façon explicite, le repas introduit le voyage. Mais il existe entre l'un et l'autre des liens plus profonds que la simple causalité.

La narration du banquet, au chapitre XI, est organisée autour de deux pôles : le menu proprement dit et la relation du festin. Je les analyserai successivement.

2. Réduction d'un détail de l'illustration intitulée « *Une jeune fille entra, portant un plateau* » (*ÉS*, I ; 8).

Pour évoquer le menu, Verne adapte son style à sa matière, massive et grossière. Point de détail, l'impression d'ensemble compte seule :

Un « baron royal », ou rôti colossal, composé d'une échine de bœuf, occupait le centre de la table, flanqué de moutons entiers et de specimens de tous les gibiers du pays. Des montagnes de légumes et de fruits, des tonneaux de bière et de vin, gerbés de distance en distance et mis en perce, complétaient l'ordonnance de ce repas véritablement pantagruélique.

(*ÉS*, XI ; 139-40)

Pour sommaire qu'il soit, ce tableau contient en germe les principaux éléments du futur voyage. La profusion des viandes, et notamment l'extrême variété du gibier, prélude à la chasse, qui s'inscrit dans le texte selon deux grandes modalités. La première, la plus évidente, c'est le ravitaillement de la petite troupe, tâche dont James Hilton est plus particulièrement chargé, au début du voyage. La narration détaille la faune que le menu ne fait qu'évoquer par un terme générique : « *Les canards sauvages, les perdrix, les chevreuils abondaient sur la route et fournissaient tous les jours les éléments du déjeuner et du dîner.* » (XIII ; 168). La seconde modalité d'inscription de la chasse dans le récit tient au personnage de Pharamond Barthès, Nemrod enragé qui sauvera son vieil ami Cyprien Méré et obtiendra de Tonaïa, le Roi des Bassoutos, la restitution de Matakit. Par le biais de la chasse, le gibier servi à la table de John Watkins nous mène donc jusqu'au point le plus lointain de la pérégrination. Les « *montagnes de légumes et de fruits* » (*ÉS*, XI ; 140) annoncent, quant à elles, la chaîne alpine dont Matakit semble avoir fait le but de sa course et, par extension, tout le cadre montagneux de l'action ; en outre, elles préfigurent l'ascension à la suite de laquelle Cyprien, malade, est recueilli et soigné par Pharamond Barthès. Il est intéressant de remarquer que la hauteur sur laquelle s'élève le jeune polytechnicien est qualifiée successivement de « *haute colline* » et de « *montagne* » (XVIII ; 228) ; la première dénomination décrit le réel au plus juste, la seconde l'intègre au réseau imaginaire issu du menu. Enfin, l'abondance des boissons à ce festin est à la mesure de la douche que Cyprien reçoit au sommet de sa « *montagne* ». Aux tonneaux « *mis en perce* » (XI ; 140) correspond « *une petite pluie fine qui, peu à peu, pénétrait tout, couvertures, vêtèments et* PERÇAIT *jusqu'à la peau* » (XVIII ; 229). Le mot y est déjà, mais pour que les faits se ressemblent vraiment, il faut attendre que cette pluie tombe « *à torrents* » (231), ce qui d'ailleurs ne tarde pas. Ainsi, le menu du festin préfigure-t-il dans le désordre les principaux éléments du long voyage à travers le Transvaal : la chasse, la rencontre de Pharamond Barthès, la montagne qui est le but de la course, l'ascension de Cyprien et cette pluie qui manque le tuer. L'abondance d'éléments annonçant la scène sur la montagne du chapitre XVIII semble désigner celle-ci comme la péripétie essentielle du voyage, et c'est en effet le moment où, avec la rencontre de Barthès, Cyprien Méré voit son succès assuré.

Par ailleurs, l'histoire qui agrémente ce banquet amorce quelques grandes lignes des neufs chapitres itinérants, et pose les bases imaginaires du recouvrement de l'Étoile du Sud au chapitre XXII. Aux quatre-vingts convives attablés, Miss Watkins raconte l'étonnante aventure du diamant de Monsieur Durieux de Sancy. Ce gentilhomme français de la cour de Henri III avait consenti à mettre en gage sa précieuse pierre pour en avancer la valeur au Roi. Pour ce faire, il dut confier le diamant à un domestique fidèle, chargé de l'apporter à Metz, chez un prêteur. On le railla de sa confiance, mais il protesta de l'honnêteté de son domestique. Or, il advint que celui-ci n'arriva jamais à destination. Les moqueurs s'en donnèrent à cœur joie ; pourtant, le gentilhomme ne se départit point de sa confiance, prétendit qu'on avait attaqué son serviteur et ordonna que l'on recherche son corps. Le cadavre fut bientôt découvert :

> « [...]
> — Ouvrez-le ! dit M. de Sancy. Le diamant doit être dans son estomac !
> [...] » (*ÉS*, XI ; 143)

Il ne se trompait pas[3]. En rapprochant cette anecdote de l'allusion qui est faite « *aux bœufs, aux chiens, et surtout aux autruches de Miss Watkins qui pren*[*nent*] *leur part de la fête en venant mendier quelques bribes du festin* » (140), on devinerait

3. Il s'agit de l'histoire du capitaine Nicolas Harlay de Sancy (1546–1629) qui consentit ce prêt à Henry IV, non à Henry III. L'erreur de nom (Durieux pour Harlay) est curieuse ; en revanche, Pierre Larousse, à l'article SANCY (LE)

aisément l'identité du véritable voleur de l'Étoile du Sud, mais Verne prend la précaution de faire glaner les animaux avant d'évoquer M. de Sancy, de telle sorte que le lecteur ne songe pas à ce rapprochement. Quoi qu'il en soit, le récit historique de Miss Alice annonce bel et bien la découverte de la pierre dans le gésier de son autruche préférée, Dada, au terme d'une extravagante opération chirurgicale (XXII ; 289). Par la voix de Miss Watkins, l'auteur nous donne sa source et, du même coup, justifie son extraordinaire dénouement. Il s'amuse, du reste, à souligner la fonction narrative de cette anecdote en faisant conclure Alice sur ces mots : « "[...] *Je serais fort surprise* [...] *si, le cas échéant, l'*Étoile du Sud *n'inspirait pas un dévouement pareil pendant son voyage !"* » (XI ; 143). Le diamant doit en effet « *porter, au Cap d'abord, à l'Angleterre ensuite, le rayonnement de sa splendeur* » (142).

L'Étoile du Sud est clairement présenté comme la récriture burlesque de la tragique aventure du Sancy. Sans doute est-ce pour Verne une manière d'afficher la place qu'occupe la récriture dans ce roman, une façon de ruser avec la corvée que lui imposait Hetzel en lui demandant de corriger le manuscrit de Paschal Grousset. Outre l'opération, Verne a gardé de l'histoire du Sancy les thèmes du voyage, de la mort et de la confiance. Pour le voyage, il a conservé l'orientation nord-est, en revanche il a déplacé la mort : il n'aurait pu assassiner un personnage aussi positif que le domestique de M. de Sancy, mais il massacre sans scrupule les prétendants antipathiques. Enfin, le thème de la confiance du maître envers le serviteur est reproduit pratiquement tel quel, puisque Cyprien se refuse toujours à croire Matakit coupable du vol et ne se lance à sa poursuite que pour mériter sa belle. La métaphorisation du diamant en objet de bouche — le texte, nous l'avons vu, le range parmi les « *bribes du festin* » (*ÉS*, XI ; 140) — est la pierre de touche de l'édifice alimentaire. L'idée est de Grousset, non de Verne ; nous le savons par une lettre à Hetzel dans laquelle l'auteur écrit : * [[...] je garde l'épisode de l'autruche et du diamant avalé tel qu'il est] (BN, I-573). Toutefois, dans la mesure même où Verne a considérablement modifié le

de son *Dictionnaire universel*, se trompe pareillement de roi. L'histoire devait d'ailleurs être floue dans l'esprit des contemporains car le même Larousse, sur la même page de son dictionnaire, raconte les événements de façon assez précise dans son article SANCY (Nicolas Harlay DE).

texte original[4], le fait qu'il ait conservé ce détail en l'état prouve qu'il l'a fait sien. La meilleure preuve nous en est donnée par Michel Verne, plagiaire inlassable de son père, qui intègre un scénario similaire dans *L'Agence Thompson and C°* : Robert Morgand, le héros, aide trois seigneurs portugais à vomir pour calmer leur mal de mer, et s'aperçoit qu'ils rendent « *des émeraudes, des rubis, des diamants, plus de cinquante pierres précieuses* » (*AT*, I, XII ; $_2$171) volées à Tercère, qu'ils avaient avalées pendant la perquisition du "*Seamew*" pour les cacher à la police açorienne.

Si, dans le chapitre XI, l'on étend le champ du festin à celui de l'utilisation du mot *convives*, on y inclut « *l'épreuve des baguettes* » (*ÉS*, XI ; 146), c'est-à-dire le tour de magie que tente Matakit, avant d'être accusé, pour tâcher de confondre le coupable, que l'on traque parmi les cafres. Le principe est simple : Matakit distribue à chaque indigène une baguette longue de douze pouces anglais, puis il les disperse en leur lançant d'un ton solennel : « *Vous allez vous retirer où vous voudrez pendant un quart d'heure,* [...] *et vous ne reviendrez que lorsque vous entendrez battre le tam-tam ! Si le voleur se trouve parmi vous, sa baguette se sera allongée de trois doigts !* ». Au moment fatidique, toutes les baguettes sont de longueur égale... neuf pouces anglais ! Tous les cafres ont jugé prudent de raccourcir leur baguette des trois pouces accusateurs, tant ils ont peu la conscience tranquille. Ce court épisode introduit dans la fiction la question de la justice sommaire — comment qualifier en effet une police prête à s'en remettre au résultat d'un tour de magie africain auquel pas un blanc ne croit et que les superstitieux indigènes tournent sans vergogne de la façon la plus comique ? L'arbitraire judiciaire sera développé au chapitre XXI, intitulé « *JUSTICE VÉNITIENNE* » (XXI ; 267), sous la figure des vingt-deux membres du « *tribunal secret du camp de Vandergaart* » (272) venus réveiller Cyprien au beau milieu de la nuit pour l'assassiner en tout bien tout honneur. Motif : sa découverte met

4. L'ampleur de ce travail est attestée par une autre lettre :

[J'ai envoyé aujourd'hui les premiers chapitres de L'Étoile du Sud. J'y ai fait divers changements, mais c'est à partir de là que je vais bouleverser le roman. Ce sera un gros travail, mais il ne me déplaît pas, et je tiens à prolonger jusqu'au bout l'affaire du faux diamant artificiel. L'intérêt y gagnera beaucoup. Cela change toute l'action, cela fait disparaître des invraisemblances, et ça sera mieux.]

(BN, I-561)

en péril « *tous les hommes qui, soit en Griqualand, soit ailleurs, ont pour industrie la recherche, la taille et la vente des diamants* ». Cette péripétie est capitale, car elle détermine Matakit à avouer la vérité sur la nature de l'Étoile du Sud. Du reste, cet événement est également annoncé dans le cours du repas proprement dit, mais de façon plus causale que factuelle, par la double allusion aux expériences de Cyprien et aux « *intentions peu bienveillantes* » (XI ; 140) qu'elles provoquent chez les propriétaires de claims. En effet, la « *JUSTICE VÉNITIENNE* » (XXI ; 267) n'est que l'expression exacerbée de ces dernières devant la reprise des premières au retour du voyage.

Ainsi, le festin offert par John Watkins et tout le champ occurrentiel du terme *convives* contiennent en puissance les principaux éléments narratifs des chapitres XII à XXII. Le menu annonce particulièrement le voyage, et la relation du banquet les deux chapitres qui amorcent le dénouement du roman. Voilà qui confirme l'attache de la géographie à l'oralité dans l'imaginaire vernien — il convient de développer.

consommer l'espace

À la table de John Watkins, Verne nous sert un *copieux* apéritif romanesque, il nous met en appétit de voyage et d'action. Toute la suite du roman est comme un gigantesque banquet — « *véritablement pantagruélique* » (*ÉS*, XI ; 140) pour reprendre l'épithète du festin — offert aux estomacs d'autruche de lecteurs avides, affamés de paysages et d'aventures. Par le truchement du vol prétendu, le festin nous fait passer d'un tableau statique de la vie du Veld à une intrigue dynamique, d'un documentaire sur les mines du Griqualand à une géographie illustrée du sud-est africain. L'oralité met la fiction en mouvement, elle constitue son principe énergétique.

L'espace dans son entier est interprété comme un aliment. Verne nous invitait à ce rapprochement dès le début du roman, lorsqu'il peignait Alice Watkins servant à Cyprien une orangeade « *sur la frontière occidentale de l'État libre d'Orange* » (*ÉS*, I ; 4). Le rapprochement des termes parle de lui-même ; cette scène affiche le caractère alimentaire de l'espace vernien. Par-delà les robinsonnades, l'espace littéraire des « Voyages » est donc bel et bien représenté comme une étendue comestible que les personnages sont chargés de consommer.

Parfois, la rêverie alimentaire de l'espace s'affiche. C'est le cas, par exemple, dans la description de l'écueil sur lequel échoue le "*Chancellor*" :

La forme de l'écueil est assez singulière et rappelle absolument celle d'un « jambon d'York », dont la partie centrale se renfle jusqu'à l'intumescence dont nous occupons le sommet.

Aussi, lorsqu'André a tracé le périmètre de l'îlot, son père lui dit :

« Mais, mon enfant, c'est un jambon que tu as dessiné là !

— Oui, père, répond André, un jambon basaltique, d'une taille à réjouir Gargantua, et, si le capitaine y consent, nous donnerons à ce récif le nom de "Ham-Rock".

— Certes, m'écriai-je, le nom est bien trouvé ! L'écueil de Ham-Rock ! Et puissent les navigateurs ne s'en approcher qu'à distance respectueuse, car ils n'ont pas les dents assez dures pour l'entamer ! » (*C*, XVIII ; 82)

De même, lorsque les dissensions entre Bâbordais et Tribordais se révèlent trop fortes, dans *L'Île à hélice*, Pinchinat suggère de « *couper l'île par son milieu... de la diviser en deux tranches égales, comme une galette* » (*ÎH*, II, XII ; $_1$331). Et ce ne sont encore là que des créations verniennes, à l'instar des îles à Robinsons, mais il arrive aussi que l'imaginaire brode sur la réalité. Ainsi de la description de Milwaukee dans *Le Testament d'un excentrique* — je laisse la parole à Jovita Foley :

« [...]

— [...] Ah ! si nous y étions, quelles délicieuses promenades à faire sur les falaises où s'élèvent de superbes maisons en bordure du fleuve... rien que des quartiers élégants et propres... rien que des constructions en briques d'un blanc laiteux... — ce qui lui a valu le nom... Voyons... tu ne devines pas ?...

— Non, Jovita.

— Cream City, ma chère... la Cité crème !... On y tremperait son pain !... [...] » (*TE*, I, XII ; $_1$163)

Ailleurs, c'est la renommée gastronomique d'un lieu qui vient justifier sa lecture alimentaire :

Cependant le paquebot s'avançait rapidement. Le 13, on eut connaissance de Moka, qui apparut dans sa ceinture de murailles ruinées, au-dessus desquelles se détachaient quelques dattiers verdoyants. Au loin, dans les montagnes, se développaient de vastes champs de caféiers. Passepartout fut ravi de contempler cette ville célèbre, et il trouva même qu'avec ces murs circulaires et un fort démantelé qui se dessinait comme une anse, elle ressemblait à une énorme demi-tasse. (*TM*, IX ; 57-8)

Au vu de ces images, je ne m'étonne pas qu'une carte de géographie puisse, à l'occasion, passer pour un ustensile de cuisine ; c'est le cas de celle que Maître Antifer manipule obstinément, tous les samedis matins : égratignée par ses ongles impatients, marquée de coups de crayon, elle apparaît « *trouée de pointes de compas comme une passoire à café* » (*MA*, I, IV ; I34).

La relation ainsi établie entre espace et oralité dérange quelque peu les lois physiques. Dans l'univers des « Voyages extraordinaires », « *la vitesse de déplacement mange la pesanteur* » (*MM*, IV ; 44). Cette métaphore est souvent reprise. Ainsi, dans *Robur-le-conquérant*, peut-on lire, à propos de l'"*Albatros*" : « *Irrésistiblement emporté vers cet inaccessible point du globe, sa vitesse "mangeait", pour ainsi dire, sa pesanteur* [...]. » (*RC*, XIV ; 187). Les guillemets viennent souligner une image qui confirme la puissance de cet étrange bateau volant, en vertu du principe formulé par son inventeur : « *Il ne serait pas digne de conquérir l'espace s'il était incapable de le dévorer.* » (VII ; 80). Dans *Le Tour du monde en quatre-vingts jours*, les voyageurs du Pacific rail-road doivent la vie sauve à cette physique poétique. En effet, lorsqu'il s'agit de franchir le pont délabré de Medicine-Bow, le mécanicien Forster propose de lancer le train avec « *son maximum de vitesse* » (*TM*, XXVIII ; 251) ; or, à la grande frayeur de Passepartout, le procédé réussit :

Puis, à un second coup de sifflet, la marche en avant recommença : elle s'accéléra ; bientôt la vitesse devint effroyable ; on n'entendait plus qu'un seul hennissement sortant de la locomotive ; les pistons battaient vingt coups à la seconde ; les essieux des roues fumaient dans les boîtes à graisse. On sentait, pour ainsi dire, que le train tout entier, marchant avec une rapidité de cent milles à l'heure, ne pesait plus sur les rails. La vitesse mangeait la pesanteur.

Et l'on passa ! Et ce fut comme un éclair. On ne vit rien du pont. Le convoi sauta, on peut le dire, d'une rive à l'autre, et le mécanicien ne parvint à arrêter sa machine emportée qu'à cinq milles au-delà de la station. (*TM*, XXVIII ; 253)

L'image se résout parfois dans une simple analogie entre vitesse et dévoration, comme dans cet extrait du *Testament d'un excentrique* : « *Pendant la nuit, le train dévora trois cent cinquante miles, et, le lendemain, il atteignit Fulten à la limite de l'Illinois, sur la frontière du Kentucky.* » (*TE*, I, VIII ; $_1$93). Certes, il y a ici métaphore lexicalisée ; mais les exemples précédents suffisent à comprendre que l'imaginaire vernien réactive puissamment le cliché.

Ce phénomène explique que, chez Verne, les machines destinées à parcourir l'espace soient, dans leur ensemble, rapides. L'aérostat s'impose comme moyen de traverser l'Afrique parce qu'il permet de « *vole*[*r*] *avec la rapidité de l'ouragan, tantôt au plus haut des airs, tantôt à cent pieds du sol* » (*5S*, III ; 22) ; le navire du capitaine Hatteras, le "*Forward*", « *joui*[*t*] *d'une marche remarquable* » (*CH*, I, I ; 10), celui construit par MM. Tod et Mac Grégor pour forcer le blocus fédéral « *accus*[*e*] *une vitesse de dix-sept milles à l'heure, vitesse que n'avait jamais obtenue navire anglais, français ou américain* » (*FB*, II ; $_1$343) et, dans la fuite, chauffé à l'esprit-de-vin, il atteint « *une vitesse effrayante, insensée* » (IX ; $_1$431) ; la triplette du *Testament d'un excentrique* va « *comme un "tonnerre graissé"* » (*TE*, II, X ; $_1$352) sous les coups de pédale de Will Stanton, Robert Flock et Harris T. Kymbale, ses roues « *tourn*[*ent*] *avec la vitesse d'une dynamo mue par un puissant moteur* » ; le youyou transformé en luge à voile par Hector Servadac glisse sur les eaux gelées de Gallia « *dix fois plus vite qu'il ne l'avait jamais fait dans son élément naturel* » (*HS*, I, XXIV ; 267) ; même un véhicule aussi rudimentaire que la brouette dans laquelle Kin-Fo se fait véhiculer parmi les paysages de Chine va « *souvent plus vite* [*que*] *ne le voudrait* » (*TCC*, XII ; 162) son pousseur. Et je n'évoque que les engins dont on pourrait légitimement mettre en doute la vélocité car, pour les autres, la vitesse ne fait pas problème : le pouvoir dynamique des machines du "*Nautilus*" est « *à peu près infini* » (*20M*, I, XIII ; 132) ; de même, la « *puissance en chevaux électriques* » (*RC*, VI ; 69) de l'"*Albatros*" est « *pour ainsi dire infinie* » ; les "*Electrics*" de Mathias Sandorf bénéficient d'une « *marche supérieure à tous les torpilleurs de l'Ancien et du Nouveau Monde* » (*MS*, II, VI ; 287) ; l'"*Épouvante*" de *Maître du monde* passe si vite sur les routes des environs de Philadelphie qu'on ne peut reconnaître « *ni* [*s*]*a forme, ni* [*s*]*a nature, ni même* [*s*]*es dimensions* » (*MM*, IV ; 42).

Le voyageur, qu'il s'appelle Fergusson ou Phileas Fogg, Robur ou Nemo, Hatteras ou Kin-Fo, est un dévoreur d'espace, un mangeur de terre. En grec, qui est la langue des savants, cela s'appelle un *géophage*. Les héros verniens sont fondamentalement géophages, dans un sens que l'idiolecte élargit : ils ne se contentent pas de manger de la terre, ils dévorent notre planète, la Terre. Ce terme ne signifie plus ici un élément particulier, comme c'était le cas dans le jeu sur le nom de Terrien, mais l'ensemble des éléments qui composent l'espace. Et comme Robinson a son double burlesque en la personne de Tartelett, le géophage l'a en Fulk Ephrinell, l'un des compagnons de voyage de Claudius Bombarnac, qui promène de Tiflis à Pékin quarante-deux caisses de dents artificielles (*CB*, III ; $_{I}$30-1), drolatique insigne du parfait géophage. Partagée par l'ensemble des voyageurs verniens, la géophagie est ce qui unifie les motifs imaginaires reliés à la conception alimentaire de l'espace ; elle est le lieu d'une nouvelle motivation de la création littéraire, d'un nouveau complexe fortement articulé à des composantes biographiques.

Verne évoque la géophagie dans *Le Superbe Orénoque* à propos des Indiens Otomacos :

> D'après les récits de Humboldt, ces Indiens, qui prétendaient descendre d'aïeux de pierre, étaient d'intrépides joueurs de paume, plus habiles encore que ces Basques, de race européenne, introduits au Venezuela. On les citait également parmi ces populations géophages, qui, à l'époque de l'année où manque le poisson, se nourrissaient de boulettes de glaise, de l'argile pure, à peine torréfiée. C'est, du reste, une habitude qui n'a pas entièrement disparu. Ce vice — on ne saurait l'appeler autrement — a été contracté dès l'enfance et devient impérieux. Les géophages dévorent la terre comme les Chinois fument l'opium, poussés à cet acte par un besoin irrésistible. M. Chaffanjon a rencontré quelques-uns de ces misérables, qui en étaient arrivés à lécher l'argile de leurs paillottes. (*SO*, I, VI ; $_{I}$257-8)

L'ascendance minérale prêtée à ces indigènes les désigne, d'emblée, comme descendants de Pierre Verne et confère à la description de leur pathologie un caractère introspectif. Le terme *vice*, illustré par l'analogie avec l'opiomanie, définit la géophagie comme une habitude morbide de recherche du plaisir : il s'agit moins de lutter contre la faim que de tirer prétexte de celle-ci pour justifier une jouissance condamnable, qui consiste en la répétition d'un plaisir infantile. En définitive, la pulsion, étayée sur une fonction non-sexuelle, la faim, s'en détache et opère un choix d'objet. Le léchage évoqué dans la dernière phrase fait immanquablement penser à l'autoérotisme buccal[5], à ceci près qu'au lieu de choisir sur son propre corps une zone érogène

5. Voir Sigmund Freud, *Trois essais sur la théorie de la sexualité* (Paris, Gallimard, « Idées », 1962), pp.74–6.

capable de reproduire la satisfaction apportée par le sein maternel, le géophage élit un objet extérieur : la terre. Toutefois, l'emblématique œuf de pigeon de roche nous a appris que la construction de l'espace nourricier se trouve liée, chez Verne, à une projection symbolique du sujet[6] ; l'objet n'est donc extérieur qu'en apparence, puisque l'espace alimentaire s'inscrit dans le prolongement de l'image du moi. Ce tableau de la géophagie constitue un véritable autodiagnostic, qui explique le déplacement des problématiques sexuelles sur l'espace et sur sa représentation, la carte, comme une forme d'autoérotisme symbolique. L'attachement de cette pulsion au stade oral garantit sa précocité et permet de comprendre que les investigations sexuelles, beaucoup plus tardives, subissent le déplacement que nous avons constaté sur les cartes de géographie.

La science vernienne était placée sous la tutelle de la figure paternelle. La géophagie, elle, caractérise des individus qui « PRÉTEND[ENT] *descendre d'aïeux de pierre* » (*SO*, I, VI ; ₁257) ; cette modalisation n'est pas anodine : elle met discrètement en doute la validité de la proposition. La composante orale de la pulsion que nous venons d'analyser éclaire le sens de cette formule. La géophagie renvoie à la figure maternelle ; comme la science, elle est signée Verne et prétend donc descendre de Pierre, mais il serait peut-être plus juste de la signer Allotte de la Fuÿe.

Le complexe de géophagie n'en est pas moins relié à la logique du complexe d'Herminie. L'imaginaire se ramifie sans solution de continuité. Pour comprendre ce lien, il faut se reporter à un court dialogue réunissant le vieux lapidaire Jacobus Vandergaart et un officier de police au moment où John Watkins, ruiné, vient de consentir au mariage d'Alice avec Cyprien Méré :

> « Oublions tout, s'écria [Jacobus Vandergaart], et buvons au bonheur de ces enfants — si toutefois monsieur l'officier du shérif veut bien nous le permettre — avec du vin qu'il a saisi !
>
> — Un officier du shérif a parfois le devoir de s'opposer à la vente des

6. Au début de son chapitre consacré à « L'espace du fantasme », Sami-Ali affirme que « *parce qu'il se constitue à travers le corps propre, l'espace garde toujours, en dépit de son élaboration rationnelle, un lien secret avec l'inconscient que révèlent, le cas échéant, des mouvements régressifs* » (p. 86). La géophagie vernienne constitue une de ces régressions révélatrices. L'étude littéraire confirme cette observation en partant d'un support différent : la fiction, au lieu des représentations graphiques. Voir SAMI-ALI, *L'Espace imaginaire* (Paris, Gallimard, « Tel », 1974).

boissons excisables, dit le magistrat en souriant, mais il ne s'est jamais opposé à leur consommation ! » (*ÉS*, XXIV ; 302)

Deux mots m'intéressent ici, l'un banal, le substantif *consommation*, l'autre étrange, l'adjectif *excisable*. J'examinerai les implications de leur emploi, l'une après l'autre.

En termes verniens, boire peut se dire « consommer », et cela éclaire d'un jour nouveau la scène initiale du roman. L'orangeade qu'Alice Watkins offre sur un plateau à Cyprien Méré représente, nous l'avons vu il y a peu, l'espace dans lequel il doit ensuite voyager pour obtenir sa main ; Verne établit une analogie entre parcourir l'État libre d'Orange et boire cette orangeade, la *consommer*. Par ailleurs, l'étude du complexe d'Herminie nous a montré que le voyage de Cyprien est une épreuve assurant la défloration symbolique d'Alice par le truchement d'un substitut de veuvage. Dans la mesure où elle identifie voyage et *consommation*, la logique alimentaire rejoint donc celle de la prohibition de l'hymen : le voyage se substitue à la *consommation* du mariage — voilà comment le voyageur peut trouver à son retour une femme déjà déflorée.

L'adjectif *excisable* est un barbarisme idiolectal forgé par Verne sur l'anglais *excise*, qui désigne un impôt indirect. Le mot, à ce qu'il semble, lui était nécessaire. En effet, son emploi est tout à fait incongru car, si un officier du shérif peut bien être parfois chargé d'interdire la vente des alcools, ce n'est pas, à coup sûr, parce que leur prix est majoré d'un *excise*, mais par suite d'une décision de prohibition. Pour comprendre l'usage de ce terme, il faut l'entendre différemment, comme un adjectif néologique formé sur le radical du verbe *exciser*. En ce sens, *excisable* signifie « qui peut être excisé, qui peut subir l'excision ». Le néologisme métaphorise la boisson en jeune fille — il n'est pas étonnant qu'on la *consomme* pour trinquer au succès du futur mariage. Nous retrouvons sur ce point le complexe d'Herminie. D'une part, l'excision complète la défloration symbolique en limitant la sexualité féminine aux satisfactions vaginales ; d'autre part, elle nous éclaire sur les intentions profondes de l'auteur : il s'agit pour lui, en tant que mâle, « *d'acquérir le contrôle des fonctions sexuelles féminines* »[7].

7. Je retiens ici l'interprétation que donne de ce rituel Bruno BETTELHEIM, *Les Blessures symboliques. Essai d'interprétation des rites d'initiation* (Paris, Gallimard, « Tel », 1971), p. 174.

Ainsi, ce court passage montre-t-il que, dans l'imaginaire vernien, s'alimenter, voyager et déflorer ne font qu'un. Si, d'un point de vue psychanalytique, il n'y a pas à s'étonner qu'oralité et sexualité aillent de pair[8], l'originalité de l'imaginaire vernien réside dans l'articulation de ce couple avec la problématique du voyage.

l'imagination Allotte

Peu après son arrivée à Paris, l'étudiant Verne se plaint à son père de la faiblesse de ses revenus, et à sa mère de ses problèmes de santé. Le 27 novembre 1848, il dresse pour la première fois un constat des plus intéressants : « *Sous le rapport physique, chère maman, je te ressemble beaucoup.* [§] *Les intestins me font souffrir, je mange pourtant fort peu, sont-ce les mets d'une qualité inférieure ? Je ne sais.* » (JVCF, 8)[9].

La pathologie digestive dont l'auteur souffrira toute sa vie, sous des formes différentes, le rattache à son ascendance maternelle. Une lettre à son père, sans doute écrite en février 1855, confirme la permanence de ce lien dans son imaginaire, complète son tableau clinique et nous éclaire sur la façon dont il utilise la maladie :

> Le vésicatoire a opéré conjointement avec l'électricité pour le haut de la figure, mais le bas ne va pas encore à la satisfaction générale !
>
> Voilà près de 18 jours que je ne suis sorti, ce qui m'a, entre autres choses, permis de travailler du matin au soir. Je crois ce travail bon et plus sérieux que tout ce que j'ai fait jusqu'à présent. Je te le communiquerai.
>
> Je me frotte journellement avec de la strychnine ; on a même saupoudré l'emplacement de mon vésicatoire de ce poison violent ; mais il reste toujours la bouche qui me gêne.
>
> En ai-je assez de ces malheurs, et ne faut-il pas admirer un peu la volonté qui me fait triompher de tout cela, car naturellement la dhiarrée [*sic*] fidèle, est revenue s'y joindre.
>
> [...]
>
> Je suis bien Allotte sous le rapport de l'estomac (maman et l'oncle Auguste). (JVCF, 94)

8. On trouvera d'excellents exemples du lien qui unit les troubles de nature digestivo-orale à des frustrations d'origine sexuelle dans l'article d'Angel GARMA, « Les Images inconscientes dans la genèse de l'ulcère peptique », *Revue française de psychanalyse*, t.XXV, n°s 4-5-6, 1961, pp. 843–52.

9. L'original de cette lettre n'a pas été retrouvé, elle est donc citée d'après *L'Écho de la Loire*, mais les modifications apportées par Marguerite Allotte de la Fuÿe aux lettres de Verne ne portent pas sur son état de santé.

L'« *estomac* » synthétise à ses yeux une pathologie oro-anale globale qui va de la bouche, atteinte par la paralysie faciale, à des coliques dues à un commencement de prolapsus, identifié l'année précédente[10]. Et cette pathologie *stomacale*, d'origine Allotte, entretient l'écriture en permettant au jeune homme de travailler au lieu d'aller dans le monde.

Deux autres lettres permettent de comprendre la force et la nature de la relation que le jeune auteur établit entre sa maladie et son art. La première est envoyée à son père, le 15 novembre 1852 ; il lui explique, moyennant une kyrielle de comparaisons facétieuses, qu'il est devenu un autre homme, un Sage, et il conclut par cette formule : « *Jamais je n'ai été aussi comparatif qu'aujourd'hui ; cela tient peut-être à ce que j'ai la colique ; quel vilain estomac maman m'a donné là* [...]. » (JVCF, 56). Par la seconde, datée du 20 juin 1855, Verne apprend à sa mère qu'il n'a pas encore reçu le souvenir qu'elle lui avait annoncé peu auparavant, et qu'un certain Merson devait lui faire parvenir ; après avoir imaginé de la façon la plus fantaisiste la nature de ce présent, il réfléchit sur son imagination :

> Tu aurais mieux fait dans ta lettre de m'avouer la nature de ce cadeau, car cela m'inquiète fort, et, l'imagination Allotte travaillant, j'en viens à croire que c'est une cathédrale avec ses tours et son sacristain ou pour le moins une fouace de dix centimes cuite depuis bientôt huit grands jours.

10. Voir la lettre qu'il adresse à sa mère le 25 novembre 1854 :

> Mes coliques, paraîtrait-il, tiennent à une singulière cause, et si cette cause vient à disparaître, je puis espérer une grande amélioration dans mes régions abdominales. Sans m'en douter, je suis en proie à un commencement de prolaxus [*sic*] ! Tu vois que j'épuiserai tous les noms en us des maladies connues.
>
> Tu me demanderas sans doute, ma chère mère, ce qu'est un prolaxus, et à quoi cela peut mener ; je ne sais si cela peut mener à être ministre, mais, à coup sûr, cela doit conduire à de graves ennuis. Si tu avais fait tes classes, je n'aurais pas besoin de t'expliquer le mot prolaxus, et nous ne serions pas exposés, moi à rougir de honte en t'écrivant de pareilles choses, et toi à mourir de honte, en les lisant.
>
> Tu tiens donc beaucoup à savoir ce qu'est un prolaxus ; le mot en lui-même n'a rien d'horrible, mais la chose, ma chère mère, la chose ! voilà l'important !
>
> [...]
>
> Tu n'es pas sans savoir, ma chère mère, que les deux fesses sont séparées par un hiatus, qui n'est que l'extrémité du boyau intestinal ; ce boyau prend à son arrivée à l'extérieur les noms les plus harmonieux, tels le jéjunum, le duo denum (et non le duo des nonnes, comme on dit à Nantes) et enfin le rectum. Or chez moi, ce rectum, par une impatience bien naturelle, tend à s'échapper au dehors, et par conséquent, à ne plus contenir aussi hermétiquement les charmantes choses qu'il doit receler. Voilà ce qu'est le prolaxus ; il s'agit de faire rentrer cet impudent boyau dans les bornes que la nature lui a appliquées, et lui dire, comme à l'Océan, tu n'iras pas plus loin ! (JVCF, 87)

[...] l'imagination Allotte ! l'imagination Allotte ! — Il n'y a pas de locomotive Crampton, d'étincelle électrique, qui puisse lutter de vitesse avec elle ; je n'ai jamais vu tant inventer, tant imaginer, tant supposer en si peu de temps, et sur des choses aussi naturelles ; la dernière expression de l'imagination humaine doit se rencontrer dans un conciliabule secret entre bonne-maman, ma tante Chateaubourg, et toi, ma chère mère ; je trouve cela adorable, car cela ne vient que d'une grande tendresse pour nous tous qui vous entourons ; mais c'est curieux au point de vue de la physiognomonie de la pensée. (JVCF, 101)

Pour la psychomythie vernienne, l'héritage Allotte est double : les troubles intestinaux et l'imagination. Verne relie explicitement l'inspiration poétique à la maladie ; ce sont les deux faces d'un même héritage. Il attribue à sa pathologie stomacale l'origine de son travail littéraire, non seulement parce qu'elle l'oblige à garder la chambre, mais aussi par analogie de la « *colique* » (JVCF, 56) à la faculté imageante. La poésie lui vient du ventre.

Ce sont les souffrances dues à la maladie comme à son traitement qui permettent à Verne de projeter sur l'espace l'image de son corps, ainsi qu'en témoigne une nouvelle lettre à sa mère, datée du 25 novembre 1854 :

J'ai donc été repris de coliques et de diarrhées ; je me suis donc lavementé de nouveau à derrière que veux-tu ! la constipation a donc suivi le cours du ventre. Mais à la fin, je m'ennuie de cette existence bornée au nord par la constipation, au sud par le dévoiement, à l'est par les lavements laxatifs, et à l'ouest par les lavements constrictifs. (JVCF, 87)[11]

L'image des quatre points cardinaux montre bien que, dès cette époque, le jeune auteur percevait son corps dolent selon le schéma de la carte de géographie. Verne projette sur la carte l'image de son corps malade, de son corps Allotte. Cette image renvoie au versant négatif de la relation qu'il entretient avec sa mère ; mais, en la faisant servir dans le rapport autoérotique d'origine buccale institué par le complexe de géophagie, l'écrivain subsume cette figuration de la mauvaise mère, celle qui transmet la maladie, sous celle de la bonne mère qui apporte la satisfaction d'un sein nourricier[12]. Il réussit par là une double réconciliation, avec sa mère et avec son propre corps.

11. C'est dans la suite de cette même lettre, où la veine scatologique du jeune Verne se déploie sans retenue, que la révélation du prolapsus était faite (voir *supra*, n. 10).

12. J'utilise les concepts de « bonne » et de « mauvaise » mère avec d'autant plus d'assurance que le clivage recoupe ici celui de la mère nourrice (bonne) et

L'étude de la correspondance de jeunesse montre que, dans l'héritage Allotte, tel qu'il est envisagé par Verne, l'imagination compense la maladie. Le complexe de géophagie motive le recours à l'écriture comme réparation de l'image de la mère et du moi.

On peut aisément expliquer la présence explicite de la géophagie dans *Le Superbe Orénoque* par le fait que ce roman de la «*parenté imaginaire*» (*SO*, II, X ; $_1$489) et de l'inversion des sexes, raconte une quête du père qui conduit à un militaire devenu prêtre, le colonel de Kermor qui, «*sous la* ROBE *du Père Espérante*» (XIII ; $_1$528), a évangélisé la tribu géophage des Guaharibos. Cette fiction — où l'on retrouve, devenue résidence des Kermor, «*la maison de Chantenay*» ($_1$524) dans laquelle les Verne passaient la belle saison — est pleine de résonances introspectives. Elle révèle, telle une parabole, que sous le nom du père se cache la robe de la mère, que c'est un Allotte qui écrit les «Voyages».

Les composantes optiques de l'imaginaire produisaient des personnages caractéristiques (le savant, la fiancée), des phénomènes violents (l'éruption volcanique, la fulguration), des épisodes récurrents (la récompense, la revanche) ; les composantes géophagiques, elles, génèrent de façon plus générale la relation de l'homme à l'espace en instituant une analogie entre le corps de l'auteur et la carte de géographie. Elles constituent la cause profonde de tout parcours, de toute transformation, de toute exploitation de l'espace — autant d'opérations que l'idiolecte vernien désigne par le terme générique de *Voyages*. En effet, dans la somme des romans verniens, ce terme recoupe aussi bien des voyages proprement dits, tels *Le Tour du monde en quatre-vingts jours* ou *Les Tribulations d'un Chinois en Chine*, que des robinsonnades dans lesquelles l'espace décrit est extrêmement limité, ou encore des fictions comme celles de *Sans dessus dessous* ou de *L'Invasion de la mer*, dont le sujet est une modification de la géographie, respectivement par redressement de l'axe de l'écliptique et création de la mer Saharienne. La chronologie des pulsions veut que l'oral précède l'optique. Ainsi, l'optique viendrait, secondairement, fournir à Verne des intrigues, concrétiser et

de la mère génitale (mauvaise) que Mélanie Klein constate, par exemple, dans l'étude du cas de Richard (*Essais de psychanalyse (1921–1945)* [Paris, Payot, «Bibl. scientifique», 1967], pp. 370–424 : «Le complexe d'Œdipe éclairé par les angoisses précoces (1945)»).

animer des fictions dans le cadre que lui impose son complexe de géophagie : raconter des « Voyages » pour renouveler une satisfaction auto-érotique.

SECONDE PARTIE

LE VENTRE ET LA MÈRE

* *

L'ÉCRIVAIN CUISINIER
LA DOMESTICATION DE L'ORALITÉ

CHAPITRE 9

VINGT MILLE LIEUES SOUS LES MERS OU LA RÉVÉLATION D'ARGUS

les défaillances de Jonas

Qu'est-ce qui a perforé la coque du "*Scotia*" ? Un monstre ou un bateau sous-marin ? Le professeur Aronnax, auteur d'« *un ouvrage in-quarto en deux volumes intitulé :* Les Mystères des grands fonds sous-marins » (*20M*, I, II ; 12) et narrateur de *Vingt mille lieues sous les mers*, tient pour un narval géant. C'est contre un tel animal que l'"*Abraham Lincoln*" part en chasse avec à son bord, outre l'équipage, Aronnax, son serviteur Conseil et le harponneur Ned Land. Animal, le "*Nautilus*" l'est tout au long du récit. Par son nom d'abord, qu'il partage avec un mollusque céphalopode. Ensuite, par la vertu d'une comparaison discrètement contenue dans la formule « *les flancs du* Nautilus »[1], dont on ne relève pas moins de neuf occurrences dans le roman[2]. Le trope poétique est ici relayé par le fait que chacun des deux termes du groupe déterminatif est susceptible d'un double sens, animal ou mécanique : le premier joue sur une image lexicalisée, le second sur un nom propre ambigu. La confusion du vivant et du mécanique est parfaite. Ailleurs, la formule est récrite de façon plus poétique : on parle, par exemple, de « *cétacé de tôle* » (II, XI ; 446). Ce paradigme imageant a ses racines dans l'erreur initiale du professeur ; l'organisation imaginaire du "*Nautilus*" par-

1. Les images en *substantif + de + substantif* sont des comparaisons lorsque la transformation du syntagme fait apparaître le verbe *avoir* (le "*Nautilus*" A des flancs). Voir Jean FOYARD, *Le Style poétique de Maurice Barrès (le vocabulaire et les images)* (Paris et Lille, Champion, 1978), Livre II, pp. 33-4.

2. I, XIV ; 145 ; XVI ; 170 ; II, VI ; 374 ; XI ; 451 ; XIII ; 485 ; XVIII ; 561 (deux occurrences) ; XXI ; 591, 600.

ticipe ainsi de l'ancrage du roman dans la subjectivité du savant narrateur.

La prise de contact avec le monstre, qui s'articule à une prise de conscience de sa véritable nature, constitue la cheville ouvrière de l'imaginaire déployé dans le roman. Perdus, au bord de la noyade, Aronnax et Conseil entendent soudain une voix, au loin. Conseil se dresse pour tâcher de voir quelle est la cause de ce mystère :

> « Qu'as-tu vu ?
> — J'ai vu... murmura-t-il, j'ai vu... mais ne parlons pas... gardons toutes nos forces !... »
> Qu'avait-il vu ? Alors, je ne sais pourquoi, la pensée du monstre me vint pour la première fois à l'esprit !... Mais cette voix cependant ?... Les temps ne sont plus où les Jonas se réfugient dans le ventre des baleines !
> (*20M*, I, VII ; 63-4)

Nous sommes en pleine transition. Le poisson n'est pas encore machine, mais il n'est déjà plus qu'imageant. Alors que le propre devient figuré et le monstre refuge, le patron intertextuel du "*Nautilus*" nous est révélé : le prodigieux sous-marin est fils de la mythologie plus que de la science, il ne descend pas des quelques submersibles fabriqués par Bourgois et Brun, ou Villeroi[3], mais du grand poisson de Jonas. Au moment où le mystère doit être levé, l'imageant animal prend corps dans le mythe de Jonas, mythe de l'ingestion et du refuge, du ventre, du châtiment et du repentir. C'est l'unique occurrence de ce nom dans le roman, mais elle est capitale.

Dans sa naïveté, Aronnax procède ici à une opposition historique entre l'ère des sciences et une ère des mythes définitivement révolue. La fiction de *Vingt mille lieues sous les mers* est construite comme un démenti à pareille conception de la révolution industrielle. Lors de sa première conversation avec ses hôtes, Nemo situe implicitement son appareil dans le cadre du mythe biblique en le qualifiant de « *refuge* » (*20M*, I, X ; 95) :

> « [...] Rien ne m'obligeait à vous donner l'hospitalité. Si je devais me séparer de vous, je n'avais aucun intérêt à vous revoir. Je vous remettais sur la plate-forme de ce navire qui vous avait servi de REFUGE. Je m'enfonçais sous les mers, et j'oubliais que vous aviez jamais existé.
> [...] » (*20M*, I, X ; 95)

3. Sur les inventions qui ont pu inspirer à Verne son submersible, voir Charles DOLLFUS, « L'Origine du "*Nautilus*" », *Bull. JV*, spécial hors série n° 2, 1970, pp. 79–85.

Le "*Nautilus*" est donc un refuge pour les trois hommes jetés à la mer lors de la collision entre l'"*Abraham-Lincoln*" et sa proie, mais c'est aussi pour Nemo un refuge contre l'humanité. De quelque point de vue qu'on se place, la machine est, au premier abord, sécurisante, sans doute par hérédité mythologique. Les « flancs du Nautilus » doivent être interprétés comme le ventre de cette baleine imaginaire ; cette légère dérive est doublement autorisée par la symbolique maternelle attachée à toute retraite et l'étymologie du nom de Sophie Allotte de la Fuÿe : la fuie, ou pigeonnier, vient du latin *fuga*, qui signifie primitivement le refuge[4]. L'imaginaire insuffle la vie à cet asile. Dans la perspective du mythe, le "*Nautilus*" est lieu de vie, si bien qu'il suffirait d'en être chassé pour périr. Le décor a son envers. Dans son appréhension de la situation, Aronnax se demande si le mythe s'appliquera jusqu'au bout :

> « [...]
> — Je suppose que le hasard nous a rendus maîtres d'un secret important. Or, si l'équipage de ce bateau sous-marin a intérêt à le garder, et si cet intérêt est plus grave que la vie de trois hommes, je crois notre existence très compromise. Dans le cas contraire, à la première occasion, le monstre qui nous a engloutis nous rendra au monde habité par nos semblables !
> [...] » (*20M*, IX ; 87)

La dernière phrase évoque le mythe. Les verbes *engloutir* et *rendre* sont empruntés à la traduction du Livre de Jonas dans la Bible de Port-Royal : « *Dieu fit* [...] *qu'il se trouva là un grand poisson qui engloutit Jonas* » (II, 1[5]) et « *Alors le Seigneur commanda au poisson de rendre Jonas* » (II, 11[5]). Verne récrit les termes alimentaires du mythe, son imaginaire se l'approprie, l'intègre sur le terrain du repas. Tandis que l'imageant animal renvoie à l'application du mythe et à la (sur)vie, la réalité mécanique fait craindre le pire : l'inadéquation du mythe au réel et la mort. L'alternative définie par Aronnax est entre le mythe et la mort.

Aronnax et Ned Land défendent chacun l'un des termes de cette alternative. Alors qu'Aronnax veut croire au mythe, le harponneur entend fuir au plus vite. Et leur lutte s'établit sur le

4. Cette remarque a déjà été exploitée, dans un tout autre contexte, par Philippe Bonnefis : « La Mécanique des chutes » (*JV3*, 72).

5. Jonas, pp. 1158–61 in *La Bible* (Paris, Robert Laffont, « Bouquins », 1990).

terrain alimentaire. Ned Land relie son opinion à un imaginaire oral concurrent du mythe de Jonas :

« Mille diables ! s'écriait-il, voilà des gens qui en remontreraient aux Calédoniens pour l'hospitalité ! Il ne leur manque plus que d'être anthropophages ! Je n'en serais pas surpris, mais je déclare que l'on ne me mangera pas sans que je proteste !

— Calmez-vous, ami Ned, calmez-vous, reprit tranquillement Conseil. Ne vous emportez pas avant l'heure. Nous ne sommes pas encore dans la rôtissoire !

— Dans la rôtissoire, non, riposta le Canadien, mais dans le four, à coup sûr ! Il y fait assez noir.

[...] » (*20M*, I, VIII ; 70-1)

L'ingestion bénéfique fait place au cannibalisme[6]. Et ce qui n'est encore ici qu'une fantaisie tourne bientôt à l'obsession, jusqu'à provoquer une véritable querelle avec le professeur alors que les prisonniers de Nemo s'éveillent, la faim au ventre :

« [...]

— Eh bien ! Ned, attendons, répondis-je. Il est évident que ces inconnus n'ont pas l'intention de nous laisser mourir de faim, car, dans ce cas, le dîner d'hier soir n'aurait aucun sens.

— À moins qu'on ne nous engraisse ! riposta Ned.

— Je proteste, répondis-je. Nous ne sommes point tombés entre les mains de cannibales !

— Une fois n'est pas coutume, répondit sérieusement le Canadien. Qui sait si ces gens-là ne sont pas privés depuis longtemps de chair fraîche, et dans ce cas, trois particuliers sains et bien constitués comme monsieur le professeur, son domestique et moi !...

[...] » (*20M*, I, IX ; 86)

Il s'agit bien d'être avalés, mais par des ventres plus inquiétants que celui de la baleine mythique[7]. L'imagination anthropophagique contamine l'image du "*Nautilus*" qui devient « *four* ». Dans cette joute, autant que le sort des héros, c'est la nature imagi-

6. Sur l'exploitation du cannibalisme dans les « Voyages extraordinaires », voir J. DAVY, « À propos de l'anthropophagie chez Jules Verne », *Cahiers du centre d'études verniennes et du musée Jules Verne* [Société des amis de la bibliothèque municipale de Nantes], n° 1, 1982, pp. 15–23.

7. Ce conflit est comme le reflet des deux axes que Gilbert Durand, à la suite de Gaston Bachelard, décèle sous l'image de Jonas, l'un plutôt valorisant qui procède de l'« avalage », l'autre effrayant qui est lié au « croquage ». Voir G. DURAND, *Les Structures anthropologiques de l'imaginaire...* (*op. cit.*), pp. 233-234.

naire du sous-marin qui est en jeu : soit c'est un ventre, soit c'est un four.

Si Ned Land a tort quant au destin de la fiction, du moins ses propos produisent-ils deux épisodes en forme de déni. Il s'agit, en premier lieu, de l'atterrissage sur l'île de Gueboroar, où les trois hôtes du capitaine Nemo voient leur pique-nique troublé par de vrais cannibales. Ils s'en retournent alors précipitamment au "*Nautilus*", que « *LA FOUDRE DU CAPITAINE NEMO* » (*20M*, I, XXII ; 242) protège de toute incursion des sauvages. Ils assistent, ébahis, aux contorsions des indigènes les plus téméraires, mais bientôt Ned Land, « *emporté par ses instincts violents* » (256), saisit à son tour la rampe de l'escalier, chargée d'électricité, et subit le sort des Papouas. L'amalgame est significatif : le "*Nautilus*" confond les cannibales et le digne harponneur, comme Nemo avait peu auparavant confondu tous les hommes entre eux, « *sauvages* » (243) ou pas. C'est Ned Land le cannibale, non l'équipage du sous-marin. D'ailleurs, en mettant le pied sur Gueboroar, le Canadien avouait « *comprendre les charmes de l'anthropophagie* » (XX ; 227) — la formule se voulait humoristique, elle n'en était pas moins révélatrice. En définitive, c'est sa propre *sauvagerie* que Ned Land révèle lorsqu'il soupçonne de cannibalisme le capitaine et son équipage. Le second épisode qui vient démentir le harponneur se déroule près de l'île de Santorin. Nemo conduit son navire dans un courant d'eau bouillante pour offrir au professeur le spectacle d'une éruption sous-marine. À bord, la température devient vite insupportable :

> J'étais en nage, j'étouffais, j'allais cuire. Oui, en vérité, je me sentais cuire !
>
> « On ne peut rester plus longtemps dans cette eau bouillante, dis-je au capitaine.
>
> — Non, ce ne serait pas prudent », répondit l'impassible Nemo.
>
> Un ordre fut donné. Le *Nautilus* vira de bord et s'éloigna de cette fournaise qu'il ne pouvait impunément braver. Un quart d'heure plus tard, nous respirions à la surface des flots. (*20M*, II, VI ; 378)

La réalité semble un instant se conformer à l'imagination cauchemardesque de Ned Land — la « FOUR*naise* » rappelle le « *four* » —, mais en virant de bord, Nemo contredit à son insu le harponneur : son "*Nautilus*" n'est pas un four, il n'est donc pas lui-même anthropophage. Ces épisodes développent la composante mythologique de la fiction ; les erreurs de Ned Land ne sont point paroles en l'air, mais matière à conter, à imaginer, matière à écrire.

En métamorphosant la machine en animal, le mythe de Jonas lui fait courir le risque d'entrer à son tour dans le cycle universel de la prédation et de finir sa carrière entre quelques monstrueuses mâchoires. Mais à cette baleine imaginaire, il faut des prédateurs imaginaires. C'est sous la banquise antarctique que le "*Nautilus*" est une première fois confronté au danger de dévoration. La prison de glace dans laquelle il se trouve enfermé est, en effet, décrite en termes alimentaires : « *Il me semblait que j'étais entre les formidables mâchoires d'un monstre qui se rapprochaient irrésistiblement.* » (*20M*, II, XVI ; 524). L'image poétique anime la glace et fait du submersible sa proie. Les seconds prédateurs que le "*Nautilus*" affronte, ce sont les poulpes. Ned Land est menacé de périr coupé en deux par le « *formidable bec* » (XVIII ; 563) d'un de ces calmars géants, et un membre de l'équipage meurt dans la lutte. Est-il dévoré ?... La langue vernienne a ses pudeurs et le sort du malheureux reste à jamais dissimulé derrière « *une colonne d'un liquide noirâtre* » (561), une tache d'« *encre noire* » (563) qui élude la description d'une scène horrible. Sur la même page, une double occurrence du syntagme « *les flancs du* Nautilus » vient confirmer que, dans ce combat, le sous-marin doit lui-même être considéré comme un animal.

Au fil de son voyage, de vrais cannibales en mâchoires de glace, et de mâchoires de glace en poulpes géants, le refuge que représente le submersible est de plus en plus menacé. Jonas, progressivement, défaille.

de Jonas à Jason

Pour comprendre dans toute sa complexité le sens de cette retraite maternelle, il convient d'articuler l'imaginaire oral à une intrigue optique : le "*Nautilus*" ne protège pas seulement ses hôtes contre les périls de l'océan, mais également contre une scène prohibée. Cette fonction est explicite dès le début du voyage, dans le contrat que Nemo impose au professeur et à ses compagnons :

« [...]

— [...] Il est possible que certains événements imprévus m'obligent à vous consigner dans vos cabines pour quelques heures ou quelques jours, suivant le cas. Désirant ne jamais employer la violence, j'attends de vous, dans ce cas, plus encore que dans tous les autres, une obéissance passive. En agissant ainsi, je couvre votre responsabilité, je vous dégage entièrement, car c'est à moi de vous mettre dans l'impossibilité de voir ce qui ne doit pas être vu. [...] » (*20M*, I, x ; 97)

Les termes utilisés par le capitaine disent clairement que cette prohibition répond à un impératif moral. La suite du roman nous apprendra qu'il pense ici à l'utilisation belliqueuse de son submersible ; mais, sous le sens propre de cette violence, se cache une autre image. Pour la découvrir, il faut se rappeler en quels termes était évoqué le regard des passagers de l'"*Abraham Lincoln*" :

[L'équipage] surveillait la mer avec une scrupuleuse attention. D'ailleurs, le commandant Farragut parlait d'une certaine somme de deux mille dollars, réservée à quiconque, mousse ou matelot, maître ou officier, signalerait l'animal. Je laisse à penser si les yeux s'exerçaient à bord de l'*Abraham Lincoln*.

Pour mon compte, je n'étais pas en reste avec les autres, et je ne laissais à personne ma part d'observations quotidiennes. La frégate aurait eu cent fois raison de s'appeler l'*Argus*. (*20M*, I, IV ; 28)

Verne évoque ici Argos Panoptès, « Celui qui voit tout », le Géant au cent yeux, chargé par Héra de surveiller la maîtresse de Zeus, Io. Argos était un gardien idéal, car il avait la faculté de ne dormir que de cinquante yeux à la fois. Dans la logique du mythe, les trois hôtes du "*Nautilus*" incarnent donc le regard d'Argus. L'« *indifférence* » (28) de Conseil et la « *tenace incrédulité* » (V ; 40) de Ned Land n'y changent rien ; du reste, le premier finit par subir « *tant soit peu l'influence générale* » (45) et le second est celui qui découvre finalement « *la chose en question* » (46).

Au-delà de cette parenté mythique, il existe entre Aronnax et Ned Land une nouvelle opposition significative. Le regard du savant, marqué par un enthousiasme qui ne saurait étonner, se dissimule la réalité qu'il cherche à voir :

Je regardais, je regardais à en user ma rétine, à en devenir aveugle, tandis que Conseil, toujours flegmatique, me répétait d'un ton calme :

« Si monsieur voulait avoir la bonté de moins écarquiller ses yeux, monsieur verrait bien davantage ! » (*20M*, I, V ; 38-40)

En revanche, le regard de Ned Land se révèle particulièrement efficace, plus capable que nul autre de voir le mal qu'il est chargé de combattre. Ce clivage, posé sous le signe d'Argus, définit le regard des deux hommes tout au long du voyage : l'un s'aveugle à contempler les merveilles que le "*Nautilus*" étale sous ses yeux, l'autre ne cesse de se considérer comme prisonnier du capitaine et cherche à le condamner moralement pour mieux persuader le professeur de la nécessité d'une évasion. Du début à la fin du voyage, il se tient à sa première opinion, selon laquelle le submersible est un « *nid de forbans* » (IX ; 87) dont il faut s'évader ou s'emparer.

Pour pouvoir s'unir à Io, Zeus demande à Hermès d'endormir Argus. Le messager des dieux y parvient grâce au son enchanté de sa flûte. De même, pour commettre ses délits, pour éviter que ses hôtes aperçoivent ce qu'ils ne doivent pas voir, le capitaine Nemo les plonge dans l'« *ÆGRI SOMNIA* »[8] (*20M*, I, XXIII ; 258). L'analogie des regards, confirmée par celle des sommeils, invite à rapprocher également les objets observés. Et l'on va découvrir, en effet, que l'océan, comme Io, est un être féminin. Il suffit, pour cela, d'écouter le capitaine Nemo reprendre à son compte et développer les théories de l'hydrographe Matthieu-Fontaine Maury[9], jusqu'à révéler au professeur que l'océan possède « *une circulation aussi réelle que la circulation sanguine chez les animaux* » (*20M*, I, XVIII ; 190). Les principaux éléments invoqués à l'appui de cette thèse sont les sels minéraux et les infusoires, animalcules microscopiques dont le capitaine explique la fonction en ces termes :

« [...] Ils absorbent les sels marins, ils s'assimilent les éléments solides de l'eau, et, véritables faiseurs de continents calcaires, ils fabriquent des coraux et des madrépores ! Et alors la goutte d'eau, privée de son aliment minéral, s'allège, remonte à la surface, y absorbe les sels abandonnés par l'évaporation, s'alourdit, redescend, et rapporte aux animalcules de nouveaux éléments à absorber. De là, un double courant ascendant et descendant, et toujours le mouvement, toujours la vie ! La vie, plus intense que sur les continents, plus exubérante, plus infinie, s'épanouissant dans toutes les parties de cet océan, élément de mort pour l'homme, a-t-on dit, élé-

8. L'expression est empruntée au vers 7 de l'*Art poétique* de Virgile (« *velut ægri somnia* »).

9. Matthieu-Fontaine Maury (1806–1873) est le véritable créateur de la météorologie nautique. Son ouvrage principal, *The Physical Geography of the Sea* (1855), a très vite connu un succès immense dans le monde entier. Jules Verne, en marin accompli, fut sans doute marqué par ce livre ; il le cite à nouveau, fort librement, à propos de la mer des Sargasses (*20M*, II, XI ; 442).

ment de vie pour des myriades d'animaux — et pour moi ! »

(*20M*, I, XVIII ; 191-2)

Ce véritable hymne à la mer emprunte beaucoup au vocabulaire de l'alimentation ; le moteur de tout ce mouvement est une série de rapports nutritionnels qui se nouent entre la goutte d'eau, les sels minéraux et les infusoires. Le verbe *absorber* est le pivot de cette structure. Son acception évolue selon que le mouvement est ascendant ou descendant : explicitement alimentaire dans le cas des infusoires, elle ne l'est, pour la goutte d'eau, que moyennant une image attestée par l'expression *aliment minéral*. La goutte d'eau est de la sorte animalisée, et avec elle tout l'océan. Les infusoires donnent son impulsion au mouvement vital de l'océan, ainsi qu'aux images alimentaire et animale à travers lesquelles Verne le peint. Ils métamorphosent la mer en animal — l'enjeu alimentaire justifie bien l'emphase du capitaine.

Les infusoires ne sont pas rares dans les « Voyages extraordinaires ». Créateurs des continents futurs, ils incarnent l'avenir de l'humanité[10]. Verne tenait à ces animalcules qui placent si bien l'océan sur le terrain poétique où s'élabore sa vision du monde, celui du repas. Plus loin, Aronnax les évoque à nouveau. Il attribue à « *la présence de myriades de bestioles infusoires, sortes de petits vers lumineux, d'un aspect gélatineux et incolore* » (*20M*, II, I ; 300) un spectacle fortement empreint de symbolisme maternel :

> Vers sept heures du soir, le *Nautilus* à demi immergé navigua au milieu d'une mer de lait. À perte de vue l'océan semblait être lactifié. Était-ce l'effet des rayons lunaires ? Non, car la lune, ayant deux jours à peine, était encore perdue au-dessous de l'horizon dans les rayons du soleil. Tout le ciel, quoique éclairé par le rayonnement sidéral, semblait noir par contraste avec la blancheur des eaux. (*20M*, II, I ; 298)

Verne entend ici se démarquer du cliché de l'eau matricielle ; pour ce faire, il évacue de son tableau la lumière de la lune, qui constitue un des éléments essentiels de ce lieu commun poétique[11]. L'image, ainsi individualisée, s'inscrit naturellement dans sa conception géophagique de l'espace. Néanmoins, il n'est pas

10. C'est ce qu'affirmera Cyrus Smith (*ÎM*, I, XXI ; 274–8).

11. Le rôle de la lune dans la mise en place du cliché poétique de l'eau lactée a été défini par Gaston BACHELARD, *L'Eau et les rêves. Essai sur l'imagination de la matière* (Paris, Corti, 1942), pp. 162–8.

question de goûter ce « *lait* » que l'on voit. Tout en rationalisant le phénomène, le professeur ne cherche nullement à contrarier son imaginaire par une épreuve orale ; il se laisse entièrement aller à ce qu'il sait être une illusion — les illusions d'optique, « *pays de prédilection* » (*CH*, I, XXIX ; 273), disait Clawbonny... La place de ce passage dans la fiction explique l'attitude d'Aronnax. On est au début de la seconde partie du voyage, peu après l'*ægri somnia*, et l'on vient juste de croiser, à l'ouvert du golfe du Bengale, « *les morts des villes indiennes, charriés par le Gange jusqu'à la haute mer* » (*20M*, II, I ; 298) et dévorés par les vautours et les requins. En glissant sur l'« *eau savonneuse* » (300) de l'océan lactifé, le "*Nautilus*" vient *laver* ces images négatives[12]. La « *mer de lait* » est un lieu de régénérescence : on la quitte « [*v*]*ers minuit* » et la lumière qu'elle produit, lorsqu'on la voit au loin, est comparée aux « *vagues lueurs d'une aurore boréale* » — c'est bien de renouveau qu'il s'agit là. Dans cette scène, le narrateur, et avec lui le sujet, convoquent l'image de la bonne mère pour réparer l'« *hallucination douloureuse* » (I, XXIII ; 269) de l'*ægri somnia*, la forte émotion ressentie devant le matelot blessé à mort (XXIV ; 275-6), la « *terrible obsession d'idées* » (281) engendrée par la visite au cimetière de corail et le « *spectacle sinistre* » (II, I ; 298) des cadavres flottants.

L'océan est donc bien une mère dont, à la charnière des deux parties du voyage, Aronnax entend repousser les images déceptives au bénéfice de l'euphorie nourricière. En face du regard d'Argus, Verne a bel et bien placé une femme métaphorique. Le mythe de Jonas faisait du submersible un ventre douillet, une retraite confortable, celui d'Argus identifie mer et mère. Cette cohérence reflète l'osmose qui unit le capitaine Nemo au milieu dans lequel il a choisi de vivre. Mais ce recoupement conduit également à voir dans le "*Nautilus*" une redoutable machine à manipuler le regard : par un subtil jeu d'ostentation et de dissimulation, ce navire et son capitaine contribuent à donner de la mère l'image la plus positive possible.

12. Cette image confirme l'analyse barthésienne du lait comme « *boisson cosmétique* [*qui*] *lie, recouvre, restaure* » (Roland BARTHES, *Mythologies* [Paris, Seuil, « Points », 1970], p.77). De même, Bachelard, à propos du tableau des mers polaires composé par Edgar Poe dans *Les Aventures d'Arthur Gordon Pym*, montre que le « *lait imaginaire* » y vainct l'hiver polaire en engourdissant « *l'âme et le corps* » de l'explorateur, ainsi transformé en rêveur. Voir G. BACHELARD, *L'Eau et les rêves* (cité n.11.), p.166.

Le mythe d'Argus invite naturellement à penser que ce qui est caché, c'est la sexualité. Une lecture psychanalytique en verrait aisément la preuve dans deux scènes clefs.

L'heure de la première révélation sonne, pour le professeur, au moment où un navire inconnu bombarde le "*Nautilus*". « *La fatalité vous montre ce que vous ne deviez pas voir* » (*20M*, II, XXI ; 596), déclare le capitaine Nemo, rappelant ainsi l'engagement moral qu'il avait exigé de ses hôtes au début du voyage. Dès lors, la fiction nous offre le spectacle de l'interdit. Or, la description de l'attaque évoque une agression sexuelle :

> Soudain, je poussai un cri. Un choc eut lieu, mais relativement léger. Je sentis la force pénétrante de l'éperon d'acier. J'entendis des éraillements, des raclements. Mais le *Nautilus*, emporté par sa puissance de propulsion, passait au travers de la masse du vaisseau comme l'aiguille du voilier à travers la toile ! (*20M*, II, XXI ; 601-2)

La double allusion à la pénétration et à la puissance suffirait à rendre ce texte ambigu ; mais la façon dont la scène est racontée et le cadre dans lequel elle se déroule permettent de préciser encore l'analyse. L'énonciation montre qu'Aronnax ressent personnellement, intimement, l'agression dont est victime la figure féminine du navire ainsi coulé. On peut voir dans cette sensation un effet de la brusque inversion des images, de la terrible remise en cause de ses illusions imaginaires. Mais il faut aussi l'interpréter comme une identification du narrateur, et derrière lui du sujet, au vaisseau éperonné. Cela, joint au fait qu'Aronnax se trouve alors dans sa « *chambre* » (602), conduit à établir une analogie entre ce passage et un récit de scène primitive. En effet, dans l'analyse d'un rêve de l'homme aux loups, Freud, qui affine alors le concept d'*Urszene*, relève une telle forme d'identification[13]. Il apparaît ainsi que l'engin dans lequel le savant ne voulait voir qu'une occasion d'explorer la mère, sans la troubler, dans une relation parfaitement osmotique, est en fait l'instrument de la violence sexuelle du père. Cela s'accorde, du reste, avec le

13. Dans l'analyse du rêve des loups, Freud explique l'angoisse du rêveur de la manière suivante : « *Il semblerait* [...] *qu'au cours de ce rêve il se fût identifié avec la mère châtrée et se fût débattu alors contre cette identification. "Si tu veux être sexuellement satisfait par le père", se serait-il dit à peu près, "il faut que tu admettes, comme ta mère, la castration. Mais je ne veux pas !" Bref, une évidente protestation de virilité !* » (S. FREUD, *Cinq psychanalyses* [Paris, P.U.F., « Bibl. de psychanalyse », 1975], pp.325–420 : « Extrait de l'histoire d'une névrose infantile (L'homme aux loups) », p.358).

caractère profondément paternel des instruments d'optique dans l'imaginaire vernien. En s'identifiant à la mère dans cette scène, Aronnax-Verne marque une nouvelle fois son identité Allotte et, en fuyant le "*Nautilus*", il souligne son refus de participer au forfait du père. Telle était la responsabilité morale que le capitaine cherchait à lui éviter par l'engagement initial.

Mais une fois cette première illusion tombée, une seconde s'effondre à son tour. Le deuxième temps de la révélation d'Argus tient dans la dernière image qu'Aronnax nous livre de l'univers marin ; il s'agit d'une inquiétante description du sexe de la femme : « *Quel fracas que celui de ces eaux brisées sur les roches aiguës du fond, là où les corps les plus durs se brisent, là où les troncs d'arbres s'usent et se font "une fourrure de poils", selon l'expression norvégienne !* » (*20M*, II, XXII ; 612). Le symbolisme coïtal est encore renforcé par les guillemets, qui soulignent la formule révélatrice tout en traduisant la réticence de l'auteur à peindre ce tableau[14]. La scène constitue une variation vernienne sur la figure du vagin denté, qui est l'une des représentations traditionnelles de la mère castratrice. Les « *roches aiguës du fond* » viennent en remplacement des dents que de nombreux mythes prêtent aux vagins des femmes. Rien d'étonnant à cela puisque ces dents symbolisent ordinairement « *les pénis du père vengeur et castrateur qui demeurent pour l'enfant dans le ventre de la mère* »[15], alors que l'élément minéral est l'insigne de Pierre Verne dans l'œuvre de son fils. L'émergence du vagin denté dans l'imaginaire vernien peut se justifier par un mécanisme identique à celui qui est en œuvre dans la composition du fantasme, et que Béatrice Marbeau-Cleirens analyse de la façon suivante :

> L'enfant a imputé à sa mère sa propre rapacité mordante, c'est pourquoi il l'imagine dévoratrice. Mais il déplace cette bouche dentée du haut vers le bas et comme il craignait d'être dévoré, il fantasme sa castration par la morsure du vagin de sa mère que ses pulsions désirent.[15]

14. La nouvelle d'Edgar Poe qui a inspiré ce dénouement à Verne, « Une Descente dans le Maelström », contient la même idée, mais son expression y est dénuée de résonances coïtales : « *De vastes troncs de pins et de sapins, engloutis par le courant, reparaissent brisés et déchirés, au point qu'on dirait qu'il leur a poussé des poils. Cela démontre clairement que le fond est fait de roches pointues sur lesquelles ils ont été roulés çà et là.* » (Edgar POE, *Œuvres en prose* [Paris, Gallimard, « Bibl. de la Pléiade », 1951], p. 185).

15. Voir Béatrice MARBEAU-CLEIRENS, *Les Mères imaginées. Horreur et vénération* (Paris, Les Belles Lettres, « Confluents psychanalytiques », 1988), p. 123.

L'inconscient glisse insensiblement de la mère au père, puis au sujet lui-même. Le regard d'Argus révèle l'envers de la géophagie, qui visait à reproduire et perpétuer le plaisir de la têtée. Il révèle la nature profonde du piège que, de fauves en cannibales, les îles à Robinsons tendaient à leurs hôtes.

Par-delà leurs différences de surface, les deux scènes du harponnage et de la fuite dans le maelström sont construites sur un même schéma : elles confondent ventre maternel et phallus paternel. La première métamorphose l'appréhension imaginaire du "*Nautilus*", la seconde celle de l'océan. Ainsi, ne reste-t-il plus aucune réalité qui puisse entretenir l'image univoque de la bonne mère. *Vingt mille lieues sous les mers* constitue une exploration de la figure maternelle. Après l'avoir crue nourricière, Aronnax la découvre violentée puis castratrice. Le savant prend ainsi conscience de ce que sa propre volonté de fusion avec sa mère — par identification dans le spectacle de la scène primitive, par régression, retour au ventre primitif, dans le tableau du maelström[16] — l'expose à la violence paternelle. L'aventure d'Aronnax, narrée à la première personne, recoupe, à l'évidence, les préoccupations inconscientes de l'auteur[17]. Le regard d'Argus révèle le danger que fait courir au narrateur et au sujet la face cachée de cette retraite maternelle qu'avait construite le mythe de Jonas. Au sein de celui-ci, la lecture positive ou euphorique, celle d'Aronnax, était pertinente, et la lecture négative ou déceptive, celle de Ned Land, démentie. La révélation d'Argus inverse cette polarité en montrant la face cachée, sexuelle, de la maternité. La soudaine prise de conscience de la validité psychomythique d'une conception négative de la mère balaie toutes les illusions entretenues par sa nature nourricière.

Cette inversion est le but inavoué du voyage, et elle tient, *ès qualités*, dans une anagramme : Jonas, le mythe d'origine, est

16. L'objectif de fusion est attesté par le fait que chacun de ces deux procédés évoque la castration, le premier par dévirilisation du narrateur, le second à l'état de menace ; en effet, la « *castration* [*est*] *nécessaire pour que les fils puissent vivre une fusion prénatale et orale avec l'imago maternelle* » (MARBEAU-CLEIRENS [cité n. 15], p. 125), elle constitue une sorte de prolégomène à cette fusion.

17. Le cadre sous-marin de ce roman favorisait naturellement une telle autoexploration de l'inconscient car, ainsi que le constate Jung par exemple, « *la mer, ou toute étendue d'eau assez vaste, désigne l'*inconscient » dans les productions de celui-ci (Carl-Gustav JUNG, *Métamorphose de l'âme et ses symboles. Analyse des prodromes d'une schizophrénie* [Genève, Librairie de l'Université et Georg & Cie S.A., 1973], p. 366).

inversé en Jason, mythe du voyage et de la quête, par l'intermédiaire d'Argus — et sous ce nom je ne désigne plus seulement ici Argos Panoptès, mais aussi le Thespien qui, avec l'aide d'Athéna, construisit le navire de Jason, l'"*Argo*". Ingénieur comme Nemo, cet Argus, que les Grecs nommaient Argos, a donné son nom aux Argonautes, qui l'ont à leur tour légué à un mollusque céphalopode abusivement appelé *nautile*[18]. Verne, qui ne fait aucune référence explicite à Jason, exploite cette impropriété lexicale :

« L'argonaute est libre de quitter sa coquille, dis-je à Conseil, mais il ne la quitte jamais.
— Ainsi fait le capitaine Nemo, répondit judicieusement Conseil. C'est pourquoi il eût mieux fait d'appeler son navire l'*Argonaute.* »
(*20M*, II, I ; 296)

L'inadéquation des noms est la même pour la machine dans le roman, que pour les mollusques dans le dictionnaire. Ce qui m'intéresse au premier chef dans cette réplique, c'est que Conseil met ainsi le doigt sur un point de stratégie narrative ; en baptisant son navire "*Nautilus*" au lieu d'"*Argonaute*", le capitaine contribue à dissimuler l'objet du roman, à savoir la quête d'une *toison d'or* d'un genre particulier : la « *"fourrure de poils"* » (XXII ; 612) — qu'on me permette cette expression, puisqu'elle est vernienne —, le sexe, de cette « *rousse* DORÉE »[19] que Pierre Verne rencontra sur la promenade des Grands-Armateurs, à Nantes, au cours de l'automne 1826 et qui s'appelait Sophie Allotte de la Fuÿe.

En inversant Jonas en Jason, Argus sert de moteur à la fiction, qui apparaît bien, de ce fait, animée par le désir de révéler les profondeurs de la figure maternelle : le récit darde *"Vingt mille yeux sous les mères"*. Et il constate ainsi, d'une part, que la mère masque sous son apparence de nourrice le fait qu'elle est un vecteur de la violence du père et, d'autre part, que toute tentative de relation fusionnelle avec elle menace sa progéniture de destruction. Le "*Nautilus*" était aussi un refuge contre ces vérités.

18. Voir l'article NAUTILE dans le dictionnaire d'Émile Littré : « Nautile papyracé, nom donné abusivement à l'argonaute, dont la coquille est monothalame, c'est-à-dire à une seule loge, tandis que celle des nautiles est polythalame, c'est-à-dire divisée en plusieurs cellules. »

19. Voir le portrait de Sophie Allotte de la Fuÿe dans ALLOTTE DE LA FUŸE, *Jules Verne, sa vie, son œuvre*, p. 8.

Vingt mille lieues sous les mers n'est pas seulement l'un des romans les plus connus et les mieux réussis de Verne, c'est aussi une extraordinaire introspection par laquelle l'auteur se met en garde contre son désir de fusion avec la figure de sa mère. Ce n'est pas un hasard si l'inversion de Jonas en Jason s'opère derrière le J, initiale de Jules : la révélation d'Argus invite le sujet à se replier sur lui-même pour acquérir son autonomie par rapport au couple parental de Pierre et de Sophie. La création littéraire — la rédaction de voyages, la transformation de Jonas en Jason — dresse un rempart de lucidité derrière lequel le sujet peut prospérer, à l'abri des risques de castration que lui fait courir son désir de fusion avec sa mère. Le romancier fait ainsi le point sur l'assise périlleuse de ses pulsions géophagiques et découvre la nécessité de discipliner tant son rapport à l'euphorie alimentaire que ses désirs proprement sexuels.

C'est ce travail de l'auteur sur ses pulsions orales que je vais désormais étudier, en commençant par m'intéresser à la manière dont il discipline ses fantasmes alimentaires en superposant une exploitation poétique de la nourriture à son exploration géographique du globe.

CHAPITRE 10

NOURRITURES DE POÈTE

cuisine exotique

L'alimentation occupe une place importante dans les « Voyages extraordinaires » ; il n'est pas de pays visité dont on n'apprenne les traditions culinaires. Repas et menus participent à la couleur locale[1] et s'intègrent dans le projet didactique par leur dimension ethnologique ; ils sont aussi le lieu d'un travail de la langue particulièrement révélateur. L'exotisme gastronomique de Verne consiste en une dialectique de l'information et de la poésie. Mais l'un de ces éléments est généralement privilégié aux dépens de l'autre ; on obtient alors, suivant le cas, la description détaillée d'un plat, voire sa recette, ou bien un véritable poème gourmand.

Les menus exotiques sont souvent livrés comme de véritables documentaires. Verne se plaît à mettre sous nos yeux les plats et les coutumes gastronomiques qui caractérisent un pays, une région, une ville. Ainsi, dans *Kéraban-le-têtu*, choisit-il de nous présenter la cuisine turque à l'occasion d'un soir de Ramadan :

> Les cafés regorgèrent bientôt de consommateurs, assoiffés et affamés. Rôtisseries de toute espèce, « yaourth », de lait caillé, « kaimak », sorte de crème bouillie, « kebab », tranches de mouton coupées en petits morceaux, galettes de « baklava » sortant du four, boulettes de riz enveloppées de feuilles de vigne, râpes de maïs bouilli, barils d'olives noires, caques de caviar, pilaws de poulet, crêpes au miel, sirops, sorbets, glaces, café, tout ce qui se mange, tout ce qui se boit en Orient, apparut sur les tables des devantures, pendant que de petites lampes, accrochées à une spirale de cuivre, montaient et descendaient sous le coup de pouce des cawadjis, qui les mettaient en branle. (*K*, I, IV ; 52)

1. Voir Philippe DUMONCEAUX, « Cuisine et dépaysement dans l'œuvre de Jules Verne », *Europe*, n°s 595-596, pp. 127–37.

Ce tableau coloré des spécialités d'Istambul se dessine sur un horizon religieux qui en souligne la double valeur documentaire et exotique. Non content de nous surprendre par son seul énoncé, le régime alimentaire des Turcs musulmans est intégré à une civilisation, à un rite qui en double l'étrangeté naturelle. L'exotisme de ce passage s'organise autour de deux pôles, l'un phonétique, qui exploite l'étrangeté des sonorités ottomanes, l'autre définitoire, qui cherche à nous étonner par l'esquisse de recettes inconnues. Il investit ainsi la totalité du signe linguistique, tirant un parti poétique des signifiants mis en valeur entre guillemets, autant que de signifiés dont l'explicitation perd son aridité au contact du mystère. C'est pourquoi le texte peut finalement s'en tenir à une énumération de mets, sans plus citer leurs noms turcs. Le Ramadan n'est pas la seule des traditions culinaires musulmanes sur laquelle *Kéraban-le-têtu* nous informe. Le roman est parsemé d'un grand nombre de plaisanteries sur la viande de porc, « *cet excellent mais immonde animal* » (XIII ; 172). Le serviteur de Kéraban, Nizib, est régulièrement brocardé pour son observance en la matière ; un chapitre entier est même consacré à une farce que lui joue le valet de Van Mitten, Bruno : alors que Nizib est affamé, Bruno mange devant lui tout un plat de mouton, sous prétexte de s'assurer qu'il ne s'agit pas de porc. Jules Verne adopte à cet égard le ton de la satire et fait en sorte de s'assurer la complicité de son public, comme l'atteste le titre même du chapitre : « *DANS LEQUEL BRUNO JOUE À SON CAMARADE NIZIB UN TOUR QUE LE LECTEUR VOUDRA BIEN LUI PARDONNER* » (II, III ; 283). L'auteur renonce ici à l'objectivité didactique et s'érige en critique moqueur du rite islamique.

Le repas peut aussi nous instruire sur la faune et la flore d'un pays. Tel est le cas de celui que le gouverneur de Libreville sert à la Commission débarquée pour un *« Voyage d'études » (*VÉ*, I ; $_6$211) en terre congolaise :

Les principaux produits du pays congolais composaient le menu : en fait de gibier, oies du Zambèze au vin et au raisin sec, des grèbes blancs à huppe jaunâtre, un oiseau aquatique, le « moganga », renommé pour sa chair exquise, côtelettes d'antilope ; en fait de poisson, des silures et des carpes d'espèce particulière ; en fait de légume, pois, laitues, pourpiers, ignames, aubergines, « mioumbou », sortes de patates, choux, tomates, betteraves rouges ; en fait de fruits : bananes, « sokolobwés », drupes de la grosseur d'une baie de café, en pleine maturité à cette époque, « sakombis », figues minuscules, le plus savoureux des fruits sauvages, oranges d'un jaune d'or, « ki-koundas » au goût de raisin, « mampotas », prunes de très agréable saveur ; enfin pour boisson, la bière, les vins du Cap, des Canaries et les vins de France. Il va sans dire que les fleurs les plus belles, les plus fraîches, garnissaient la table, toutes les fleurs de la brousse ; haemantus, strophantus, dristarias, rhizomes, ficus, erythrinas, bleuets verts, gloriosas, proteas, « mioumbom », tous les produits d'une flore aussi puissante que variée sous les rayons du soleil africain. (*VÉ*, I ; $_6$221)

La gastronomie vole au secours de la didactique ; elle offre au narrateur un critère taxinomique original, fort duquel il s'engage dans une tentative d'épuisement de la réalité congolaise, particulièrement sensible dans le recours à l'énumération.

Verne donne volontiers, de manière plus ou moins sommaire, des recettes qu'il emprunte aux récits des grands voyageurs. Tantôt, il faut se contenter d'indications très vagues, portant essentiellement sur la nature du plat cuisiné, telles que : « [...] *un bouillon de queue de kanguroo, préparé à la mode indigène, fut le grand succès du repas.* » (*CG*, II, XVII ; 535). Tantôt, les indications sont plus précises, dignes même d'un manuel culinaire ; ainsi apprend-on, dans *Mistress Branican*, comment préparer le boa à la mode australienne :

Un trou ayant été creusé dans le sable, un indigène y place des pierres préalablement chauffées au milieu d'un brasier, et sur lesquelles sont étendues des feuilles odorantes. Le serpent, dont la tête et la queue ont été coupées, est exposé au fond du trou et recouvert du même feuillage, qui est maintenu par des pierres chaudes. Le tout reçoit une couche de terre piétinée, assez épaisse pour que la vapeur de la cuisson ne puisse s'échapper au dehors. (*B*, II, IX ; 383)

Pareilles recettes ont l'apparence du pragmatisme et elles séduisent le lecteur en lui laissant croire qu'il pourrait, à l'occasion, les mettre en pratique. Il faut toutefois y prendre garde. Qui s'aviserait, par exemple, de prendre modèle sur Ned Land pour cuisiner les fruits de l'arbre à pain connaîtrait une surprise tout à fait déplaisante. En effet, pour réussir sa préparation, le harponneur utilise des fruits bien mûrs, « *jaunâtres et gélatineux* » (*20M*, I, XXI ; 228), qu'Aronnax et Conseil choisissent avec soin ; or, en réalité, les produits de l'artocarpus ne sont comestibles qu'avant d'arriver à maturité. Par la suite, « *ils ont une saveur douceâtre, se corrompent facilement, sont laxatifs et indigestes* »[2]. Verne commet

2. Voir l'article ARBRE À PAIN dans Prosper MONTAGNÉ, *Larousse gastronomique* (Paris, Larousse, 1938).

cette erreur parce qu'il se prête une fausse compétence et réagit, devant une documentation incomplète, non point en romancier pédagogue mais en Français gourmand.

Sous la plume des voyageurs, il a trouvé des menus entiers. Ainsi, dans *Claudius Bombarnac*, après avoir servi aux convives du dining-car « *Pour boisson, du thé, du vin de Crimée, de la bière de Kazan ; pour viande, des côtelettes de mouton et d'excellentes conserves ; pour dessert, un melon savoureux, des poires et des raisins de premier choix* » (*CB*, IX ; 198), il rend hommage à ses sources en une note ainsi libellée : « *M. l'ingénieur Boulangier n'oubliera pas qu'il a fait l'éloge d'un repas identique dans le récit de son voyage.* ». Ce procédé est éminemment réaliste, mais il est extrêmement rare. Le plus souvent, Verne passe sous silence ses sources culinaires, alors qu'il cite sans complexe géographes et savants, chaque fois qu'il les pille. Ainsi, fait-il des choses de la bouche un domaine personnel.

Pour accréditer l'idée de son autorité en matière de voyage gourmand, il adopte parfois un ton de guide touristique : lorsqu'au cours des errances de Kin-Fo il prend soin de nous présenter tout ce que le jeune homme ne regarde point, il mentionne, parmi les attraits de Tien-Tsin, le « *restaurant de "l'Harmonie et de l'Amitié", tenu par le musulman Léou-Lao-Ki, dont les vins sont renommés, quoi qu'en puisse penser Mahomet* » (*TCC*, XII ; 165). C'est donner au lecteur une bonne adresse, inutile à la fiction mais susceptible de prêter au roman des vertus de *vademecum*.

Dans *Mathias Sandorf*, Verne va jusqu'à nous faire profiter de sa propre expérience de voyageur. Lorsque le docteur Antékirrt et Pierre Bathory s'arrêtent à Nicolosi, ils suivent ses traces, et c'est l'occasion d'une critique acerbe de la restauration italienne qu'il a pu apprécier, en 1884, lors de la dernière croisière du *Saint-Michel III* :

> Et ce fut assez pour expédier un repas sommaire dans une des deux auberges du bourg, qui relèvent un peu la réputation culinaire des locandes de la Sicile. Ceci soit dit à l'honneur des trois mille habitants de Nicolosi, y compris les mendiants qui y pullulent. Un morceau de chevreau, des fruits, raisins, oranges et grenade, du vin de San Placido, récolté aux environs de Catane, il y a bien des villes plus importantes de l'Italie, dans lesquelles un hôtelier serait fort gêné d'en offrir autant. (*MS*, III, VII ; 127)

La fiction cède ici le pas au réel et le romancier à la personne de Verne ; c'est lui-même, en tant que narrateur omniscient, qui prend la parole. D'une manière générale, il aime à engager sa personne en matière d'alimentation. C'est par excellence un terrain textuel où, taisant ses sources, il fait plus entendre sa voix que celles, multiples, auxquelles il emprunte, sans dissimulation, le savoir scientifique[3].

Cet engagement se traduit dans l'écriture par la composition de véritables poèmes gourmands qui manifestent sa jubilation culinaire :

> Au début et comme d'entrée de jeu, figuraient des gâteaux sucrés, du caviar, des sauterelles frites, des fruits secs et des huîtres de Ning-Po. Puis se succédèrent, à courts intervalles, des œufs pochés de cane, de pigeon et de vanneau, des nids d'hirondelle aux œufs brouillés, des fricassées de « ging-seng », des ouïes d'esturgeon en compote, des nerfs de baleine sauce au sucre, des têtards d'eau douce, des jaunes de crabe en ragoût, des gésiers de moineau et des yeux de mouton piqués d'une pointe d'ail, des ravioles au lait de noyau d'abricots, des matelotes d'holothuries, des pousses de bambou au jus, des salades sucrées de jeunes radicelles, etc. Ananas de Singapore, pralines d'arachides, amandes salées, mangues savoureuses, fruits du « long-yen » à chair blanche, et du « lit-chi » à pulpe pâle, châtaignes d'eau, oranges de Canton confites, formaient le dernier service d'un repas qui durait depuis trois heures, repas largement arrosé de bière, de champagne, de vin de Chao-Chigne, et dont l'inévitable riz, poussé entre les lèvres des convives à l'aide de petits bâtonnets, allait couronner au dessert la savante ordonnance. (*TCC*, I ; 8)

Offert au lecteur comme une kyrielle de saveurs alléchantes, ce « *menu exotique* » (14) traduit par son ampleur la démesure du repas de Kin-Fo. Cet extrait constitue le point d'orgue d'un morceau commencé par « *une racine de nénuphar au sucre* » (1) et « *le piquant d'un délicat aileron de requin* » (2), placés en contrepoint d'une conversation philosophique de la plus universelle platitude. « *OÙ LA PERSONNALITÉ ET LA NATIONALITÉ DES PERSONNAGES SE DÉGAGENT PEU À PEU* » (1), annonçait le titre du premier chapitre des *Tribulations d'un Chinois en Chine* : la gastronomie remplit la deuxième partie de ce programme. C'est par la table que Jules Verne choisit de nous introduire dans le Céleste Empire. L'art culinaire préside ici à l'exotisme. Le texte révèle une organisation poétique au plan phonétique,

3. Daniel Compère a fort bien montré l'importante place qu'occupent dans la constitution du didactisme et du réalisme verniens les citations, références et transcriptions. Voir COMPÈRE, *Jules Verne écrivain*, pp.57–78.

d'abord. Par-delà le disparate apparent de leur succession, les plats s'enchaînent quelquefois par la reprise de certains phonèmes comme la fricative qui unit les « *sauterelles frites* » aux « *fruits secs* », ou le son [yi] qui relie ceux-ci aux « *huîtres de Ning-Po* ». Le phénomène de reprise peut affecter une unité signifiante, tels les « *œufs* » tantôt pochés, tantôt brouillés, au début de la deuxième phrase. Certains plats sont construits autour d'une ou plusieurs homophonies, telles ces « *oranges de Canton confites* » dans lesquelles les [ɑ̃], les [ɔ̃], les [k] et les [t] se répondent. Enfin, la valeur évocatrice des mots empruntés au chinois est encore appuyée par les guillemets qui soulignent leur fascinante étrangeté. Le vocabulaire, de même, organise avec subtilité notre évasion dans l'Empire Chinois. En premier lieu, les déterminatifs toponymiques (« *Ning-Po* », « *Singapore* », « *Chao-Chigne* ») parent de toutes les couleurs de nos rêveries géographiques des mots et des réalités ordinaires (« *huîtres* », « *ananas* », « *vin* »). Dans le nom des plats, ensuite, Verne semble soucieux de mêler l'insolite au connu : ainsi les recettes — « *fricassée* », « *compote* », « *ragoût* » — tempèrent-elles un peu l'exotisme du « *ging-seng* », des « *jaunes de crabe* » ou des « *holothuries* » ; ces rapprochements, sous lesquels pointe le sourire de l'auteur, fournissent à notre imagination les bases concrètes sans lesquelles, trop déroutée, elle ne pourrait tout à fait s'évader. La « *pointe d'ail* » est là aussi — trait d'humour qui nous suggère quelque raffinement du terroir, dans le goût français. La promiscuité des esturgeons, de la baleine et des têtards est également plaisante. Verne s'amuse ici tout en écrivant un véritable poème gastronomique en prose. Et je suis bien tenté d'entendre un dernier ris dans le « *riz* » final.

Le recours à l'écriture poétique est ici sensible aux deux niveaux phonique et sémantique. La recherche de l'esthétique linguistique reflète une implication profonde de l'auteur, un investissement émotionnel. Ce travail sur la langue est l'écho d'un travail du sujet sur ses pulsions orales, qui se prolonge dans la composition verbale d'une cuisine chimérique.

Parfois, en effet, Verne quitte le terrain de l'exotisme pour s'épancher dans la conception de menus qui laissent libre cours à son imagination, tout en conservant les apparences de la raison culinaire. Goûtons à l'une de ces chimères dans la salle à manger du "*Nautilus*" ; le capitaine Nemo vient d'inviter à sa table, pour la première fois, le professeur Aronnax ; il répond à l'étonnement de celui-ci devant ce qu'il pense être de la viande :

> « [...]
> — Ce que vous croyez être de la viande, monsieur le professeur, n'est autre chose que du filet de tortue de mer. Voici également quelques foies de dauphin que vous prendriez pour un ragoût de porc. [...] Goûtez à tous ces mets. Voici une conserve d'holothuries qu'un Malais déclarerait sans rivale au monde, voilà une crème dont le lait a été fourni par la mamelle des cétacés, et le sucre par les grands fucus de la mer du Nord, et enfin, permettez-moi de vous offrir des confitures d'anémones qui valent celles des fruits les plus savoureux. » (*20M*, I, x ; 103)

Étrange menu dont il convient d'analyser une à une les composantes. Le «*filet de tortue de mer*», d'abord. Cet animal a acquis ses lettres de noblesse grâce à la très aristocratique *turtle soup* des Anglais. Il était, bien entendu, impossible que ce plat d'oppresseurs figurât à la table de Nemo, mais Verne tire parti de l'idée de raffinement attachée à la chair de ce reptile pour faire saliver ses lecteurs. Et s'il en sert des «*filets*», alors que les morceaux de choix en sont les nageoires, c'est que ce terme — utilisé pour les poissons comme pour la viande — présente le double intérêt de cautionner lexicalement la confusion du professeur et de recéler, comme son déterminant, une idée de faste gastronomique. La chair de dauphin, particulièrement coriace, a mauvaise réputation ; Verne choisit de faire cuisiner le foie de ce cétacé pour pallier cet inconvénient et profiter de la renommée des foies de lotte et de raie. On voit que je parle à bon droit de chimères : l'imagination gastronomique allie étroitement fantaisie dénotative et raison connotative. Poursuivons ! Les laiteries où Nemo s'approvisionne en crème ne sont pas moins originales que ses raffineries de sucre ; le capitaine se campe ici en fermier de l'Océan — en Poséidon paysan ! Dans sa *Cuisinière provençale*, Reboul nous apprend comment accommoder les actinies, ou anémones de mer, en friture ou en omelette. Si Verne choisit d'en faire des « *confitures* », c'est parce que le terme *anémones* évoque aussi une fleur. Il étaye ainsi sa conception insolite d'une confiture animale sur l'excellente réputation de la confiture de rose, qu'il avait eu sans aucun doute l'occasion de déguster dans sa famille, à Provins. Toutefois, cette fantaisie culinaire, n'est pas sans modèle, puisqu'il existe une confiture de bar. J'en terminerai par la « *conserve d'holothuries* » car ce plat, sur la réalité duquel Nemo insiste, est le seul de tout le menu à n'être qu'exotique. Les holothuries, ou trépangs des mers de Chine, constituent un mets savoureux et délicat ; on raconte même qu'elles seraient aphrodisiaques... Cette touche réaliste, soigneusement mise en valeur par l'allusion aux Malais, contamine l'imaginaire, lui donne force de réel — et c'est sans doute pourquoi elle est placée au centre de ce curieux festin.

On peut sur quelques points rapprocher ce menu de celui de Kin-Fo, tous deux notamment inaugurent un univers. Verne utilise certaines techniques de l'exotisme poétique pour rendre crédibles ses fantasmes culinaires : la combinaison de l'inconnu au connu cède le pas au dosage subtil de morceaux réputés et de chairs fantaisistes. Le repas est miroir, à sa manière, du cosmos qui l'élabore ; il en reflète la profondeur imaginaire, la visée poétique.

La trajectoire du repas, de la cuisine exotique à la cuisine chimérique, trouve son aboutissement dans la composition d'extravagances alimentaires qui situent le texte à l'orée du Surréalisme. Ainsi, parmi la gigantesque foire de Nijni-Novgorod, nous trouvons des « *maisons* [...] *construites en matériaux de haute fantaisie, les unes avec du thé en briques, d'autres avec des moellons de viande salée* » (*MSt*, I, V ; 72). L'image architecturale développée dans cette phrase procède sans doute d'une rêverie sur cette description des thés que donnait Duchesne de Bellecour dans un article intitulé « La Chine et le Japon à l'Exposition Universelle » :

Certaines variétés de thé, le thé jaune, le thé en fleurs, sont peu connues en Europe. Il en est même une espèce dont ne se servent que les populations semi-barbares qui vivent dans la Mongolie et dans les steppes sibériennes jusqu'au Volga : ce sont les thés en briques, feuilles de qualité tout à fait inférieure et déchets qui sont ensuite pressés en forme de briques. Ils ne coûtent pour ainsi dire rien en Chine ; mais à la foire annuelle de Nijni-Novgorod, où on les transporte à dos de chameaux et de mulets et où ils font l'objet d'un commerce actif, ils se vendent au prix de 6 francs le kilogramme.[4]

Certes, Verne identifie aussitôt ses « *matériaux de haute fantaisie* » (*MSt* I, v, 72) comme « *les échantillons des marchandises que leurs propriétaires* [...] *débitaient* aux *acheteurs* » ; néanmoins, derrière la confrontation de cette explication abrupte et d'une vision fantastique qui rappelle la féerie de *Hänsel et Gretel*, il faut reconnaître la méthode Verne. L'auteur des « Voyages extraordinaires » révèle les éléments fantasmatiques ou oniriques que recèle la réalité ; et l'imagination architecturale qu'il déploie n'est que plus fascinante d'être réelle. Ces lignes de fantaisie poétique mêlent l'humeur touristique à des rêveries d'insatiable glouton. Celles-ci se donnent libre cours dans les « Aventures de la famille Raton » :

> Comme toutes les villes, Ratopolis a des rues, des places, des boulevards ; mais ces boulevards, ces places, ces rues, sont bordés de fromages magnifiques, en guise de maisons, des gruyères, des croûte-rouges, des mareuils, des chesters, de vingt espèces. Ils sont creusés à l'intérieur en étages, appartements, chambres. C'est là que vit, en république, une nombreuse population de rats, sage, modeste et prévoyante. (*FR*, VI ; $_3$18-9)

Parmi les excentricités, on peut aussi compter tous les repas avalés en des lieux insolites : les conserves et le thé que préparent, en scaphandre Boyton, à la surface de la mer de Chine, Fry-Craig et Kin-Fo (*TCC*, XX ; 282–8) ; le repas de Kinko dans sa caisse, sous l'œil indiscret de Claudius Bombarnac (*CB*, VII ; $_1$82) ; l'omelette cuisinée par Blondin au-dessus du Niagara, sur la corde périlleuse qui l'a rendu célèbre (*VF*, XXXVIII ; $_1$164). L'extravagance du lieu rend extraordinaire le mets le plus banal, si bien que les fantastiques moyens de transport qui véhiculent les héros verniens nous apparaissent comme autant de machines à *poétiser* les repas.

La science participe volontiers aux fantaisies gourmandes de l'auteur. L'expérience du docteur Ox, par exemple, métamorphose la paisible cité de Quiquendone en un pays de Cocagne. La saturation du bon air flamand en oxygène produit dans les jardins un phénomène extraordinaire :

4. Voir P. DUCHESNE DE BELLECOUR, « La Chine et le Japon à l'Exposition Universelle », *La Revue des deux mondes*, 1er août 1867, p. 734.

Les asperges atteignaient deux pieds de hauteur ; les artichauts devenaient gros comme des melons, les melons gros comme des citrouilles, les citrouilles grosses comme des potirons, les potirons gros comme la cloche du beffroi, qui mesurait, ma foi, neuf pieds de diamètre. Les choux étaient des buissons et les champignons des parapluies.

Les fruits ne tardèrent pas à suivre l'exemple des légumes. Il fallut se mettre à deux pour manger une fraise et à quatre pour manger une poire. (*FDO*, X ; 72)

Ces légumes et ces fruits monstrueux sont les produits de la voracité pathologique dont Verne commençait alors à souffrir, de cet appétit démesuré qui effarait son entourage et l'amusait tout à la fois[5]. Pareils excès ne témoignent pas d'une santé florissante : ces plantes meurent vite, brûlées par l'air qui les nourrit. Le pays de Cocagne est un pays malade, comme son auteur, qui ne tarde pas, du reste, à faire les Quiquendoniens à son image : « *La consommation de la ville fut triplée. Au lieu de deux repas on en faisait six. On signala de nombreuses indigestions.* » (75). Cette histoire est la sienne, celle de la boulimie[6] qui ruinera son appareil digestif. Il se projette sur ses personnages jusqu'à leur infliger ses éternelles *gastralgies*. Jules Verne semble bien avoir écrit cette farce pour exorciser ses fantasmes de boulimique par l'ostentation et le rêve.

Les réalisations de la société industrielle offrent aussi à l'imagination vernienne un terrain propice à la rêverie alimentaire. Ainsi de la peinture du progrès dans les « Souvenirs d'enfance et de jeunesse » :

Et j'assiste maintenant à ces étonnantes découvertes, à la tête desquelles marche l'Amérique, avec ses hôtels mouvants, ses machines à tartines, ses trottoirs mobiles, ses journaux en pâte « feuilletée », imprimés à l'encre de chocolat, qu'on lit d'abord et qu'on mange ensuite ! (*SEJ*, III ; $_3$5)

Verne rêve ici d'un monde où la machine, loin d'asservir l'homme, satisferait les caprices de son oralité. Mais le tableau est trompeur. En effet, le progrès historique est ici vécu sur le mode de la régression du moi : il n'est question dans ces lignes que de sommeil, de phorie et de nourriture facile, trois éléments qui recomposent la vie intra-utérine. Ce schéma régressif se

5. Sur ce point, voir le témoignage de Jean JULES-VERNE, *Jules Verne*, p. 17.

6. Sur la boulimie de Verne, voir le témoignage de Jean JULES-VERNE, « Souvenirs de mon grand-père », pp. 112–6 in *Jules Verne*. On peut également consulter DUMAS, *Jules Verne*, pp. 47–54.

trouve confirmé, dans *L'École des Robinsons*, par une étrange réflexion sur la possibilité de « *vivre de l'air du temps* » (*ÉR*, XII ; 129) :

« [...]

— [...] la digestion et la respiration sont des fonctions connexes, dont l'une pourrait peut-être se substituer à l'autre. Donc, le jour où la chimie aura fait que les aliments nécessaires à la nourriture de l'homme puissent s'assimiler par la respiration, le problème sera résolu. Il ne s'agit pour cela que de rendre l'air nutritif. On respirera son dîner au lieu de le manger, voilà tout !

— Ah ! qu'il est fâcheux que cette précieuse découverte n'ait pas encore été faite ! s'écria le professeur. Comme je respirerais volontiers une demi-douzaine de sandwiches et un quart de corn-beef, rien que pour me mettre en appétit ! » (*ÉR*, XII ; 129)

L'annexion de la respiration à la digestion explicite le fantasme d'existence embryonnaire. Tel est est l'avenir selon Verne — c'est à croire qu'il conçoit le progrès comme une lutte contre la maturation individuelle.

L'idée d'une presse comestible, formulée vers 1890 dans les « Souvenirs d'enfance et de jeunesse », est reprise et développée, quatre ans plus tard, dans *L'Île à hélice*, alors que Calistus Munbar évoque les « *feuilles cercleuses, soiristes et boulevardières* » (*ÎH*, I, VII ; $_{1}$82) vendues à Milliard-City :

Elles n'ont d'autre but que de distraire un instant, en s'adressant à l'esprit... et même à l'estomac. Oui ! quelques-unes sont imprimées sur pâte comestible à l'encre de chocolat. Lorsqu'on les a lues, on les mange au premier déjeuner. Les unes sont astringentes, les autres légèrement purgatives, et le corps s'en accommode fort bien. Le quatuor trouve cette invention aussi agréable que pratique.

— Voilà des lectures d'une digestion facile ! observe judicieusement Yvernès.

— Et d'une littérature nourrissante ! répond Pinchinat. (*ÎH*, I, VII ; $_{1}$83)

Les commentaires des musiciens — et le patronyme d'Yvernès dit bien qu'il est porte-parole de l'auteur — exploitent la dimension littéraire du fantasme. Il s'agit de dénoncer une forme d'écriture *alimentaire*, qui distrait mais ne nourrit pas l'esprit.

Les repas ouvrent sous le texte l'espace du fantasme. La foire de Nijni-Novgorod et les jardins de Quiquendone, de même que l'abondance des mets aux tables de Kin-Fo ou du capitaine Nemo, démontrent l'orientation boulimique des rêveries culinaires de Verne. Les machines extraordinaires des « Souvenirs d'enfance et de jeunesse » relient cette pathologie à une nostalgie de la vie intra-utérine. Enfin, Yvernès et Pinchinat ouvrent la voie à une utilisation littéraire de ces fantaisies. Ces trois points définissent la trajectoire imaginaire assignée à l'alimentation dans les « Voyages extraordinaires ». Par la composition des repas, le texte vernien vise à satisfaire la boulimie de l'auteur[7] et se substitue de la sorte au ventre nourricier de la mère. L'organisation poétique de l'écriture dans la relation de certains menus correspond à une volonté d'exalter, avec la langue *maternelle*, l'image de la mère, d'identifier la belle langue et la bonne mère[8]. L'écriture, pour Verne, est fondamentalement alimentaire mais en sa psychomythie, à l'inverse des gazettes mondaines de Milliard-City, elle nourrit le *corps* du sujet et non ceux des lecteurs, qui doivent se contenter de nourrir leur *esprit* des informations véhiculées par les romans. En quelque sorte, les repas servis dans les « Voyages » sont consommés par l'auteur lui-même. En écrivant, Verne se compose de petits plats — il est temps de s'intéresser aux toques blanches...

7. Pour une illustration de ce phénomène, voir Christian CHELEBOURG, « L'Île aux "calembredaines", imagination et oralité dans la conception de Standard Island », *RJV*, n° 1, 1er sem. 1996, pp. 27-36.

8. Roland Barthes décèle dans le rapport de l'écrivain avec la *langue maternelle* un rapport de plaisir qui est jeu avec le corps de la mère (BARTHES, *Le Plaisir du texte* [*op. cit.*], pp. 60-1).

CHAPITRE 11

CUISINIERS, AUBERGES ET GOURMANDS

les bons et les méchants

Gâte-sauce et cordons bleus, les cuisiniers sont nombreux dans les « Voyages extraordinaires ». Traîtres infâmes ou joyeux drilles, Verne les nomme à bien des seconds rôles — un éclectisme qui déroute de prime abord, mais sous lequel on peut déceler certaines règles. Les cuisiniers se distinguent selon la place qu'ils occupent dans la fiction ; ils se rangent dans trois catégories.

Les meilleurs des cordons bleus, ceux dont le travail est vanté par les personnages et valorisé par l'émergence du discours poétique, n'apparaissent pas dans le texte et n'y sont pas nommés. Leurs plats les représentent sur la scène romanesque. Le chef de Kin-Fo est simplement qualifié de « *Bignon de l'endroit* » (*TCC*, I ; 8), et celui de Nemo d'« *habile préparateur* » (*20M*, I, X ; 103). L'absence de cuisinier à bord du "*Nautilus*" est d'autant plus sensible que l'on visite les cuisines du sous-marin :

> Là, l'électricité, plus énergique et plus obéissante que le gaz lui-même, faisait tous les frais de la cuisson. Les fils, arrivant sous les fourneaux, communiquaient à des éponges de platine une chaleur qui se distribuait et se maintenait régulièrement. Elle chauffait également des appareils distillatoires qui, par la vaporisation, fournissaient une excellente eau potable.
> (*20M*, I, XII ; 123)

Verne prend la peine d'assortir la cuisine à la mécanique qui l'emporte ; les « *éponges de platine* » sont un lieu où convergent les principaux savoirs engagés dans l'aventure : maîtrise de la métallurgie et de l'électricité, bien sûr, mais aussi de la mer, par le truchement du substantif déterminé. Toutefois, aucune toque ne se penche sur ce fourneau et cet alambic électriques. L'ellipse est significative : le chef, ici, c'est Verne en personne.

Le plus souvent, les cuisiniers apparaissent en contrepoint d'une action qu'ils n'influencent pas, tel le « *nègre de la côte d'Afrique, nommé Endicott, âgé d'une trentaine d'années* » (*SG*, I, IV ; 49) qui remplit « *les fonctions de coy ou de coq sous les ordres du capitaine Len Guy* » dans *Le Sphinx des glaces*. Les périls ne semblent pas avoir de prise sur cette nature docile et résignée, qui arbore toujours « *son large sourire de moricaud* » (II, IX ; 389), même lorsque, par une « [*t*]*riste journée* », on se prépare à un rude hivernage ; le narrateur va jusqu'à soupçonner ce personnage d'être le seul à pouvoir dormir lorsque tous manquent d'oxygène et sont « *en proie à une sorte de pressentiment bizarre* » (XI ; 417). Falot, cet « *habile accommodeur de sauces* » (I, XIII ; 206) n'en occupe pas moins une position privilégiée dans le roman, comme l'atteste sa conversation avec le bosseman Hurliguerly, peu après le naufrage de l'"*Halbrane*" :

« [...]

— [...] Ce n'est pas la faim que nous avons à redouter, c'est le froid... [...] Si encore nous avions quelques centaines de tonnes de charbon... Mais, tout bien compté, il n'y en a que ce qu'il faut pour faire bouillir la chaudière...

— Et celui-là est sacré ! s'écria Endicott. Défense d'y toucher !... La cuisine avant tout !...

— Et voilà bien, satané négrino, pourquoi tu ne songes guère à te plaindre !... N'es-tu pas toujours sûr de te chauffer les pattes au feu de ton fourneau ?...

— Que voulez-vous, bosseman, on est maître coq ou on ne l'est pas... Quand on l'est, on en profite, et je saurai bien vous garder une petite place devant ma grille...

[...] » (II, IX ; 389-90)

Apanagiste des provisions et du fourneau, ce cuisinier symbolise la vie dans l'univers aride et glacé du continent antarctique ; il apporte le réconfort à ses compagnons d'infortune.

Enfin, les cuisiniers peuvent prendre une part active à l'intrigue, mais ils doivent alors abandonner leurs cuisines. C'est le cas de Jynxtrop, le maître coq du *Chancellor*, « *nègre de mauvaise figure, à l'air brutal et impudent, qui se mêle aux autres matelots plus qu'il ne convient* » (*C*, XVII ; 76). La formule dit bien que le cuisinier se doit d'occuper une place à part dans l'équipage. Jynxtrop enfreint cette règle en suivant le matelot Owen dès le début de sa révolte contre Robert Kurtis ; il lui « *sert de second* » (XXXVIII ; 167) dans la tentative de massacre par laquelle ce misérable entend prendre le commandement du radeau, se jette avec quelques autres sur le cadavre du maître d'hôtel Hobbart et s'en repaît, puis sombre enfin dans la folie :

> Aujourd'hui, 22, scène affreuse. Le nègre Jynxtrop, subitement pris d'un accès de folie furieuse, parcourt le radeau en poussant des hurlements. Robert Kurtis veut le contenir, mais en vain ! Il se jette sur nous pour nous dévorer ! Il faut se défendre contre les attaques de cette bête féroce. Jynxtrop a saisi un anspect, et il est difficile de parer ses coups.
>
> Mais soudain, par un revirement qu'une attaque de folie seule explique, sa rage se tourne contre lui-même. Il se déchire de ses dents, de ses ongles, nous jetant son sang à la figure et criant :
>
> « Buvez ! Buvez ! »
>
> Pendant quelques minutes, il se démène ainsi, et se dirige vers l'avant du radeau, criant toujours :
>
> « Buvez ! Buvez ! »
>
> Puis, il s'élance, et j'entends son corps tomber à la mer.
>
> Le bosseman, Falsten, Daoulas se précipitent à l'avant du radeau pour reprendre ce corps, mais ils ne voient plus qu'un large cercle rouge, au milieu duquel se débattent des requins monstrueux ! (*C*, XLIX ; 213)

De l'anthropophagie à la dévoration en passant par l'auto-mutilation, Verne nous plonge ici dans l'horreur en peignant une figure aux fortes résonances maléfiques. Après sa mort, les naufragés ne sont « *plus que onze* » (L ; 214), Jynxtrop était donc le douzième : Verne met ici à profit la valeur symbolique de ce nombre, pour faire de ce cuisinier impliqué dans l'action un nouveau Judas, traître à sa condition, un élu de Satan.

Ces exemples permettent de formuler une loi : plus les cuisiniers interviennent dans la fiction, moins ils sont talentueux, et moins ils sont honnêtes. Ou bien encore : plus les cuisiniers sont éloignés du modèle de l'auteur, plus ils sont médiocres et vicieux.

le génie des lieux

Les auberges des « Voyages extraordinaires » sont également intéressantes ; elles entretiennent des rapports complexes avec la fiction et son espace.

Un Drame en Livonie raconte une tragique erreur judiciaire par laquelle un juste, Dimitri Nicolef, se trouve accusé d'un meurtre commis par l'aubergiste chez qui il avait cherché repos, maître

Kroff, patron du kabak de la "*Croix-Rompue*"[1]. Or, c'est l'auberge qui offre aux policiers les indices permettant d'incriminer Dimitri Nicolef (*DL*, VII ; 90–109) et d'innocenter Kroff (XIII ; 202–4). Le kabak est donc, en quelque sorte, complice du cabaretier ; il partage son crime et participe ainsi directement à la fiction. En transformant de la sorte une auberge en lieu du crime, Verne reprend un thème mélodramatique qui avait triomphé dans le premier quart du siècle avec, notamment, le succès de Frédérick Lemaître dans *L'Auberge des Adrets*[2].

À l'inverse de cet exemple, le "*Cormoran-Vert*" de Fenimore Atkins, où séjourne M. Jeorling au début du *Sphinx des glaces*, reste en marge d'une intrigue qui, pourtant, l'évoque à diverses reprises. Après l'échouage de l'"*Halbrane*" sur un iceberg, le bosseman Hurliguerly évoque cette auberge en ces termes :

> « [...]
> — La confiance, monsieur Jeorling, cela s'use tout comme le fond d'une culotte !... Que voulez-vous !... Lorsque je me compare à mon compère Atkins, installé dans sa bonne auberge, lorsque je songe au *Cormoran-Vert*, à la grande salle du bas, aux petites tables où l'on déguste le whisky et le gin avec un ami, alors que le poêle ronfle plus fort que ne crie la girouette sur le toit... eh bien, la comparaison n'est point à notre avantage, et, à mon avis, maître Atkins a peut-être mieux compris l'existence...
> [...] » (*SG*, II, VIII ; 372)

L'aubergiste est le contraire du voyageur, et l'auberge du navire. La puissance de ce refuge contre les météores, exprimée par la comparaison des bruits extérieurs et intérieurs, contraste avec la fragilité de la goélette naufragée. Peu avant, Hurliguerly avait défini l'espace où vit maître Atkins de la manière suivante :

1. Pour l'anecdote, je signale qu'au temps de Verne, et jusqu'après la Seconde Guerre mondiale, *La Croix-Rompue* était un « caboulot » situé un peu à l'extérieur d'Amiens. Aujourd'hui, le bistrot n'existe plus, mais le carrefour porte toujours son nom.

2. Dans son introduction à « L'Auberge rouge » de Balzac, Anne-Marie Meininger remarque qu'en 1831, date de la rédaction de ce récit, l'auberge était un cadre « *classique* [...] *pour un meurtre, selon une tradition bien établie depuis* Jacques le Fataliste *de Diderot et renouvelée avec éclat en 1823 par le mélodrame de* L'Auberge des Adrets » (Honoré de BALZAC, *La Comédie humaine XI* [Paris, Gallimard, « Bibl. de la Pléiade », 1980], p. 81). Elle rappelle également que, quelques mois après la publication de cette Étude philosophique, le drame de Peyrebeille frappa l'opinion publique qui le baptisa, d'après Balzac, « affaire de l'auberge rouge ». Le vol et l'assassinat bien réels de Jean-Antoine Enjolras ont sans doute également nourri l'inspiration vernienne.

« [...]
— [...] Certes, pendant la mauvaise saison, on y jouit d'un beau froid... Pas grande différence entre cet archipel-là et les îles situées sur les limites de la mer antarctique... Mais, enfin, on est à proximité du Cap, et s'il vous plaît d'aller vous y réchauffer les mollets, il n'y a point de banquise pour vous barrer le passage !... Tandis qu'ici, au milieu des glaces, c'est le diable pour en démarrer, et on ne sait jamais si l'on trouvera la porte ouverte...
[...] » (*SG*, II, VIII ; 371)

Sur la côte des Kerguelen, cet archipel qui mérite si bien le nom d'« *îles de la Désolation* » (I, I ; 2), le "*Cormoran-Vert*" est une balise. Cette valeur est inscrite dans le nom de l'établissement : le *vert*, symbole de la médiation entre le chaud et le froid, marqué au sceau de la vie comme de la mort, situe ce lieu à l'exacte limite du monde habitable et des terres antarctiques. Cette auberge d'où part le narrateur est située à la frontière des espaces offerts à la géophagie, à la frontière de l'oralité socialisée et de l'oralité fantasmatique.

Le lieu du crime qu'est le kabak de la "*Croix-Rompue*" et le parfait refuge qu'offre le "*Cormoran-Vert*" constituent deux extrêmes du rapport que les auberges entretiennent avec l'espace de la fiction. L'une participe à l'intrigue dans le sillage de son patron qui, conformément aux règles d'intégration des cuisiniers dans le récit, devient un personnage déterminant en quittant ses fourneaux ; l'autre marque la limite des espaces aventureux.

Le plus souvent, lieu de transition, l'auberge est le carrefour du quotidien et de l'extraordinaire. Tel est le cas de l'auberge du "*Roi Mathias*", dans *Le Château des Carpathes*. Cet établissement est le lieu naturel où la population de Werst vient évoquer la mystérieuse fumée aperçue par le berger Frik au-dessus des ruines du château. Sa grande salle est une scène où chacun joue le rôle qui lui est assigné dans la société villageoise : les notables y déplorent les dommages que l'événement ne manquera pas de causer à l'économie locale (*ChCar*, IV ; 50-1), le magister Hermod y évoque, comme à l'école, « *des esprits, des babeaux, des gobelins* » (53), le docteur Patak y joue les esprits forts (55-7). Mais, dans cette même salle, une voix mystérieuse se fait entendre, qui avertit : *« "Nicolas Deck, ne va pas demain au burg !... N'y va pas... ou il t'arrivera malheur !" » (61) ; plus tard, Franz de Télek y entendra la Stilla chanter « *l'expressive mélodie de Stéfano* » (X ; 166). Ainsi, cette auberge est-elle un espace où se croisent paroles sociales et paroles fantastiques. Elle ne constitue qu'un abri partiel contre le mystère ; il faut dire que le nom de son propriétaire, Jonas, avait de quoi nous faire douter de la qualité du refuge[3].

Les auberges ouvrent toutes, plus ou moins, sur le monde de l'aventure ; y passer, pour Dimitri Nicoleff comme pour Monsieur Jeorling ou Franz de Télek, c'est entrer de plain-pied dans la fiction. Elles sont autant de portes d'entrée dans l'imaginaire et dans l'intrigue. Les aventures de Natalis Delpierre, le héros du *Chemin de France*, commencent réellement lorsqu'il arrive à « *l'auberge du* Ecktvende, — *en français le* Tourne-Coin » (*CF*, II ; $_0$13). Et cette auberge, en effet, marque bien un tournant, qui sépare le préambule romanesque de la fiction véritable. À cet endroit, le narrateur retrouve sa sœur Irma, passe la « *frontière du district* » de Postdam et rencontre, en la personne du cabaretier, son premier Prussien : « [...] *la mauvaise face d'un haricotier de mauvaise race !* » ($_0$19). Le ton de ce récit affreusement revanchard est donné.

Un Billet de loterie offre l'exemple d'une fonction complexe de l'auberge. Celle que tient dame Hansen à Dal, en Norvège, fonctionne à la fois comme frontière des territoires habituels de l'aventure et comme refuge menacé. La jeune Hulda Hansen attend là son fiancé, Ole Kamp, parti une dernière fois pêcher du côté de Terre-Neuve pour assurer les revenus nécessaires à l'installation de leur couple. De son côté, Ole Kamp vit des épreuves typiquement verniennes puisque, pris dans une tempête, il fait naufrage au large de l'Islande, trouve refuge sur un iceberg, échoue sur une côte déserte du Groënland avec quatre de ses camarades et manque d'y mourir de faim avant d'être recueilli par un brick détourné de sa route (*BL*, XX ; $_1$496-7) ; mais l'auteur résume ces événements en quelques paragraphes. Au regard de telles péripéties, l'auberge de Dal n'est qu'un lieu d'attente, situé en marge de l'aventure. La singularité de ce lieu par rapport au "*Cormoran-Vert*" procède d'une inversion de la focalisation : au lieu de suivre l'aventurier dans ses pérégrinations, l'auteur et le lecteur d'*Un Billet de loterie* sont installés dans un établissement dont « *la cave et l'office sont convenablement garnies* [sic] » (II ; $_1$314) et qui a de quoi satisfaire les touristes, « *même exigeants* ». Mais l'auberge de dame Hansen est aussi menacée par les spé-

3. Rappelons-nous les menaces qui pesaient sur le "*Nautilus*", voir *supra* chap. 9, pp. 165–70 : "*les défaillances de Jonas*".

culations de sa propriétaire et les exigences d'un prêteur sur gages peu scrupuleux nommé Sandgoïst. C'est sur ce point que le billet de loterie entre en scène : Ole Kamp l'a acheté avant son départ et, au moment de faire naufrage, il a pris soin de le confier à une bouteille ; celle-ci recueillie, la superstition populaire pare ce billet de vertus quasi magiques. Par son intermédiaire, l'auberge de Dal devient le carrefour d'un drame familial et d'une intrigue financière : alors que, sentimentale, Hulda refuse de céder ce billet à divers enchérisseurs, Sandgoïst réussit à l'acquérir en remboursement des dettes de dame Hansen. Néanmoins, le sort de l'auberge et celui de ses habitants va se décider hors ses murs, grâce à un personnage introduit par accident dans cet espace, le professeur Sylvius Hog, député au Storthing, sauvé par Hulda et son frère alors qu'il était près de périr dans les eaux du Rjukanfos, et qui n'aura de cesse de payer sa dette en retrouvant Ole Kamp et en rachetant le billet de loterie à Sandgoïst. L'auberge de Dal, bien qu'elle soit le décor principal du roman, demeure à distance des lieux où se joue l'intrigue : l'océan et les terres glacées où Ole Kamp vit son aventure, le Rjukanfos dans lequel Sylvius Hog risque de tomber, Drammen où habite Sandgoïst, Bergen où résident les armateurs du navire naufragé, enfin Christiania où se déroule la fameuse loterie au terme de laquelle le billet d'Ole Kamp gagne le gros lot et Hulda retrouve son fiancé bien vivant.

Lorsqu'ils n'introduisent pas l'univers de la fiction, tavernes ou cabarets sont du moins des cadres propices à un rebondissement de l'action. Ainsi, pour s'être attablé dans la salle commune de la maison de poste d'Omsk, Michel Strogoff est dénoncé à ses ennemis par le cri de sa mère, qui le reconnaît : « *Mon fils !* » (*MSt*, I, XIV ; 208). De ce fait, il perd la sécurité que lui offrait jusque-là sa fausse identité de « *Nicolas Korpanoff, marchand à Irkoutsk* » (210). Le rebondissement peut consister en une révélation qui dramatise le cours du roman. Dans *Bourses de voyage*, alors que le troisième chapitre se termine sur une phrase semblant indiquer que les préliminaires du voyage sont achevés — « *Bon voyage aux lauréats du concours d'Antilian School !* » (*BV*, I, III ; $_{1}$34) —, Verne nous conduit à « *LA TAVERNE DU BLUE-FOX* » (IV ; $_{1}$34). Dans la salle basse de cet établissement, il nous présente les pirates de l'"*Halifax*" et nous informe de leur sinistre projet : s'emparer du navire sur lequel doivent s'embarquer les écoliers, massacrer l'équipage d'abord, les passagers ensuite. Le cours de la fiction se trouve de la sorte profondément modifié ; la taverne introduit le suspense dans le roman. Dans *L'Archipel en feu*, c'est en l'auberge d'Arkadia, « *à l'enseigne de la* Minerve » (*AF*, v ; 79), que nous apprenons, de la bouche du pirate Nicolas Starkos, qu'il entend imposer au banquier Elizundo de lui accorder la main de sa fille et unique héritière, la belle Hadjine, promise peu avant à l'honnête capitaine Henry d'Albaret (IV ; 67). Maintes tavernes sont ainsi des lieux de complot ou des rendez-vous de brigands : les Indiens de « Martin Paz » se réunissent dans « *une taverne de dernier ordre* » (*MP*, v ; $_1$260) pour organiser leur révolte ; le lieutenant Martinez, dans « Un Drame au Mexique », planifie sa mutinerie « *dans un cabaret de bas étage, avec quelques contremaîtres et une vingtaine de marins* » (*DM*, I ; $_1$424), de même que Flig Balt et Vin Mod recherchent dans la taverne des Three-Magpies, « *l'une des plus bruyantes, l'une des plus achalandées* » (*FK*, I, I ; $_1$217) de Dunedin, quatre complices qui puissent les aider à s'emparer du "*James-Cook*" ; c'est également dans « *une auberge isolée, sur la route qui descend vers le Danube à l'orée des Petites Karpates* » (*BDJ*, IX ; $_3$84) que se réunissent les contrebandiers de ce Latzko, recherché par le policier Karl Dragoch tout au long du *Beau Danube jaune* — et nous comprenons, en voyant leur chef arriver, que « *la nouvelle de sa capture* [...] *était fausse* » ($_3$88).

Qu'elles contribuent à l'intrigue, s'ouvrent à la frontière des espaces aventureux où soient le cadre de rebondissements, les auberges verniennes sont construites à la frontière de l'oralité domestique et de l'oralité sauvage.

des gourmands et un astronome

Les « Voyages extraordinaires » mettent en scène toute une théorie de gourmands dont Michel Ardan et Ned Land sont en quelque sorte les prototypes. Volontiers Français — Ned Land est Canadien, mais « *Qui dit Canadien, dit Français* » (*20M*, I, IV ; 29) — le gourmand vernien, se définit par trois critères.

Tout d'abord, le gourmand porte sur le monde un regard habité par le souci du repas, ce que j'appellerai un *regard alimentaire*. Dans *Vingt mille lieues sous les mers*, ce caractère est bien mis en évidence par la rivalité qui oppose Conseil à Ned Land en matière de classification ichtyologique :

« [...]
— Eh bien ! ami Ned, écoutez et retenez ! Les poissons osseux se subdivisent en six ordres : Primo, les acanthoptérygiens, dont la mâchoire supérieure est complète, mobile, et dont les branchies affectent la forme d'un peigne. Cet ordre comprend quinze familles, c'est-à-dire les trois quarts des poissons connus. Type : la perche commune.
— Assez bonne à manger, répondit Ned Land.
— Secundo, reprit Conseil, les abdominaux, qui ont les nageoires ventrales suspendues sous l'abdomen et en arrière des pectorales, sans être attachées aux os de l'épaule — ordre qui se divise en cinq familles, et qui comprend la plus grande partie des poissons d'eau douce. Types : la carpe, le brochet.
— Peuh ! fit le Canadien avec un certain mépris, des poissons d'eau douce !
— Tertio, dit Conseil, les subbrachiens, dont les ventrales sont attachées sous les pectorales et immédiatement suspendues aux os de l'épaule. Cet ordre contient quatre familles. Types : plies, limandes, turbots, barbues, soles, etc.
— Excellent ! excellent ! s'écriait le harponneur, qui ne voulait considérer les poissons qu'au point de vue comestible.
[...] » (*20M*, I, XIV ; 149)

À la science abstraite de Conseil, le harponneur oppose un savoir pragmatique de la valeur culinaire de chaque poisson, qui lui permet de classer ceux-ci « *en poissons qui se mangent et en poissons qui ne se mangent pas* », ce qui lui vaut l'aimable réplique de Conseil : « *Voilà une distinction de gourmand* » (148). À la récitation théorique d'un « *classificateur enragé* » (152), Verne oppose une lecture alimentaire du réel, dont il montre l'efficacité sous le jour d'une double reconnaissance des signes (noms propres) et des objets (poissons réels). En effet, au contraire de son compagnon, Ned sait nommer sans hésiter les « *variétés qui passent* ».

Pendant les vingt-six jours que dure le voyage de la Terre à la Lune et retour, Michel Ardan use volontiers d'images alimentaires. Il monopolise à lui seul 81% des répliques ayant trait au repas, soit au sens propre, soit au sens figuré, et 83,5% des répliques affectées par une image alimentaire. Ainsi, après le formidable choc du départ, déclare-t-il en aparté : « "*Brr !* [...] *Cela me produit le même effet que deux bouteilles de Corton. Seulement, c'est peut-être moins agréable à avaler !*" » (*AL*, II ; 24).

À l'occasion, il livre le réel au crible de son oralité ; c'est le cas, par exemple, lorsqu'il aperçoit des traînées lumineuses à la surface de notre satellite :

Michel Ardan était en observation près du président, quand il remarqua de longues lignes blanches, vivement éclairées par les rayons directs du Soleil. C'était une succession de sillons lumineux très différents du rayonnement que Copernic présentait naguère. Ils s'allongeaient parallèlement les uns aux autres.

Michel, avec son aplomb habituel, ne manqua pas de s'écrier :

« Tiens ! des champs cultivés !

— Des champs cultivés ? répondit Nicholl, haussant les épaules.

— Labourés tout au moins, répliqua Michel Ardan. Mais quels laboureurs que ces Sélénites, et quels bœufs gigantesques ils doivent atteler à leurs charrues pour creuser de tels sillons !

— Ce ne sont pas des sillons, dit Barbicane, ce sont des rainures.

— Va pour des rainures, répondit docilement Michel. Seulement qu'entend-on par des rainures dans le monde scientifique ? »

(*AL*, XIII ; 181)

Michel Ardan rejoint ici les fantasmes de pays de Cocagne que nous avons vus à l'œuvre dans « Une Fantaisie du Docteur Ox ». Deux points de vue s'opposent dans ce passage, celui de la science et celui de l'imagination. Le discours fantaisiste tient à un jeu catachrétique sur le mot *sillon*, lancé par Verne dans sa description et repris au vol par Michel Ardan dans son discours, avant d'être finalement battu en brêche par un savant qui ne saurait s'accommoder d'une telle détermination du réel par les mots. L'auteur et le gourmand coopèrent à une métaphorisation du monde particulièrement productive puisqu'elle autorise un enchaînement imaginaire — les « *champs cultivés* » puis les « *bœufs* » — relayé par une illustration d'Émile Bayard (179).

La relation entre Michel Ardan et Verne est plus sensible encore dans le tableau de Tycho, lorsqu'il s'agit de chercher une explication aux rayons étincelants qui partent du cratère. Michel pense d'abord au choc d'une comète, mais Barbicane, le reprenant, lui offre l'occasion de formuler une hypothèse plus fantaisiste :

« [...]

— [...] Mon brave Michel, ton explication n'est pas mauvaise, mais ta comète est inutile. Le choc qui a produit cette cassure peut être venu de l'intérieur de l'astre. Une contraction violente de la croûte lunaire, sous le retrait du refroidissement, a pu suffire à imprimer ce gigantesque étoilement.

— Va pour une concentration, quelque chose comme une colique lunaire, répondit Michel Ardan.

[...] »

(*AL*, XVIII ; 256)

L'imageant choisi par le gourmand renvoie à la pathologie de l'auteur. Bel exemple de projection géophagique de l'image du corps malade sur l'espace !

Le gourmand rêve le monde en termes alimentaires et son discours — que ce soit celui de Ned Land face à Conseil, ou celui de Michel Ardan face à ses compagnons — se trouve posé comme une alternative à la science.

Le second critère de définition du gourmand est qu'il doit avoir le verbe aussi facile que le coup de canine. Ainsi, dans le microcosme du boulet lunaire, Michel Ardan représente-t-il « *la loquacité française* » (*AL*, III ; 57) — « *et l'on est prié de croire qu'elle était bien représentée* », ajoute aussitôt Verne, ce qui est une manière de montrer qu'il tient à cet aspect du personnage. De fait, les plaisanteries et les bons mots de Michel sont pour beaucoup dans l'animation qui règne à l'intérieur du projectile. Le Canadien n'est évidemment pas aussi joyeux, ni même aussi communicatif. Néanmoins, le portrait qui en est dressé au début de *Vingt mille lieues sous les mers* insiste sur ses performances linguistiques :

> Ma nationalité l'attirait sans doute. C'était une occasion pour lui de parler et pour moi d'entendre cette vieille langue de Rabelais qui est encore en usage dans quelques provinces canadiennes. [...]
>
> Peu à peu, Ned prit goût à causer, et j'aimais à entendre le récit de ses aventures dans les mers polaires. Il racontait ses pêches et ses combats avec une grande poésie naturelle. Son récit prenait une forme épique, et je croyais écouter quelque Homère canadien, chantant l'*Iliade* des régions hyperboréennes. (*20M*, I, IV ; 29–31)

Une fois emprisonné dans le "*Nautilus*", Ned Land se caractérise par ses colères — « *J'entendais peu à peu les jurons gronder au fond de son gosier* » (IX ; 89), le « *Canadien appelait, il criait, mais en vain* » (91) — et la distance volontiers humoristique avec laquelle il donne la réplique à ses compagnons. En la personne du gourmand, Verne mêle étroitement les deux dimensions de l'oralité : le repas et la parole.

Enfin, le dernier trait distinctif du gourmand est qu'il doit être capable de cuisiner en cas de besoin. Le bouillant Michel ne s'en fait pas faute à bord de l'obus lunaire : « *Michel Ardan, en sa qualité de Français, se déclara cuisinier en chef, importante fonction qui ne lui suscita pas de concurrents.* » (*AL*, III ; 46–8). Quant à Ned Land, il manifeste son talent sur l'île de Gueboroar. C'est lui qui, après avoir lancé l'idée du séjour à terre, y dirige la récolte et la chasse. Durant la journée, il fait la démonstration de son aptitude à préparer les fruits de l'arbre à pain (*20M*, I, XXI ; 228-229), à traiter l'écorce d'un sagoutier (231-3), à dépouiller et à vider un bari-outang ou cochon des bois (239). Puis, vers six heures du soir, il se montre un cuisinier très satisfaisant :

> Ned Land, sans plus tarder, s'occupa de la grande affaire du dîner. Il s'entendait admirablement à toute cette cuisine. Les côtelettes de « bari-outang », grillées sur des charbons, répandirent bientôt une délicieuse odeur qui parfuma l'atmosphère !...
>
> [...]
>
> Enfin, le dîner fut excellent. (*20M*, I, XXI ; 240)

Si ces personnages se trouvent nantis de compétences culinaires, c'est afin de pouvoir satisfaire par eux-mêmes aux exigences de leur identité romanesque de gourmands. Ils reflètent en cela la stratégie de l'écrivain boulimique, assurant la satisfaction de ses désirs par l'écriture des repas.

Je ne saurais achever ce chapitre sur les gourmands sans évoquer M. Eustache Oriental, Président de la Société astronomique de Montélimar et fameux mangeur s'il en est. Ce personnage « *si obstiné, si peu sociable, ce chronomètre en chair et en os, dont les aiguilles ne marqu*[*ent*] *que les heures des repas* » (*CD*, V ; ₁64) n'existe qu'à table ; l'un de ses compagnons de voyage, Jean Taconnat, résume cette nature de plaisante manière : « *Du moment qu'il ne mange pas, il n'est plus M. Oriental !* » (IX ; ₁116). Bien qu'obsédé par la nourriture, cet astronome est posé comme une antithèse du gourmand. Il recueille des mets au fil de ses étapes, mais il ne projette pas sur le monde la fantaisie alimentaire que nous avons trouvée chez Michel Ardan et Ned Land ; d'ailleurs, il ne semble pas regarder les paysages qu'il traverse : il se sert « *plus de sa bouche que de ses yeux* » (VII ; ₁95), dénonce Verne, ce qui constitue, en effet, une grave inversion des rôles pour un savant vernien. Tout occupé qu'il est à prendre des notes sur un calepin, M. Eustache Oriental ne parle quasiment jamais à autrui : dès le début du voyage, il « *ne sembl*[*e*] *point d'humeur à se lier avec personne* » (V ; ₁66). Enfin, il ne cuisine pas lui-même : lorsque à Palma de Majorque il se procure une demi-douzaine de tourds, des poissons très recherchés, il se contente de les confier au maître d'hôtel de l'"*Argèlès*", en lui donnant l'ordre de les « *faire apprêter avec un soin particulier pour son usage* » (VII ; ₁95). Ce savant, quoique mangeur invétéré, ne répond donc à aucun des critères de définition du gourmand. Mauvais savant, mauvais gourmand — drôle de personnage ! À l'avant-dernier chapitre du roman, un dialogue de comédie entre le héros éponyme et le prétendu scientifique révèle que celui-ci n'est point astronome mais gastronome, que la société dont il est président n'est pas astronomique mais « *gastronomique* » (XV ; $_{1}$195). Le calembour tourne en ridicule l'assimilation du manger à une science ; Dardentor résume cette condamnation par une nouvelle « *calembredaine* » ($_{1}$196) : « *Après tout, un gastronome, c'est un astronome paré des plumes du* g ». Le personnage d'Eustache Oriental est une charge contre une forme de pédantisme gastronomique qui, dans le sillage de Brillat-Savarin — mais sans y mettre la distance ironique sensible chez l'auteur de la *Physiologie du goût*[4] —, entendait faire de la dégustation une science. Toutefois, au-delà de cet aspect satirique, M. Eustache Oriental, en qualité d'*anti-gourmand*, me confirme que la gourmandise est pour Verne une antiscience.

4. Sur l'ironie du prince des gastronomes, voir BARTHES, *Le Bruissement de la langue* (*op. cit.*), pp. 303–25 : « Lecture de Brillat-Savarin », pp. 319-20.

CHAPITRE 12

PORTRAIT DU ROMANCIER EN CHEF CUISINIER

masques

Le dimanche 8 mars 1885, dès neuf heures du soir, M. et Mme Jules Verne reçoivent les invités de leur fête villageoise. Au mépris d'une pluie battante, Amiens voit s'allumer les feux du second bal travesti offert par les Verne. Honorine est déguisée en fermière, Jules en chef cuisinier. Sur le mur de leur maison, 2 rue Charles-Dubois, une enseigne croquée par Gédéon Baril donne le ton des festivités :

GRRRANDE AUBERGE
DU TOUR DU MONDE
tenue par M. et Mme Jules Verne

Et l'on voit le romancier et son épouse, costumés, tenir une gigantesque marmite. Plus bas, sous un superbe maire de village flanqué d'un paysan danois et d'un pifferaro, trône une annonce prometteuse :

Pour aujourd'hui seulement
On y boit gratuitement.

Enfin, un socle de légumes dit assez la richesse de la table où les masques cosmopolites s'assiéront jusque vers six heures du matin. Les photographies de cette fête ont sans doute été perdues, mais du moins la presse locale a-t-elle conservé le souvenir de la somptueuse assemblée qui s'y pressa :

> Les Bretons et les Espagnols dominent ; les mariés de village sont également en nombre respectable, mais où est la mariée ou plutôt où sont les mariées de tous ces mariés ?

Très peu d'habits noirs — quelques hauts fonctionnaires seulement qui doivent se plaindre de leur grandeur qui les attache à l'habit noir. Parmi les paysannes, citons de charmantes bretonnes, de non moins charmantes normandes, toutes coiffes dehors, un moulin de la galette, très réussi ; une délicieuse écossaise ; une suédoise authentique ; une mascotte ; une matelotte boulonnaise, une fort jolie *marine*, une poupée anglaise, très amusante ; une géorgienne, une danoise, des italiennes, des espagnoles, des russes, une pierrette, une polichinelle, etc., etc., sans oublier trois petites laitières tout-à-fait mignonnes.[1]

Le déguisement arboré par Verne au cours de cette fête confirme qu'il s'identifie à un chef cuisinier. S'il a choisi de qualifier d'« *AUBERGE* » sa demeure, c'est pour se donner le plaisir d'y accueillir ses hôtes au seuil de son monde imaginaire. Le 2 avril 1877[2], il avait offert un premier bal travesti[3], pour faire * [le plus grand plaisir à [s]a femme] (BN I-351) ; il s'agissait aussi de donner à Honorine et à ses enfants * [la position qu'ils <u>devaient</u> avoir et qu'ils n'<u>avaient pas</u>] (BN I-377) à Amiens. La fête remplit ce deuxième rôle, mais malheureusement pas le premier, Honorine, malade, n'ayant pu y assister. Ce premier bal avait évoqué explicitement les romans de Verne : on avait pu, notamment, y voir le photographe Nadar jaillir de l'obus lunaire en costume de Michel Ardan. Le bal suivant fit implicitement allusion au travail de l'auteur. Le premier bal avait été organisé pour Honorine, le second le fut pour Verne, pour lui donner le plaisir subtil de revêtir dans la réalité son costume imaginaire de romancier, celui dans lequel il avait expliqué les us et coutumes alimentaires de l'Islam, composé les repas de Kin-Fo et du capitaine Nemo, rêvé la foire de Nijni-Novgorod et les jardins de Quiquendone : le tablier et la toque du chef cuisinier.

Dans l'entretien qu'il accorda à Marie Belloc, en 1895, Verne utilise une formule qui confirme la permanence de cette identification dans son imaginaire : pour évoquer ses techniques d'écritures, il parle des « *secrets de* [*s*]*a cuisine littéraire* »[4].

Cet habit de cuisinier est aussi une livrée de gourmand. En

1. *Le Progrès de la Somme*, 10 mars 1885.

2. Dans la lettre à Hetzel référencée BN I-142, Verne donne cette date du 2 avril, ce qui recule d'une journée la datation établie par Marguerite Allotte de la Fuÿe, *Jules Verne, sa vie, son œuvre*, p. 145.

3. Marc Soriano relevait déjà qu'aucun mémorialiste ne précise quel était le costume de Verne à cette première fête. Personne depuis n'a apporté la réponse à cette question. Voir SORIANO, *Jules Verne (le cas Verne)*, p. 193 n. 1.

4. J. VERNE, « Jules Verne à la maison », pp. 355–66 in *Textes oubliés* (Paris U.G.É., « 10/18 », 1979) p. 362.

tant que romancier, Verne répond, en effet, aux trois critères de la gourmandise que nous avons définis plus haut : par sa géophagie, il porte sur le monde un regard alimentaire ; par l'écriture, il parle à ses lecteurs, et l'ampleur de son œuvre suffit à faire de lui un bavard, bien que ses proches aient souvent dénoncé sa nature taciturne ; enfin, non content de savoir à l'occasion préparer une côtelette de bari-outang, il écrit en véritable chef cuisinier, donnant des recettes, composant des menus, inventant parfois de nouveaux mets. Quel que fût l'homme, le sujet se pose, à travers les « Voyages », en cuisinier gourmand. Je remarque, d'ailleurs, qu'il choisit souvent ses cuisiniers parmi les *nègres*, ce qui permet, par une syllepse implicite, de prolonger à travers eux l'identification de l'écriture et de la préparation des repas. J'ai déjà évoqué deux de ces *nègres*, le sympathique Endicott et le traître Jynxtrop, mais je pense à bien d'autres personnages attachants comme le « *cuisinier nègre,* [...] *Français d'origine, ayant déjà rôti et fricassé sous toutes les latitudes, "monsieur Parazard"* » (*MV*, I, VI ; 88), ou bien « *Moko, jeune Nègre de douze ans* » (*2A*, III ; 44) qui devient, sur l'île Chairman, « *l'habile maître coq de French-den* » (XIII ; 213), ou encore Nab, le serviteur de Cyrus Smith, qui « *en sa qualité de Nègre* » (*ÎM*, I, XII ; 159) est chargé de la cuisine sur l'Île Lincoln[5].

boulimie et science culinaire

La cuisine, dans l'imaginaire vernien, est une alternative à la science et un moyen *économique* de satisfaire la boulimie. Décrivant, dans *Les Frères Kip*, une tribu de Néo-Irlandais « *gloutons* » (*FK*, I, XII ; ₁358), Verne a une formule révélatrice : « *L'alimentation exige d'ailleurs peu de science culinaire.* ». Le déterminant défini donne à cette proposition une valeur universelle qui trahit l'implication personnelle de l'auteur. Celui-ci avoue deux choses dans cette phrase, d'abord qu'il manque de

5. Le fait que Nab soit qualifié de « *Nègre* » dans un roman où règnent les opinions abolitionnistes, montre bien que Verne ne prête guère à ce mot de connotations racistes. Le même phénomène se retrouve dans *Nord contre Sud*. Sur les rapports de Verne avec le racisme, l'esclavagisme et le colonialisme, voir Olivier DUMAS, « La Race noire dans l'œuvre de Jules Verne », pp. 264–76 in *Colloque de Cerisy Jules Verne*. Cette étude et la discussion de spécialistes qui la suit établissent clairement que Verne était moins raciste que la plupart de ses contemporains, et que ses romans le sont beaucoup moins que les publications de l'époque destinées à la jeunesse.

goût, ensuite qu'il conçoit la cuisine comme une science.

Son handicap gustatif est bien connu. Les souvenirs de Jean Jules-Verne, ne laissent aucun doute sur ce point : « [...] *il se souciait peu de ce que contenaient les plats, au grand désespoir de sa femme, cuisinière de mérite. Il avait faim, voilà tout, et cette faim était manifestement douloureuse* »[6] ; revenant sur cette affection de son grand-père, le même précise ailleurs : « [...] *il ne cédait pas à la gourmandise puisqu'il avait toujours négligé l'excellente cuisine mijotée par sa femme qui s'en désespérait.* »[7]. La gourmandise de Verne est purement littéraire, elle appartient au seul sujet écrivant et dissimule la boulimie réelle de l'auteur. Du reste, son œuvre fait peu de place aux saveurs, son vocabulaire du goût est pauvre et les expressions laudatives lui suffisent le plus souvent, comme le prouvent ces exclamations des héros du *Rayon-vert* devant un repas typiquement écossais :

« Un peu de ces "cakes" de farine d'avoine, bien autrement savoureux que les moelleux gâteaux de Glasgow !

— Un peu de ce "sowens", dont les montagnards se régalent encore dans les Highlands !

— Encore de ce "haggis", que notre grand poète Burns a dignement célébré dans ses vers comme le premier, le meilleur, le plus national des puddings écossais !

— Encore de ce "cockylecky !" Si le coq en est un peu dur, les poireaux dont on l'accommode sont excellents !

— Et pour la troisième fois de ce "hotchpotch", plus réussi que n'importe quel potage de la cuisinière d'Helensburgh ! » (*RV*, XIV ; 138)

Philippe Dumonceaux a parfaitement relevé le caractère rituel de la formule selon laquelle un repas ou un mets est « *déclaré excellent* »[8]. Il attribue la simplicité du vocabulaire vernien du goût — ce qu'il appelle son caractère « abstrait » — au fait que l'auteur ne connaissait pas les plats qu'il décrivait. Cela vaut bien sûr pour les produits exotiques, mais non pas pour ces recettes calédoniennes qu'il avait pu goûter au cours d'un voyage de 1859 dont il s'est inspiré pour écrire *Le Rayon-vert*, ni pour certains produits aussi ordinaires, par exemple, que d'« *excellents*

6. Voir JULES-VERNE, *Jules Verne*, p. 17.

7. Voir Jean JULES-VERNE, « Souvenirs de mon grand-père », pp. 112–6 in *Jules Verne*, p. 115.

8. Voir Philippe DUMONCEAUX, « Cuisine et dépaysement dans l'œuvre de Jules Verne », *Europe*, n°s 595-596, p. 135.

cuissots, rôtis à point » (*MV*, I, XIII ; 207). Le détail des saveurs n'intéresse pas Verne ; il lui suffit, pour compenser son manque de goût, d'imaginer que ses héros puissent trouver des mets « *excellents* ».

Le deuxième point est plus problématique, car il peut sembler paradoxal que, dans l'imaginaire vernien, la cuisine, activité éminemment orale, donc placée sous le signe de la mère, puisse frayer harmonieusement avec la science. De fait, il semble bien que la citation des *Frères Kip* constitue, dans l'ensemble des « Voyages », la seule occurrence du syntagme *science culinaire*. On peut toutefois citer comme allant dans le même sens l'interrogation exclamative qui salue le repas de Kin-Fo : « *Qu'imaginer de plus délicat que cette cuisine à la fois propre et* SAVANTE *?* » (*TCC*, I ; 7-8). Mais le plus souvent, l'analogie du cuisinier au scientifique est regardée d'un œil critique et amusé, comme dans ce portrait de M. Parazard :

> Il pontifiait, véritablement, lorsque sa main se promenait d'un fourneau à l'autre, distribuant, avec la précision d'un chimiste, le poivre, le sel et autres condiments qui relevaient ses préparations savantes. En somme, comme M. Parazard était habile et propre, on lui pardonnait volontiers cette vanité culinaire. (*MV*, I, VI ; 88-9)

L'image du chimiste souligne le ridicule du maître-coq qui, d'ailleurs, ne revendique nullement d'être considéré comme un scientifique, mais bien comme un artiste : il s'affirme comme le représentant de l'« *art culinaire* » (II, X ; 454) à Steam-House. Il n'existe que deux points de convergence explicites entre la science et la cuisine dans les « Voyages extraordinaires ». Le premier, c'est l'hygiène. Les extraits des *Tribulations* et de *La Maison à vapeur* que je viens de citer insistent sur la propreté de la cuisine : Verne est attaché à l'hygiène culinaire. Aussi, lorsqu'il imagine l'utopie de France-Ville, ne manque-t-il pas d'assurer un contrôle sévère de la qualité des mets, comme en témoigne l'article de l'"*Unsere Centurie*" consacré à cette cité idéale :

> Les marchés alimentaires sont l'objet d'une surveillance incessante, et des peines sévères sont appliquées aux négociants qui osent spéculer sur la santé publique. Un marchand qui vend un œuf gâté, une viande avariée, un litre de lait sophistiqué, est tout simplement traité comme un empoisonneur qu'il est. (*500*, X ; 154)

Cette préoccupation remonte aux années d'étude de Verne ; à cette époque, fin novembre 1848 précisément, il soupçonnait « *les mets d'une qualité inférieure* » (JVCF, 8)[9] de causer ses pathologies intestinales et prenait soin, par exemple, de « *détruire le principe malfaisant* » de l'eau de la Seine « *par un mélange quelconque* ». C'est pourquoi, sans doute, l'office de cuisine peut être valorisé, dans les romans, par une forme d'aseptisation consistant en son assimilation à un « *laboratoire culinaire* » (*ÎM*, II, XII ; 465). Le second point sur lequel la science vienne utilement au secours de l'art culinaire, c'est le recours à la cuisson électrique. Nous avons vu que le "*Nautilus*" dispose d'un appareillage révolutionnaire. L'idée est reprise dans *L'Île à hélice*. Comparant le restaurant du Casino aux meilleures tables du Nouveau Monde, Verne attribue sa qualité à l'usage de l'électricité : « *Excellente cuisine, très supérieure à celle des hôtels de New York ou de San Francisco, faite sur des fourneaux électriques également propres aux feux doux et aux feux ardents.* » (*ÎH*, I, VI ; $_1$68). Je crois entendre nos modernes bonimenteurs, vantant les mérites des plaques pyroélectriques. En dehors des questions de l'hygiène et de la cuisson électrique, Verne se montre très méfiant à l'égard de la cuisine scientifique. Ainsi, décrit-il avec ironie les beefsteacks futuristes préparés par Michel Ardan à bord de l'obus lunaire : « *Au bouillon de bœuf succédèrent quelques tranches de beefsteack comprimés à la presse hydraulique, aussi tendres, aussi succulents que s'ils fussent sortis des cuisines du café Anglais. Michel, homme d'imagination, soutint même qu'ils étaient "saignants".* » (*AL*, III ; 48). D'une manière générale, l'auteur des « Voyages extraordinaires » se défie de toute forme d'intrusion de la science dans la cuisine.

Qu'entend-il donc par « *science culinaire* » (*FK*, I, XII ; $_1$358) ? Non point une pratique scientifique de la cuisine, mais le contraire de l'« *alimentation* » brute, le contraire d'une satisfaction grossière de son appétit boulimique. En ce sens, la *science culinaire* est à mettre en relation avec la *cuisine littéraire*, elle se confond avec le travail d'écriture qui permet au romancier de satisfaire métaphoriquement ses besoins pathologiques. Verne ne supportait pas sa boulimie. Il en apporte la preuve, dans son œuvre, en la prêtant à des Néo-Irlandais à peine civilisés ou au boxeur du *Testament d'un excentrique*, Tom Crabbe, qu'il décrit sans la

9. Sur l'authencité de cette lettre, voir *supra*, chap. 8, n.9.

moindre complaisance : « [...] *il n'y avait que de l'animalité dans ce gigantesque produit.* [...] *Manger, boire, boxer, dormir, à cela se bornaient les actes de son existence, sans aucune dépense intellectuelle.* » (*TE*, I, IV ; $_{1}$44). Ces deux exemples montrent bien qu'aux yeux de l'auteur la boulimie est une tare de nature régressive.

Dans la vie, la boulimie a contribué à isoler Verne ; « *on me raconte des histoires extraordinaires d'un gigot dévoré en attendant les convives en retard et d'un rôti dont il n'avait laissé miette* »[10], écrit son petit-fils. Et lorsque pareils excès ne furent plus possibles, pour cause d'estomac ruiné et de régime draconien, l'auteur choisit d'expédier ses repas avant tout le monde, assis sur une chaise, l'assiette à hauteur du visage, afin que « *ça aille plus vite* ». Cela fut de nature à créer chez lui une humeur dépressive et une autodépréciation de soi, surtout après les accès[11]. Dans la littérature, le sujet a trouvé un moyen de satisfaire son appétit démesuré sans qu'il s'ensuive d'autodépréciation et même, tout au contraire, en en tirant un bénéfice sur le plan de l'image de soi. En décrivant des repas, en mettant en scène des gourmands — et, d'une manière plus générale, en écrivant des fictions qui le permettent —, Verne a donné à ses fantasmes une expression socialement valorisée, et transformé ainsi un handicap en atout. Le cuisinier gourmand qui écrit les « Voyages extraordinaires » et reçoit le tout-Amiens dans sa « *GRRRANDE AUBERGE DU TOUR DU MONDE* » est l'image inversée du personnage peu sociable qui mange le repas avant l'arrivée des convives et s'isole dans son bureau pour écrire. Et cette image trouve son origine dans la *science culinaire* que l'auteur déploie dans sa *cuisine littéraire* ; elle naît au point où la boulimie de l'auteur contrarie l'image positive qu'il aimerait avoir de lui-même et lui fait encourir le risque d'une régression qui l'exposerait à la violence castratrice de Pierre Verne. Elle exprime son intention de discipliner ses fantasmes alimentaires et de restaurer l'image qu'il a de lui-même.

L'efficacité de cette image tient dans sa dichotomie. Pour le sujet, la livrée de cuisinier tire son efficience de la dialectique

10. Voir Jean JULES-VERNE, « Souvenirs de mon grand-père », pp. 112–6 in *Jules Verne*, p. 115.

11. Ce sont là les symptômes ordinaires de cette pathologie, voir AMERICAN PSYCHIATRIC ASSOCIATION, *DSM-III Manuel diagnostique et statistique des troubles mentaux* (Paris, Masson, 1985), pp. 77–9.

qu'elle établit entre les deux éléments contradictoires du syntagme *science culinaire*.

La dimension orale des pulsions ici convoquées ne fait aucun doute. La boulimie se rattache aux pathologies oro-anales attribuées à l'héritage Allotte de la Fuÿe : elle constitue le complément proprement oral des gastralgies et des coliques. Verne exprime parfaitement cette complémentarité, dans *Bourses de voyage*, par la voix de M. Horatio Patterson, l'économe d'Antilian School, qui accompagne les collégiens dans leur périple : « *C'est à la bouche qu'est dévolue la tâche du premier travail... Elle a des dents faites pour la mastication, tandis que l'estomac en est privé... À la bouche de broyer, à l'estomac de digérer, et l'économie vitale en ressentira les plus heureux effets !* » (*BV*, I, X ; 104). Bouche et estomac sont indissociables dans l'imaginaire vernien, ils contribuent à parts égales à la santé du sujet. Malheureusement, la belle mécanique ainsi exposée est loin de fonctionner sans anicroches. De ce fait, la *science culinaire*, à l'instar de la géophagie, est vécue comme une compensation des troubles oro-intestinaux par l'imagination Allotte. C'est pourquoi je ne lui attribue pas seulement les recettes, les descriptions de repas et, d'une manière générale, le thème de l'alimentation, mais également ce qui permet l'introduction de ces éléments dans la fiction comme, par exemple, le prétexte ethnologique que nous avons vu à l'œuvre dans *Kéraban-le-têtu*, ou encore ce qui, dans l'agencement de la fiction, autorise les membres les plus distingués du Gun-Club à manger, au fond de leur Columbiad, des « *plats exquis et nombreux, qui sembl*[*ent*] *descendre du ciel* » (*TL*, XVI ; 209).

Face à l'oralité maternelle, la science dresse la figure paternelle, si bien que le syntagme *science culinaire* rapproche père et mère, Pierre et Sophie. Mais, contrairement à ce qui se passait dans le maelström, les instances parentales sont ici regroupées pour être mieux contrecarrées. La *science culinaire*, pour Verne, est à la fois une alternative aux sciences exactes et une discipline de l'apprêt imposée aux fantasmes boulimiques. La gourmandise, nous l'avons vu, est une antiscience ; il en va de même de la *science culinaire*. L'adjectif, ici, n'est pas qualificatif mais relationnel[12]. L'épithète n'exprime pas une qualité de la science,

12. Voir Michel ARRIVÉ, Françoise GADET, Michel GALMICHE, *La Grammaire d'aujourd'hui. Guide alphabétique de linguistique française* (Paris, Flammarion, 1986), pp. 33-4.

mais la relation de celle-ci avec la cuisine ; le groupe est en quelque sorte l'équivalent du syntagme *science de la cuisine*. L'on obtient ainsi un complément déterminatif de type subjectif, dans lequel la relation sémantique va du déterminant au déterminé[13] ; c'est donc la cuisine qui apparaît comme le terme principal du groupe et non la science. La composante maternelle prend le pas sur la composante paternelle. Ainsi, la *science de la cuisine* vient-elle s'opposer à la science « tout court ». Cette opposition est explicitement exprimée dans *La Chasse au météore*, sur le ton fantaisiste prêté à un journal américain, le "*Whaston Punch*" :

> Et nous le demandons à tout lecteur impartial, [...] à quoi servent les astronomes, les astrologues, les météorologistes, et quel bien a-t-il jamais résulté de leurs travaux pour les habitants de ce bas monde ?... Et, pour rappeler cette vérité sublime, due au génie d'un Français, l'illustre Brillat-Savarin : « la découverte d'un plat nouveau fait plus pour le bonheur de l'humanité que la découverte d'une étoile ! » (*CM*, VI ; $_{3}$61)

La *science culinaire* nous apprend que le pôle maternel de l'imaginaire vernien est le point de départ du processus linguistique qui triomphe de son pôle paternel. C'est dire que le travail de l'héritage Allotte, qui est un travail de l'oralité, de la langue maternelle et de l'imagination, une *cuisine littéraire*, est ce qui permet au sujet de vaincre la figure paternelle. La science vernienne n'est que l'objet en vue duquel est effectué le travail sur la dimension orale de l'imaginaire. Le programme imaginaire à l'œuvre dans la création des « Voyages extraordinaires » comporte de travailler l'oralité, donc de ne pas se laisser aller au désir primitif de fusion avec la mère, afin de pouvoir échapper à la violence castratrice du père. Je comprends mieux que l'oralité prenne si souvent l'œil en défaut, je comprends mieux aussi le « *pays de prédilection* » (*CH*, I, XXIX ; 273) du docteur Clawbonny : au pays des illusions d'optique, le sujet vernien triomphe de son père.

13. Voir R.-L. WAGNER et J. PINCHON, *Grammaire du français classique et moderne* (Paris, Hachette, « Hachette Université », 1962), § 543, pp.469-70.

Dans « M. Ré-dièze et Mlle Mi-bémol », en 1893, Verne met en scène un organiste sourd, auteur d'une « *fugue extraordinaire* » (*RM*, III ; $_3$8). Ce personnage, le « VIEIL *Eglisak* » ($_3$10), est un double du « VIEUX *conteur* »[14] amiénois. Sa surdité est la transposition aggravée des problèmes d'yeux que Verne rencontra à partir de 1892, et sa fugue est une métaphore des « Voyages extraordinaires ». L'image dit bien que, pour Verne, cette œuvre est une fuite, mais elle dit plus encore. En latin, *fuite* se dit *fuga*, comme *refuge* qui, je le rappelle, évoluera en *fuie*, ou *Fuÿe*. L'écriture est refuge et fuite. Comme dans *Vingt mille lieues sous les mers*, le passage d'un mot à l'autre recouvre le basculement du mythe de Jonas à la révélation d'Argus ; la création vernienne, placée sous le signe de l'imagination Allotte, est un refuge contre la violence du père, dans la mesure où c'est une manière de fuir l'union des instances parentales. La transformation du *fuga*-refuge en *fuga*-fuite explicite la poétique vernienne : pour échapper à la volonté du père, il faut changer le refuge en fuite[15], il faut quitter le pigeonnier, mais cela n'est possible qu'au prix d'un travail sur le pigeonnier lui-même — sur le signifiant *Fuÿe*, précisément —, inscrit dans le cadre maternel de l'imagination Allotte. La révélation d'Argus impose à l'imaginaire une stratégie de fuite que l'écriture élabore en établissant un rapport de substitution entre le livre-nourriture et la mère nourricière. Dès lors, la boulimie de l'auteur trouve à se satisfaire par ses propres productions imaginaires, donc sans nécessiter de régression et sans exposer l'auteur aux risques liés à une fusion avec la mère.

L'écriture vernienne établit un système de vases communicants entre le ventre fictif des personnages et le ventre imaginaire du sujet écrivant. Les préparations du chef cuisinier Verne lui per-

14. C'est ainsi que Verne aimait à se présenter lui-même, sur la fin de sa vie. Voir notamment les signatures des lettres à Mario TURIELLO, « Lettres de Jules Verne à un jeune Italien commentées par leur destinataire M. Mario Turiello », *Bull. JV*, spécial hors série n° 1, pp. 162–202.

15. Je vois un reflet thématique de cette poétique dans la constante destruction des refuges verniens, analysée dans un sens initiatique par Simone VIERNE (« Les Refuges dans les romans de Jules Verne », pp. 53–106 in *Le Refuge I*, Jean BURGOS *ed.* [Paris, Lettres Modernes, « Circé », 1970]).

mettent tout à la fois d'échapper à la tentation d'une fusion de type prénatal avec la mère et de résister à la violence paternelle, jusqu'à opposer au père une science alternative et supérieure à la sienne. C'est ainsi que l'écrivain se construit comme sujet autonome et triomphe, sur le plan de la psychomythie, des dangers incarnés par le couple des instances parentales. C'est en réunissant science et cuisine, en établissant un rapport de substituabilité entre ces termes, profondément antagonistes dans son imaginaire, que Verne réussit à vaincre à la fois son désir de sa mère et sa crainte de son père.

L'analogie du romancier à un chef cuisinier manifeste la parfaite maîtrise de l'oralité et le triomphe de l'artiste dans sa lutte contre les projets paternels. Elle contient en profondeur la représentation que Verne se fait de ses relations avec les instances parentales ; elle constitue, en quelque sorte, une figuration de l'*idéal du moi*[16].

du théâtre au roman

Avant même les « Voyages extraordinaires », les repas occupaient une place importante dans la création vernienne. Dans *Les Châteaux en Californie*, par exemple, comédie-proverbe en un Acte publiée en juin 1852 dans le *Musée des familles*, il est constamment question d'un dîner que Mme Dubourg entend donner le soir même, sans avoir l'argent pour le payer : « *Un dîner splendide ! trois services complets... Je ne sais pas encore combien j'aurai de hors-d'œuvre. J'irai consulter Chevet. J'ai envie qu'il y ait trois potages !* » (*ChCal*, sc. 5 ; $_7$108). À côté de ce repas réel, le langage de Catherine, la cuisinière, est encore assaisonné de toute sorte de clichés et proverbes déformés dans un sens alimentaire : « *mieux vaut lard que navet !* » (sc. 1 ; $_7$102), « *il nous servira comme une cinquième roue à une carotte !* » (sc. 13 ; $_7$118), « *l'occasion fait le marron, et les œufs font la paire* » (sc. 26, $_7$138). En outre, le neveu de ce « *torchon bleu* » (sc. 1 ; $_7$104), déguisé en Prince russe, s'est inventé un nom de grosse légume : Alexis de Salsificof.

Une pièce de la même époque, comédie italienne en trois Actes

16. En 1923, Freud définit en effet le surmoi et l'idéal du moi comme la « *représentance de notre relation aux parents* » (Sigmund FREUD, *Essais de psychanalyse* [Paris, Payot, « Petite Bibliothèque Payot », 1983], pp. 219–75 : « Le Moi et le Ça », p. 248).

et en vers, porte un titre suffisamment évocateur : *Quiridine et Quidinerit*. Au lever de rideau, un boniment d'apothicaire rappelle les préoccupations du jeune étudiant parisien, tenaillé par la gastralgie et les envies de friandises :

> Entrez Messieurs, je suis un homme pour tout faire,
> Confiseur, d'un côté, de l'autre, apothicaire,
> Fournisseur breveté des palais délicats,
> Et l'humble serviteur des mauvais estomacs !
>
> (*QQ*, I, sc. 1 ; $_6$847)

Dans une autre pièce, *Monna Lisa*, rédigée entre 1851 et 1853, Léonard de Vinci s'occupe autant de peindre et d'aimer la Joconde que de chercher un modèle à Judas pour achever le tableau de la Cène. Durant toute la sixième scène de l'opérette *M. de Chimpanzé* (1858) — qui en compte neuf et un finale —, la table est dressée ; on y apporte *« différents comestibles » (*MCh*, sc. 6, $_3$22) et l'on y mange, non sans quelques bruits puisque le personnage éponyme fait entendre un *Am ! am ! am ! am !* évocateur. On trouve, de même, une scène à table dans *Un Neveu d'Amérique ou les deux Frontignac*, écrit en 1861. Enfin, le 1er septembre 1860, Verne et le musicien Aristide Hignard conviaient les spectateurs du Théâtre Lyrique à *L'Auberge des Ardennes*.

Au début, ces repas venaient sans doute compenser le maigre régime qu'imposaient au jeune auteur ses revenus et ses troubles intestinaux. La boulimie n'est venue qu'ensuite, avec le diabète, mais elle était déjà bien préparée sur le terrain du fantasme. Tous ces exemples tendent à prouver que l'intérêt de Verne pour le théâtre était lié à des préoccupations orales. Dans ce genre littéraire, il trouvait l'occasion de réunir les deux formes de l'oralité : la voix et l'alimentation.

À l'origine des « Voyages extraordinaires », il y a, dans le sillage de l'insatisfaction ressentie à la naissance de Michel Verne, une modification de cette relation à l'oralité. L'étude des composantes orales de l'imaginaire vernien permet, en effet, de déterminer quelle stratégie de défense le sujet a développé pour parvenir à une gloire qui devait le venger tout à la fois de son père et de toutes les Herminie. Cette stratégie comprend deux étapes psychomythiques. La première comporte de se réconcilier avec sa mère et son propre corps, de déployer son imagination Allotte et de se considérer comme le fils de Sophie plus que celui de Pierre. La deuxième consiste à élaborer une image de soi qui permette l'autonomie par rapport au couple parental, puis à s'y conformer. Ces deux étapes sont placées sous le signe du ventre. Il s'agit à chaque fois de mettre en place une oralité satisfaisante. Tandis que l'imaginaire optique visait des tiers (le père, Herminie, M. Terrien de la Haye), l'imaginaire oral révèle davantage une inquiétude narcissique. En termes de stratégie de communication, je suis tenté de dire que, si les complexes optiques s'adressaient à trois narrataires extérieurs, les contraignant à reconnaître la valeur de l'homme qu'ils avaient bafoué, l'oralité ne concerne que la relation narcissique du sujet avec lui-même.

Le travail sur l'oralité se manifeste, dans l'écriture, par une rupture avec le genre théâtral, qui est une rupture avec la voix. Abandonner la voix, c'était passer de la déclamation à l'ingestion, d'une oralité exposée à une oralité intime. Verne a cessé de chercher la gloire sur les planches à partir du moment où il lui est apparu plus satisfaisant de se nourrir en écrivant que de mettre en scène ses préoccupations orales. Du reste, il n'est pas impossible que la perspective de passer du *livret* au *livre*, voire au *volume*, ait participé à l'adhésion de son imaginaire boulimique à la prose romanesque. Le Verne des « Voyages extraordinaires » n'a pas manqué de faire une forte consommation de ses manuscrits : une version au crayon, repassée ensuite à l'encre, puis divers jeux d'épreuves, «*jusqu'à 8 ou 9*»[17] parfois.

Il est évident que la notion de renoncement à l'écriture théâtrale doit être tempérée. D'une part, comme l'a fort justement établi Robert Pourvoyeur[18], les « Voyages extraordinaires » comportent bien des situations, des tableaux, des personnages, des dialogues proprement théâtraux ; d'autre part, Verne n'a jamais complètement renoncé au théâtre puisqu'il a travaillé, avec d'Ennery ou seul, aux adaptations de ses romans. La théâtralité de son écriture m'apparaît à la fois comme un réinvestissement de ses expériences et la trace de sa domestication de l'oralité vocale. Quant aux adaptations des « Voyages » au théâtre, il s'agit d'un travail prosaïquement *alimentaire* visant à compenser

17. J. VERNE, « Jules Verne à la maison » (cité n.4), p.363. Tels sont les secrets de sa « cuisine littéraire », exposés à Marie Belloc.

18. Voir R. POURVOYEUR, « Théâtre et musique chez Verne », pp.85–101 in *Grand Album Jules Verne* (Paris, Hachette, « Les Intégrales Jules Verne », 1982).

par d'importants revenus annexes les mesquineries financières d'Hetzel ; il est d'ailleurs intéressant de noter que l'idée de la première adaptation théâtrale, celle du *Tour du monde en quatre-vingts jours* est de l'éditeur lui-même, soucieux sans doute d'enrichir son auteur sans frais.

P'tit-Bonhomme témoigne à sa manière de ce bouleversement de la relation avec l'oralité maternelle. Sur la scène du théâtre de Limerick, le jeune héros récemment pris en charge par une actrice retrouve, à son corps défendant, les haillons de ses débuts : il doit tenir le rôle d'un petit mendiant que reconnaît, dans un décor de chaumière, la duchesse qui l'a abandonné à la naissance. Mais, dans « *sa naïveté, il pren*[*d*] *les choses au sérieux* » (*PB*, I, VII ; $_5$82) et compromet gravement la situation dramatique. Dans les bras de l'actrice, il a la révélation de l'amour maternel — « *Jamais il ne s'est senti si maternellement aimé !* » ($_5$83) — et croit sincèrement avoir retrouvé sa propre mère :

> « Ah ! madame Anna, s'écrie-t-il, pourquoi m'avez-vous dit que vous n'étiez pas ma maman...
>
> — Te tairas-tu, petit malheureux !... Veux-tu te taire ! murmure-t-elle, tandis que le duc et le magistrat restent déconcertés devant ces répliques non prévues.
>
> — Si...si... répond Sib, vous êtes ma maman... Je vous l'avais bien dit, madame Anna... ma vraie maman ! » (*PB*, I, VII ; $_5$84)

Humiliée, Miss Anna Waston s'évanouit sur scène ; le lendemain, elle quitte Limerick sans se soucier de P'tit-Bonhomme, qui retourne à la rue dans ses oripeaux de théâtre : « *Elle s'en débarrassait comme d'un objet ayant cessé de plaire et dont la vue seule lui eût été odieuse. Il n'y a pas d'affection qui tienne devant les froissement de l'amour-propre* », conclut Verne. Cette scène exprime les grandes lignes de la logique qui l'a conduit à renoncer au théâtre. Sur les planches, la voix expose la relation du fils à sa mère — donc à l'oralité — de manière dangereuse ; elle conduit à une régression traumatique, symbolisée par le retour à la rue : la bonne mère, à peine retrouvée, se révèle immédiatement mauvaise et met en péril le sujet.

L'étude de l'imaginaire permet d'établir qu'à la naissance de son fils, l'oralité de Verne s'est restructurée pour permettre au sujet de prendre sa revanche sur Pierre Verne et Herminie. Cette restructuration a imposé la nécessité d'écrire sous une forme romanesque des voyages qui satisfassent à la fois la géophagie et la boulimie de l'auteur. L'imaginaire oral a fixé le cadre général des « Voyages extraordinaires » et leur forme d'expression, tandis que l'imaginaire optique en a déterminé la matière fictionnelle.

L'adoption du genre romanesque n'a pas constitué pour Verne un retour à une forme antérieure. Certes, le jeune auteur avait écrit bien des textes en prose narrative avant d'entamer les « Voyages extraordinaires », quatorze au total, mais il n'avait publié que cinq nouvelles : « Les Premiers Navires de la marine mexicaine », « Un Voyage en ballon », « Martin Paz », « Maître Zacharius » et « Un Hivernage dans les glaces ». On peut trouver bien des points communs entre ces textes et les œuvres postérieures ; d'ailleurs ils ont tous été intégrés, après correction, au cycle des « Voyages » ; néanmoins, ils se démarquent de la structuration de l'imaginaire établie après la naissance de Michel parce que, précisément, ce ne sont pas des romans[19]. La note qui accompagne « Martin Paz » ne laisse aucun doute à cet égard : à propos des nouvelles de jeunesse, Hetzel — et plus sûrement Verne lui-même, signant du nom de son éditeur — y écrit que l'« *auteur n'avait pas encore trouvé le genre qu'il a créé et qui a rendu son nom célèbre* » (*MP* ; $_1$225). Avant *Cinq semaines en ballon*, Verne n'avait entamé que deux romans, laissés inachevés : *Un Prêtre en 1839* (1845-1847) et *Jérédias Jamet* (1853) ; il avait également raconté de manière quelque peu romancée son *Voyage en Angleterre et en Écosse* (1859)[20] et jeté les douze premières pages du récit autobiographique de son voyage de 1861, *Joyeuses misères de trois voyageurs en Scandinavie*. De vrai roman, point[21]. La fuite que constitue pour

19. Dans l'introduction de sa thèse d'État, Jean Delabroy établit que l'imaginaire vernien s'est réorganisé pour produire les « Voyages extraordinaires » ; il date cette réorganisation de 1863 et l'interprète comme « *un changement de stratégie à la fois formelle et idéologique* » (p. 109). Voir J. DELABROY, « Jules Verne et l'imaginaire, ses représentations et ses fonctions principales dans la période de formation de l'œuvre romanesque (1851–1875) », Thèse d'État (Université de la Sorbonne Nouvelle [Paris III], 1980), pp. 1–134 : « L'Ancien et le nouveau (les textes romanesques de jeunesse et le premier état de l'imaginaire vernien) ».

20. Je ne compte pas ici « Le Comte de Chanteleine » que certains verniens présentent comme un bref roman, mais que Verne considérait comme une nouvelle puisqu'il voulait l'intégrer au recueil de *Souvenirs d'enfance et de jeunesse*.

21. Cela me conduit à penser, comme Piero Gondolo della Riva, que *Paris au XXe siècle* n'a pu être rédigé qu'après *Cinq semaines en ballon*. Voir *Paris au XXe siècle* (Paris, Hachette/Le Cherche Midi, 1994), p. 18

Verne l'écriture des « Voyages extraordinaires » est tout à la fois une récréation au sens strict, un réconfort, et une nouvelle création, une re-création. On comprend qu'elle se soit parfaitement accordée au projet hetzelien. Ainsi, comme l'imaginaire optique formait la matrice éducative de l'œuvre[22], l'imaginaire oral en fonde la dimension récréative[23].

Après 1862, Verne est parfois revenu à des récits courts, par fidélité au *Musée des familles* d'abord, puis pour distraire les lecteurs des *Mémoires* de l'Académie d'Amiens, compléter un volume ou figurer dans un périodique touchant un large public. Cela constitue une dizaine de textes, dont la plupart tranchent fortement sur le ton des « Voyages » par leur caractère satirique ou merveilleux. Seuls « Une Fantaisie du docteur Ox » et « Les Forceurs de blocus », tous deux publiés par le *Musée des familles*, se rattachent sans peine à la veine des « Voyages ». Ces nouvelles sont tout à fait intéressantes pour le chercheur, précisément parce que leur brièveté fait mieux apparaître les principes de composition de l'auteur, mais elles s'inscrivent en marge du courant principal de la création vernienne, qui est fondamentalement romanesque.

22. Voir *supra*, chap. 5, pp. 101–3 : "*naissance*".

23. La place de la mère dans la dimension récréative de l'œuvre conduit Verne à féminiser cet aspect de l'écriture, comme en atteste cette lettre à Hetzel de 1864, dans laquelle l'auteur se plaint avec humour d'avoir été placé dans la partie éducative du *Magasin* :

* [Vous savez que [Jean Macé] est mon directeur spécial dans le journal, et je lui dois plus qu'à vous. Voilà ce que c'est que de m'avoir mis dans la partie éducation qu'il dirige. Vous avez gardé la récréation, mon cher Sthal [*sic*], (côté des dames ! !) je vous reconnais bien là ; aussi j'échappe complètement à votre férule.]

(BN, I-10)

CONCLUSION

> « [...]
> — [...] *Ah ! mylord, que nous l'aimions ! Tenez, je crois qu'il faut être petit pour bien aimer son père !*
> — *Et grand pour le vénérer, mon enfant", répondit Glenarvan, tout ému des paroles échappées de ce jeune cœur.* »
> (*CG*, I, XVIII ; 189)

UNE CRÉATION HUMORISTIQUE

la question de l'âge

La poétique du sujet vernien procède d'une tension filiale feutrée : Verne refuse l'autorité paternelle, sans toutefois désirer un affrontement avec Pierre Verne, puis il est déçu par la naissance de Michel, tout en souhaitant se poser en père soucieux de sa progéniture et en bon chef de famille. C'est l'axe masculin qui pose problème. L'axe féminin, quant à lui, une fois passé l'âge des premières amours, est celui des solutions : imagination Allotte, mariage avec une veuve, re-création de soi-même et d'une œuvre. Certes, ces solutions ne sont pas exemptes de pièges, mais qui sont systématiquement déjoués. Les dangers que représentent les femmes, mère ou épouse, sont chaque fois surmontés au profit du sujet.

L'œuvre est née du déplacement des frustrations éprouvées sur l'axe de la filiation paternelle : la genèse des « Voyages extraordinaires » tient à ce que le fils insoumis de Pierre Verne était devenu le père insatisfait de Michel Verne. Le 26 janvier 1851, au début d'une lettre à son père, Verne définissait ainsi son esprit et ses projets littéraires :

Je travaille, et si mes œuvres n'ont pas un résultat prochain, j'attendrai !

Ne croyez surtout pas que je m'amuse ici, mais il y a une fatalité qui m'y cloue ; je puis faire un bon littérateur, et ne serais qu'un mauvais avocat, ne voyant dans toutes choses que le côté comique et la forme artistique, et ne prenant pas la réalité sérieuse des objets. Il est funeste qu'au point de vue pécuniaire la position ne soit pas aussi brillante ; et c'est mon plus grand ennui au milieu de mes préoccupations de toutes sortes. C'est donc bien comme une grâce spéciale que j'envisage la pension paternelle, et si la situation se prolonge, ce ne devra même plus être qu'à titre de prêt. Si cependant plus tard, par mes travaux, il y avait quelque illustration répandue sur la famille, cela ne ferait de tort à personne ; il faut donc agir dans le présent et avoir foi dans l'avenir. (JVCF, 28)

Art et comique sont indissolublement liés ici car, à cette époque, Verne avait abandonné ses prétentions d'auteur tragique. La plupart de ses tragédies — *Alexandre VI* (1847), *La Conspiration des poudres* (1848), *Un Drame sous Louis XV* (1849) — sont antérieures à 1850. Après cette date, il s'en tient à l'inspiration légère, ne rédigeant plus, pour la scène, que comédies, vaudevilles, opérettes ou opéras-comiques. On ne peut citer qu'une seule « rechute » : la rédaction, en 1852, de *La Tour de Monthléry*, drame en cinq Actes et un prologue. L'ambition définie par Verne dans cette lettre est profondément familiale. Il ne s'agit pas de rompre avec les siens, mais de profiter d'une singularité irréfragable (« *une fatalité* ») pour attirer sur tous un prestige supérieur à celui que procurerait le respect des projets paternels. Verne présente sa tournure d'esprit comme une aubaine familiale. L'auteur de *Quiridine* — qui a tant fait rire les Dumas, père et fils[1] — intègre donc sa fantaisie dans l'ordre bourgeois et voudrait que son père voie dans la pension qu'il lui verse un investissement à long terme. La démarche est habile : le fils bohème se représente en défenseur des intérêts supérieurs de la famille. Il s'agit, en fait, de prouver à son père qu'il est au moins aussi raisonnable que lui.

Deux mois plus tard, Verne complète sa stratégie en abordant de front la question des revenus littéraires :

Tu me dis, mon cher papa, que Dumas et autres n'ont pas le sol ; c'est qu'ils manquent d'ordre, et non pas d'argent. A. Dumas gagne ses 300 000

1. « *Dumas fils et Alexandre Dumas ont ri à se tordre à la lecture de* Quiridine » (JVCF, 26) lettre datée de « *Paris, janvier 1851* ». Cette lettre, citée d'après *L'Écho de la Loire*, est sujette à caution, comme toutes celles dont nous ne possédons pas l'original. Toutefois, Olivier Dumas ne la donne que comme « *certainement tronquée* » (JVCF, 26, n. 1), ce qui ne remettrait donc pas en cause cette citation.

francs par an. Dumas fils, sans se gêner, 12 à 15 000 francs, Eugène Sue est millionnaire, Scribe 4 fois millionnaire, Hugo 25 000 francs de rente, Féval, tous, tous, tous ont une fort jolie aisance et ne se repentent pas de la voie qu'ils ont suivie ! (JVCF, 32)

En préambule à cette liste de fortunes, Verne avait condamné sévèrement la vie d'artiste : ce n'est pas le métier qui rend pauvre, mais les comportements individuels de dilapidation qui nuisent à une capitalisation telle que peut la rêver Pierre Verne. C'est se démarquer du milieu parisien pour afficher un sérieux capable de rassurer son père. Cela confirme qu'à cette époque Verne voit dans la littérature un outil de réussite sociale.

Il joue la carte de la confiance filiale ; il essaie de se montrer adulte et raisonnable. Pour parvenir à ses fins, il va même jusqu'à associer son père à son travail de création, ce qui nous vaut quelques lettres assez cocasses où la différence d'esprit entre le fils et le père apparaît criante, tel ce paragraphe datant sans doute d'octobre 1851 et consacré à un Acte de comédie intitulé *De Charybde en Scylla* :

Je te remercie bien de tes observations. La plupart sont très vraies ; mais je crois que tu t'es néanmoins montré un peu sévère. Cela vient sans doute, de ce que tu as cru que je voulais me moquer de la religion, quand je n'y pensais même pas ! Je la considère comme une chose respectable, et je la respecte. J'ai eu tort de mettre dans la notice des personnages que Canivet était voltairien ; il ne l'est pas ! il raisonne comme tout le monde (à tort sans doute) raisonne maintenant. C'est un indifférent, et non un impie. Je ne tourne point en ridicule les pratiques religieuses dont parle la vieille fille. Au surplus, je les retrancherai. (JVCF, 45)

Paroles en l'air, évidemment : Canivet est bel et bien demeuré « *voltairien* » (*CS* ; $_6$959) et la vieille fille, Céleste, « *bigotte* ». Du reste, la pièce aurait perdu beaucoup de ses effets sans cela. Pierre Verne ne saurait être un bon juge des œuvres de son fils, ni quant au fond, ni quant à la forme : « *Pour le style, mon cher papa, je ne pensais pas que tu l'eusses autant critiqué.* [...] *Ainsi tu blâmes des endroits qui m'ont été signalés comme bons.* » (JVCF, 45). Verne sait parfaitement que son humour est aux antipodes du sérieux de Pierre Verne. Sa démarche vise à faire comprendre à son père que l'écriture est pour lui un vrai métier, et qu'il travaille assidûment. Afin de s'attirer les bonnes grâces financières de l'avoué nantais, il entend se forger une image d'homme mûr et réfléchi.

À la fin de 1852, l'alliance avec le père semble réussir au mieux des intérêts du fils ; Verne entame des démarches auprès de Pitre-Chevalier pour faire publier un texte de Pierre Verne, une traduction de Dante :

> Mon cher papa, je te prie de m'envoyer d'ici à quelque temps ta traduction d'Ugolin[2] ; je suis allé hier à Marly ; j'en ai parlé à M. Pitre-Chevalier qui serait enchanté de publier un travail de cette nature, et cela pourrait paraître dans trois ou quatre mois.
>
> Naturellement j'ai dû lui dire que cette traduction était de toi, et il lui plairait fort de t'être agréable de cette façon. L'article serait seulement signé du nom de Verne sans initiale de prénom. (JVCF, 55)

Cette signature, confondant le père et le fils, symboliserait le succès de leur collaboration. De ce fait, lorsqu'il reçoit le texte paternel en novembre 1852, Jules affiche son plaisir à se sentir adulte et, sa verve aidant, l'enthousiasme déborde :

> [...] j'ai lu et relu *Ugolin* ; je le lirai et relirai à P. Chevalier [...].
>
> À propos, je deviens un autre homme ! mon esprit est octogénaire ; il a une béquille et des lunettes ; je me fais vieux comme le monde, sage comme les sept de la Grèce, profond comme le puits de Grenelle, observateur comme Arago, moraliste comme les raisonneurs du vieux répertoire ; vous ne me reconnaîtrez plus ; j'ai le cœur chauve ! ah ! mon cher Genevois me trouve léger, vain, superficiel. Eh bien, je veux peser cent quintaux d'ici à deux mois ; et me barbouiller l'esprit de couleurs sombres ; est-ce donc la sagesse de trouver la vie noire comme l'entrée de l'averne, noire comme le drapeau de l'indépendance américaine, noire comme un drame de Ducange, noire comme la famille d'un charbonnier ? (JVCF, 56)

La dernière question dit bien toute la distance que le jeune homme garde avec la respectabilité bourgeoise ; néanmoins, il apparaît clairement que la collaboration avec son père ouvre à Verne les portes de l'âge adulte, et qu'il s'en réjouit.

Lorsque, quelques semaines plus tard, le lien de confiance est rompu à la suite d'une médisance, la question de l'âge en est directement affectée. Certain Nantais anonyme est allé raconter à Pierre Verne que Jules le trompe sur ses revenus, qu'il est appointé au Théâtre Lyrique, et donc que la pension paternelle devient inutile. Alors, le jeune auteur se lance dans une diatribe venimeuse contre les Nantais et démontre à son père qu'il ne

2. Nous ne connaissons pas ce texte, mais il s'agit sans doute d'une traduction des Chants XXXII et XXXIII de l'*Enfer*.

peut être rémunéré par ce Théâtre puisqu'il y a fait recevoir un opéra :

> Je regrette du plus profond du cœur, mon cher papa, d'être obligé vis à vis de toi d'employer la forme irrécusable du syllogisme, j'aurais mieux aimé te donner ma parole d'honnête homme qu'il en était ainsi ; mais tu ne me croirais pas ; tu peux t'assurer de la vérité de ma logique ; tu me crois capable de cachotteries pareilles ; je ne sais vraiment pas quel âge j'ai, ou quel âge on me donne, mais, sur mon âme, celui qui a porté contre moi cette calomnie s'est fait un ennemi mortel, et je m'en vengerai.
>
> (JVCF, 57)

Voici que pointe le futur *Vengeur* ! Le thème de l'âge apparaît d'abord implicitement à travers celui de la «*parole d'honnête* HOMME», puis explicitement. Verne ne supporte pas d'être pris pour un enfant après tous les efforts qu'il a faits pour se montrer adulte et raisonnable. Sa formulation est intéressante : « [...] *je ne sais vraiment pas quel âge j'ai, ou quel âge on me donne* », l'expression énonce un doute intime, elle signifie que le jeune auteur attend du regard des autres qu'il confirme son propre point de vue sur son âge. Là encore, une des problématiques de sa future création transparaît : Verne entend qu'on le *reconnaisse* adulte.

L'argent paternel et, plus précisément, la confiance dont il témoigne, est, aux yeux du jeune auteur, le garant de sa maturité. Ainsi, dans une lettre de 1853, remerciant son père pour un envoi exceptionnel de soixante francs, Verne peut-il écrire :

> Car, la vieillesse s'appesantit sur nos cheveux blonds ; notre crâne laisse déjà pointer quelques cheveux blancs ; notre visage est sillonné de rides, comme la campagne de Rome par les tranchées du siège ; il nous appartient maintenant de prêcher la sagesse aux jeunes fous que nous avons vus naître ; voici l'heure où l'homme comme il faut, commence à prendre du ventre, et entend craquer par toutes les coutures les vêtements de son jeune âge ; j'ai déjà dit adieu à toutes les illusions de l'enfance, maintenant que la vieillesse m'a imprimé ses pattes d'oie sur les tempes, et j'entends confusément dans l'ombre mes petits-fils me priant de leur raconter les contes de Perrault. (JVCF, 64)

La fin de cet extrait explique la jubilation qu'aura l'auteur, sur la fin de sa vie, à se présenter sous les traits d'un *vieux conteur*.

Dans l'histoire des frustrations filiales de Verne, la question de l'âge détermine l'un des aspects importants de son écriture : l'humour.

Que faut-il entendre par « humour » ? Dans un texte écrit en 1927, Freud explique le mécanisme génétique de l'humour comme la *« contribution apportée au comique par l'intermédiaire du surmoi » (p.407[3]). Il construit cette hypothèse à partir d'un constat : le sujet qui adopte envers d'autres personnes une attitude humoristique « *se conduit à leur égard comme l'adulte à l'égard de l'enfant* » (p.404[3]). Parallèlement, lorsque l'humour se retourne contre le sujet lui-même, c'est alors le surmoi, héritier de l'instance parentale, qui considère le moi comme un enfant (pp.404-5[3]). Dans les deux cas, l'humoriste cherche à « *se défendre contre une souffrance* » (p.404[3]).

Je comprends, dès lors, l'importance de l'humour dans les œuvres de jeunesse : il contribue à une exaltation de la maturité du jeune auteur. Il reflète, certes, sa crainte de ne pas être mûr mais, en contrepartie, il cherche à démontrer au jeune écrivain qu'il est bel et bien adulte. Je comprends aussi que cet humour ait trouvé un véhicule approprié dans l'attitude d'autoprotection que représenta, à partir de la naissance de Michel, la création des « Voyages ». L'humour constitue chez Verne une constante idiolectale, la seule vraiment importante qui parcoure l'œuvre entière, des comédies de jeunesse aux romans de la maturité.

Poursuivons la définition de ce terme. Dans sa lettre du 26 janvier 1851, Verne écrit, d'une part, qu'il ne voit « *dans toutes choses que le côté comique et la forme artistique* » et, de l'autre, qu'il ne peut saisir « *la réalité sérieuse des objets* » (JVCF, 28). Ainsi, le couple du comique et de l'art sont-ils opposés à une représentation fidèle du réel. Art et humour apparaissent complémentaires dans le rejet vernien de la réalité, dans la condamnation de son sérieux. L'humour vernien oppose l'art au sérieux — et il le fait, non sans paradoxe, avec beaucoup de sérieux. Essayant de définir l'humour dans un cadre psychanalytique, Maurice Bénassy oppose, lui, le sérieux et le jeu, puis il note que cet antagonisme exprime « *l'opposition (régressive) entre les activités imposées par la réalité dont le Moi deviendra responsable et les activités, plaisirs purs appartenant au sujet lui-même*

3. Voir Sigmund FREUD, *Le Mot d'esprit et ses rapports avec l'inconscient* (Paris, Gallimard, « Idées », 1983), pp.399–408 : « L'Humour ».

(avant que Narcisse se sache Narcisse) en tant que Ça »[4] ; à partir de là, et sur la base d'un exemple concret, il définit l'humour comme « *une humeur de jeu qui permet de prendre une certaine distance (régressive) vis-à-vis de la réalité* »[5]. Jouer avec le réel au lieu de le prendre au sérieux, c'est exactement ce que Verne prétend faire ; on voit que l'appréhension analytique de l'humour rend parfaitement compte de sa poétique.

L'humour est un mécanisme de défense qui survient devant un affect angoissant, c'est une réaction du narcissisme devant une menace planant sur son intégrité. Trois éléments jouent un rôle majeur dans sa constitution : la régression, la relation avec le surmoi et le narcissisme[6]. Leur examen permet d'éclairer la place de l'humour dans la poétique vernienne, d'expliquer tout à la fois sa constance et son passage au second plan après la naissance de Michel.

L'humour est fondamentalement régressif dans la mesure où il contrecarre le sérieux de la réalité en réduisant celle-ci aux dimensions d'un jeu d'enfant (voir p. 408[3]). La perspective dynamique permet d'éclairer l'apparente ambiguïté des relations entre *enfant* et *adulte* dans l'humour. Freud explique le surgissement de l'humour par un « *déplacement de grandes quantités d'investissement* » (p. 405[3]) du moi au surmoi ; l'*enfant* (moi) triomphe à la faveur de ce déplacement, mais avec la permission de l'*adulte* (surmoi), en s'identifiant à lui, sans toutefois cesser d'être luimême[7]. La parenté entre humour et jeu d'enfant est sensible, chez Verne, dans la présentation de Quiquendone, par exemple, lorsque l'on apprend, entre autres informations touristiques, que

4. Voir Maurice Bénassy, « À la recherche d'une définition de l'humour », *Revue française de psychanalyse*, n° 4, 1973, pp. 517–22 (p. 522).

5. Maurice Bénassy, « L'Humour à l'œuvre », *Revue française de psychanalyse*, n° 4, 1973, pp. 565–70 (p. 570).

6. Je m'appuie ici sur les analyses de : Jean Bergeret, « Pour une métapsychologie de l'humour (Introduction à une recherche) », *Revue française de psychanalyse*, n° 4, 1973, pp. 539–65.

7. Ce mécanisme est fort bien expliqué par Maurice Bénassy, « L'Humour à l'œuvre », *Revue française de psychanalyse*, n° 4, 1973, pp. 565–70 :

L'humour (tel que Freud l'entend) apparaît grand de la grandeur du narcissisme. L'humour proclame l'invulnérabilité du Moi. En lui le principe de plaisir triomphe mais avec la permission bienveillante d'une grande personne qui surveille cet enfant. Le changement de distribution de l'énergie est porté par le mouvement d'identification de l'enfant à la grande personne sans cesser d'être (au prix d'une dissociation du Moi ?) l'enfant et la grande personne. On peut voir ici simultanément vécues deux structures dont aucune n'est vraiment inconsciente phénoménologiquement. (p. 568)

la cité flamande « *a pour principale industrie la fabrication des crèmes fouettées et des sucres d'orge sur une grande échelle* » (*FDO*, I ; 2). D'emblée, cette ville, absente de toutes les cartes de géographie, apparaît comme un paradis pour enfants, une sorte de « *pays des merveilles* »[8], pour reprendre un terme de Ferenczi. Il en va de même, quoique dans un registre plus noir, lorsque nous sont présentés les artilleurs du Gun-Club :

> Béquilles, jambes de bois, bras articulés, mains à crochets, mâchoires en caoutchouc, crânes en argent, nez en platine, rien ne manquait à la collection, et [...] Pitcairn calcula [...] que, dans le Gun-Club, il n'y avait pas tout à fait un bras pour quatre personnes, et seulement deux jambes pour six.
>
> Mais ces vaillants artilleurs n'y regardaient pas de si près, et ils se sentaient fiers à bon droit, quand le bulletin d'une bataille relevait un nombre de victimes décuple de la quantité de projectiles dépensés. (*TL*, I ; 8)

Le lecteur est placé devant une population d'êtres plus proches du pantin que de l'homme par leur apparence. La statistique enlève tout caractère sérieux aux blessures ; elle nous permet d'envisager ces personnages sous un angle comique et dédramatise ainsi leur activité. Elle est la marque du passage de ces monstres guerriers dans un univers de fiction, où ils ne vont plus tuer personne, mais réaliser un des plus vieux rêve de l'humanité. Le second paragraphe quitte partiellement le terrain de l'humour pour gagner celui de l'ironie avec la formule « *à bon droit* ». En fait, l'ironie vient en relais de l'humour pour condamner plus explicitement la vocation belliqueuse de l'artillerie. En peignant les membres du Gun-Club, Verne dénonce les horreurs de la guerre, mais il le fait hors d'un cadre polémique, sur le ton de la farce, afin de ne choquer aucun lecteur. L'humour est subversif, mais il fait en sorte de n'être pas condamnable, ni intimement, ni socialement. Quant à l'intimité du sujet, il y parvient en vertu du principe économique en œuvre dans la mise en place du mécanisme de défense : la pulsion, déchargée par le narcissisme pour faire face à la menace qu'il perçoit, n'est pas réalisée complètement, sa satisfaction en reste

8. « *Ferenczi a rappelé que pour Freud l'humour* [...] *correspondait* [...] *à un retour en direction du "paradis perdu", du "pays des merveilles"... il s'agirait d'enfantillages réveillés, bien plus que de traits morbides.* » (Jean BERGERET, « Pour une métapsychologie de l'humour (Introduction à une recherche) » [cité n.6], p.544).

au niveau du plaisir préliminaire, « *centré sur l'évocation de la réalisation agréable et non interdite par le Surmoi* » (p.557[9]). Pour ce qui est de la dimension sociale, le rôle joué par la morale dans le surmoi suffit à expliquer que la société ne prohibe pas ce que celui-ci autorise. Si l'humour évite la réprobation du surmoi, il n'en est pas moins redresseur de torts ; il constitue une « *vengeance obtenue sur l'objet* » (p.546[9]), c'est-à-dire sur ce qui produit l'affect angoissant déclencheur de la réaction de défense.

L'aspect régressif de l'humour favorise le retour au stade infantile nécessité par le complexe de géophagie ; sa collaboration à cette composante de l'imaginaire vernien apparaît d'autant plus pertinente si l'on accepte, à l'instar de Jean Bergeret, de le voir agir « *comme augmentant la capacité de liaison de l'auto-érotisme, comme permettant le développement des représentations avantageuses en plaçant ces représentations en rapport avec les affects flottants* » (p.558[9]). Ainsi compris, l'humour facilite bel et bien l'émergence des images propres à satisfaire l'auto-érotisme buccal. Et l'on trouve, en effet, au fil des « Voyages extraordinaires », maints exemples d'alliance de l'humour et de la géophagie. Dans *Sans dessus dessous*, cette protestation contre les projets du Gun-Club : « *Voyez-vous ces Yankees !* [...] *Embrocher la terre sur un autre axe !* » (*SDD*, X ; $_{1}$404). Ici, un trait d'Hector Servadac : « [...] *pour l'estomac, toutes les eaux de la Garonne auraient pu passer à travers celui du capitaine sans le troubler un seul instant.* » (*HS*, I, III ; 18). Là, une plaisanterie sur les Anglais :

L'île d'Oahu se dessine à cinq milles dans le sud-ouest. Au-dessus pointent, à l'est, le Diamond Head, ancien volcan qui domine la rade sur l'arrière, et un autre cône nommé le Bol-de-Punch par les Anglais. Ainsi que l'observe le commodore, cette énorme cuvette fût-elle remplie de brandy ou de gin, John Bull ne serait pas gêné de la vider tout entière. (*ÎH*, I, IX ; $_{1}$103)

Et rappelons-nous les rêveries de Cocagne déployées dans ces nouvelles humoristiques que sont « Une Fantaisie du docteur Ox » ou « Aventures de la famille Raton ». Humour et géophagie font bon ménage. Il en va de même, assez naturellement, pour l'anthropophagie. « *On peut être anthropophage et brave homme,* [...] *comme on peut être gourmand et honnête* » (*20M*, I, XXII ; 248), déclare Conseil dans *Vingt mille lieues sous les mers*. Sa légè-

9. Voir J. BERGERET (cité n.6).

reté se trouve partagée par nombre de héros verniens, qui voient dans le cannibalisme l'occasion de manifester leur humour noir. Dans *Mistress Branican*, par exemple, Jos Merritt recommande à son serviteur chinois de fumer sous prétexte que « *les anthropophages n'aiment pas la chair des fumeurs* » (*B*, II, III ; 284)... et Verne d'ironiser sur « *le prudent Céleste* » qui travaille « *en conscience à se rendre de plus en plus immangeable* ». Paganel, au détour d'une longue conversation sur le sujet, apprend au major Mac Nabbs que les cannibales néo-zélandais « *ne mangent la chair que cuite ou fumée* » (*CG*, II, VI ; 673), avant de conclure : « *Ce sont des gens bien appris et qui se connaissent en cuisine.* ». Dans *Le Superbe Orénoque*, Jacques Helloch se demande, au moment de manger un singe aluate, si ce ne serait pas de l'anthropophagie et, devant Jean de Kermor offusqué, il poursuit son raisonnement peu orthodoxe, entraînant à sa suite le sergent Martial :

> — Bah ! la différence n'est pas déjà si grande, mon cher Jean !... N'est-il pas vrai, sergent ?...
> — En effet... tous les deux s'entendent en grimaces ! répondit le sergent Martial. Et il le prouvait bien en ce moment. (*SO*, I, XI ; $_1$324)

À force de rire des cannibales, on vient à espérer d'en croiser. Aussi, Frascolin, en vue de Papeete, déplore-t-il l'avancée de la civilisation :

> — [...] Pas plus ici qu'aux Sandwich nous ne retrouverons ces braves sauvages, qui, avant la conquête, dînaient volontiers d'une côtelette humaine et réservaient à leur souverain les yeux d'un guerrier vaincu, rôti suivant la recette de la cuisine tahitienne ! (*ÎH*, I, XIV ; $_1$173)

Et quelque temps après, lorsque Pinchinat est de justesse délivré d'une tribu fidgienne, c'est à son tour de moquer l'évolution des indigènes :

> — Et savez-vous ce qui me vexait le plus, dans cette situation de gibier humain sur le point d'être mis à la broche ?... demande Pinchinat.
> — Que je sois pendu si je le devine ! réplique Yvernès.
> — Eh bien ! ce n'était pas d'être mangé sur le pouce par ces indigènes !... Non ! c'était d'être dévoré par un sauvage en habit... en habit bleu à boutons d'or... avec un parapluie sous le bras... un horrible pépin britannique ! (II, IX ; $_1$296–8)

En choisissant, parmi les pièges dévorateurs que l'espace nourricier tend au géophage, de plaisanter prioritairement sur l'anthropophagie, Verne en fait le lieu privilégié de ce déplacement de la terre à l'homme, du *géo-* à l'*anthropo-*, que requiert la dimension autoérotique de la pulsion.

Dans la mesure où il vise la science, les savants ou toute forme d'autorité, l'humour permet en outre à Verne de faire collaborer régression et lutte contre le père. C'est le cas, par exemple, lorsque la petite Loo déclare, à l'encontre de son astronome de père, qui s'enrhume à observer en plein froid : « *Papa finira par enrhumer ses planètes !* [...] *Cela se gagne, les corysas.* » (*CM*, III ; $_3$35). Ce type d'humour peut également atteindre des savants bien réels et être prononcé directement par l'auteur ; ainsi, dans *Le Beau Danube jaune*, sur la question de l'authenticité d'un vestige romain, il se moque des spécialistes en ces termes : « *Ça, c'est l'affaire des érudits, qui d'ailleurs n'en savent pas plus long à ce sujet que le commun des mortels.* » (*BDJ*, XIV ; $_3$140). Dans la mesure où elle identifie l'enfant à un adulte, l'*humeur de jeu* favorise une forme paradoxale de régression, qui échappe au désir de fusion avec l'imago maternelle et fonde une résistance à la violence paternelle.

Dans son texte de 1927, Freud présente l'adulte auquel s'identifie l'enfant comme un être « *plein de bonté et de consolation* » (p.408[3]) ; cette instance, qui traite ordinairement le moi comme les parents traitaient le sujet dans son enfance[10], se met au service de l'illusion et du narcissisme pour écarter le désagrément causé par la réalité. De ce fait, la régression en œuvre dans l'humour procède d'une collusion entre le moi et l'instance parentale vécue dans ce qu'elle a de plus positif pour le sujet. Le plaisir engendré par l'attitude humoristique tient au fait que le sujet retrouve dans ce mouvement le narcissisme tout-puissant de sa prime enfance. Voilà le terrain propice à une collaboration avec Pierre Verne !

10. En 1927, Freud confond cette instance avec le Surmoi. Dans la *Standard Edition*, James Strachey s'est à juste titre étonné devant une présentation aussi positive du Surmoi : « *For the first time, we find the super-ego presented in a very amiable mood !* » (James STRACHEY, *The Standard Edition of the Complete Psychological Works of Sigmund Freud* [Londres, Hogarth Press, 1953–1966], t. XXI, p. 160). Jean Bergeret explique cette présentation par le fait qu'à cette époque Freud n'avait pas encore achevé de distinguer le Surmoi de l'Idéal du Moi. Il identifie le « *Surmoi* » entre 1927 et 1932. Ce débat, fort intéressant du double point de vue épistémologique et métapsychologique, n'influe pas sur la présente analyse, puisque ce qui m'intéresse au premier chef, c'est que, dans la genèse de l'humour, le couple parental soit vécu comme bénéfique. Voir J. BERGERET, « Pour une métapsychologie de l'humour » (cité n.6), pp. 549-50.

J'ai montré combien celle-ci s'est imposée à l'écrivain durant des années de formation qui le virent auteur de théâtre, et particulièrement de comédies, telle *De Charybde en Scylla*. L'écriture des « Voyages extraordinaires » procède, quant à elle, d'une rupture avec cette stratégie, ainsi qu'en atteste le complexe de Polyphème. Je note, toutefois, que la persistance de l'humour dans l'œuvre romanesque de Verne signale l'ambivalence de ses sentiments à l'égard de Pierre Verne ; n'oublions pas ce principe fondamental selon lequel il faut maltraiter le père pour faire son bonheur. L'humour des « Voyages » témoigne de la coexistence, dans l'imaginaire vernien, de deux figures contradictoires des parents, et plus particulièrement du père, l'une positive qui renvoie au père qui encourage, l'autre négative, centrée sur les dangers de castration qu'il fait courir au sujet. Cela explique que l'humour du romancier s'attaque de façon privilégiée à la figure du savant.

L'humour doit à son caractère narcissique de n'avoir pas besoin d'un récepteur pour être efficace. Le trait humoristique se fait d'abord *pour soi*. C'est là une différence importante avec le mot d'esprit. Cette autarcie de l'humour se manifeste parfois, chez Verne, dans une forme d'autodérision dont *Le Chemin de France* offre une illustration. Ce roman met en scène un héros narrateur, Natalis Delpierre, Picard d'origine, maréchal des logis et analphabète, qui commence à apprendre lecture et écriture au milieu de péripéties militaires. Dès le début du récit, le personnage nous prévient que son écriture se ressent de cet apprentissage tardif :

> Je me trouvais donc à dix-huit ans avec une vingtaine de pistoles. Mais j'étais robuste, fortement taillé, fait aux rudes travaux. Et puis, une belle voix ! Toutefois, je ne savais ni lire ni écrire. Je n'appris que plus tard, comme vous le verrez. Et quand on ne commence pas de bonne heure, on a bien du mal à s'y mettre. La manière d'exprimer ses idées s'en ressent toujours — ce qui ne paraîtra que trop en ce récit. (*CF*, I ; $_{0}$2)

Verne se construit ici une identité de fantaisie. Le nom de Natalis Delpierre ne laisse aucun doute à cet égard, puisqu'il peut se traduire par *né de la pierre* ou même, pour reprendre une tournure courante dans les campagnes, *né* DU *Pierre*. Dans ce texte paru en 1887, le * [romancier scientifique] (BN, I-93), qui a promené ses lecteurs dans tant de contrées exotiques, s'amuse à se camper en Picard des champs, et dénonce ses maladresses de style en parsemant sa prose d'expressions populaires. Il en profite aussi pour brosser un portrait sans complaisance de son caractère : « *Ce n'était pas sans raison que je passais à Grattepanche pour un des plus entêtés, un des plus cabochards de toute la Picardie !* » (*CF*, XIX ; $_0$155). Je crois entendre l'auteur, au lendemain du siège de Paris, le 15 février 1871, affirmer à Hetzel : * [Vous savez que je tiens à mes idées comme un Breton] (BN, I-157) — les régions changent, mais la personnalité demeure. En se grimant en Natalis Delpierre, Verne se prend en dérision et se moque discrètement de sa *naturalisation* amiénoise. L'humour de cette situation est évidemment moins accessible aux lecteurs contemporains, ignorants de sa biographie, qu'à Verne lui-même et à ses proches : autodérision à usage familial, en quelque sorte. Et, si *Le Chemin de France* moque le travail du romancier, une nouvelle comme « Dix heures en chasse » s'attaque plus précisément à son intimité : Verne s'y peint en notable, honteux de s'être laissé aller à rêver d'exploits cynégétiques, alors qu'il est tout juste capable d'abattre « *un chapeau de gendarme, tout bordé d'argent, avec une cocarde, dont le rouge semblait* [*l*]*e regarder comme un œil* » (*10H*, IX ; $_1$458). On voit que Verne sait brocarder aussi bien sa propre personne que les réalités de son siècle.

L'évolution de l'humour vernien reflète l'évolution générale de son imaginaire. En passant de la comédie et de l'opéra-comique au roman, Verne a adopté une nouvelle stratégie pour écrire en adulte, et celle-ci comportait de ne plus chercher les bonnes grâces de Pierre Verne, de ne plus s'identifier à lui mais, au contraire, de le vilipender symboliquement. Cette modification causa le passage de l'humour au second plan de l'écriture, le premier plan étant désormais occupé par les éléments qu'imposaient les complexes de l'imaginaire. En cessant d'être primordial, en n'étant plus un souci, l'humour est devenu une élégance de style. Il fallait pour cela qu'une nouvelle figure paternelle vienne tenir le rôle de l'adulte idéal — la place était chaude pour Pierre-Jules Hetzel.

la place d'Hetzel

Dans les années 1850, la souhait de Verne était de faire reconnaître sa maturité par son père. Pour y parvenir, il affichait vis-à-vis de lui une différence, le sens du comique, mais revendiquait une identité, le sérieux dans le travail. Dans ce cadre, l'argent versé par Pierre Verne garantissait la réussite de son fils, du moins la réussite symbolique de son accès à l'âge adulte. Ce mécanisme ne semble pas avoir été modifié par la naissance de Michel ; en revanche ses modalités de fonctionnement l'ont été.

La grossesse d'Honorine et son accouchement apprirent à Verne qu'il ne lui suffisait pas de gagner sa vie et d'être père à son tour pour se considérer véritablement comme un *homme*. L'arrivée de Michel dans sa vie le ramena à ses multiples frustrations de *jeune homme*, auxquelles il avait répondu jusque-là aussi bien par l'écriture comique que par le mariage et la Bourse. Mais, cette fois, la crise du lien filial était telle qu'elle provoqua une nouvelle structuration de l'imaginaire : celle qui a présidé à la conception des « Voyages extraordinaires ». Dès lors, Pierre Verne ne pouvait plus jouer le rôle de pourvoyeur de fonds garant de la maturité de son fils, car l'œuvre nouvelle se créait non pas avec lui, mais en grande partie contre lui. Il fallait donc que, sur le plan de la psychomythie, un nouveau père verse l'argent, gage de l'âge adulte. Ce rôle fut dévolu à Pierre-Jules Hetzel.

Il est peu probable que Verne ait choisi d'être édité par Hetzel. Sans doute fut-il introduit auprès de l'homme de la rue Jacob par Jacques Arago. Une seule chose est sûre, le « coup de foudre » fut immédiat et réciproque. Au contact de l'éditeur, et parallèlement à la nouvelle attitude de réparation des frustrations qui l'avait conduit à écrire son *Voyage en ballon*, Verne se forgea progressivement une nouvelle image de père, positive. De la correspondance entre éditeur et auteur, nous ne connaissons encore que les lettres de Verne[11], mais elles suffisent à se faire une idée assez précise de leurs relations. Elles recèlent une ambiguïté. À son romancier, Hetzel réclame un amour que celui-ci ne le lui accorde pas sans réticences, comme le prouve cette lettre envoyée de Bordeaux, en 1865 : * [Sur ce, mon cher Hetzel, ma femme, Michel, les petites filles et moi, nous vous embrassons fort. Nous vous faisons même une déclaration d'amour, puisque vous en voulez, mais n'en abusez pas, vis-à-vis de moi surtout.] (BN, I-16). L'expansif Hetzel est exigeant, et sans doute n'hésite-t-il pas à reprocher quelque froideur à son correspondant, puisque

11. À la très modeste exception près des quelques extraits de lettres d'Hetzel cités dans l'ouvrage de A. Parménie et C. Bonnier de La Chapelle, *Histoire d'un éditeur et de ses auteurs. P.-J. Hetzel (Stahl).*

celui-ci doit l'assurer de son affection : * [croyez bien que je vous aime autant que vous m'aimez] (34). Hetzel sert à Verne des * [Vernichou] (58) et des * [grosse bête] (33), mais l'auteur reste sur son quant à soi, vouvoye l'ami que tant d'autres tutoyaient[12] et ne lui donne pas son amour sans prudence : * [J'éprouve un vif désir de vous embrasser, mon cher Hetzel, voilà déjà longtemps que nous n'avons frotté nos épidermes l'un contre l'autre, et ça me démange, soit dit sans malice. Et vous ?] (41). L'ambiguïté amuse Verne, mais il prend soin de la contrôler ; sous sa plume de bourgeois facétieux, l'équivoque n'est qu'un jeu et les élans du corps une pantomime[13]. Si Verne met cette distance dans l'épanchement de ses sentiments, c'est qu'il sent le poids des formules et qu'il n'entend point nouer avec Hetzel des relations amoureuses[14], fussent-elles symboliques.

Son choix se porte davantage sur des relations filiales. Il parvient à l'imposer dans le domaine des corrections, en réclamant à l'éditeur la plus grande sévérité : * [C'est par vos notes surtout, et vos colères au crayon que je comprendrai bien ce qui ne va pas] (BN, I-16). Mais Hetzel ne se prête pas à ce jeu sans quelque hésitation ; alors que l'auteur l'appelle * [mio caro padre, my dear father] (60) et réclame, à l'occasion, une * [tripotée morale] (23), l'éditeur s'interroge sur les conséquences à terme de sa sévérité : « *Ai-je raison, mon cher enfant, de vous traiter en fils cruellement, à force vouloir ce qui vous est bon ? Ceci va-t-il retourner votre cœur contre celui qui ose vous avertir si durement ?* »[15].

Depuis que Marcel Moré le lui a décerné, le titre de « *père sublime* »[16] revient fréquemment pour qualifier Hetzel. L'appel-

12. Voir A. Parménie et C. Bonnier de La Chapelle, *Histoire d'un éditeur et de ses auteurs. P.-J. Hetzel (Stahl)*, p. 651.

13. C'est pourquoi il me semble que Marc Soriano prend trop Verne *au pied de la lettre* dans ce domaine et n'analyse pas de façon suffisamment précise les composantes du « couple » Hetzel-Verne (voir M. Soriano, *Jules Verne (le cas Verne)*, pp. 119-20).

14. On cite souvent l'anecdote de Verne lançant à ses collègues de la Bourse, au lendemain de son premier contrat avec Hetzel : « *Mes amis !... Je viens vous quitter... Je me marie !* [...] *j'ai rencontré le plus riche des partis sur ma route* ». Elle conduit naturellement à une interprétation amoureuse. Mais le mot a pour unique source une biographie romancée ne présentant aucune garantie scientifique, celle de Bernard Frank, *Jules Verne et ses voyages* (Paris, Flammarion, 1941), pp. 109-10. Nous sommes là dans la *légende* vernienne.

15. Cité par A. Parménie et C. Bonnier de La Chapelle, *Histoire d'un éditeur et de ses auteurs. P.-J. Hetzel (Stahl)*, p. 517.

16. Voir Moré, *Le Très curieux Jules Verne...*, pp. 21–53.

lation recèle une part de vérité, mais elle ne rend pas compte dans toute sa complexité du rôle que le sujet Verne assigne au notable de la rue Jacob. L'auteur des « Voyages extraordinaires » ne voit pas seulement en Hetzel une figure de père, mais aussi une forme de doublure. Sensible du patronyme, le romancier n'a pas manqué d'exploiter celui de son * [cher maître] (BN, I-7) : Hetzel est indifféremment Pierre et Jules, Hetzel et Stahl, éditeur et auteur. Verne expose cette dualité dans une lettre datée du 27 janvier 1869 :

* [Bravo ! puisque vous avez déjà fait un album ! En voilà un qui ne sera pas en retard pour le jour de l'an. C'est autant de gagné sur l'ennemi et votre ennemi, à vous, c'est Hetzel, c'est le libraire qui empêche Stahl l'écrivain de travailler. Voilà ce que c'est que d'être double ! D'après la méthode suédoise de Swedenborg si bien expliquée par Balzac, dans chaque individu, il y a un homme et un ange. Quel est l'ange en vous ? Est-ce Hetzel, est-ce Stahl ? Décidez. Tous les deux peut-être.]

(BN, I-93)

La lettre est envoyée de * [Nantes], la ville de Pierre Verne, et ce n'est sans doute pas un hasard. L'opposition *homme vs ange*, en ce milieu de XIXe siècle, recoupe celle de l'adulte et de l'enfant. Verne ouvre dans cette lettre deux paradigmes qui instituent une série d'oppositions, les unes explicites, les autres implicites :

	NÉGATIF		POSITIF
oppositions explicites :	*ennemi*	*vs*	*ami*
	libraire	*vs*	*écrivain*
	Hetzel	*vs*	*Stahl*
	homme	*vs*	*ange*
oppositions implicites :	*adulte*	*vs*	*enfant*
	père	*vs*	*fils*
	Pierre	*vs*	*Jules*

La dernière phrase, l'ultime *peut-être*, prouvent que Verne est fasciné par la possibilité d'une résolution psychomythique de ces contradictions. Or, cette synthèse, l'identification de l'enfant et de l'adulte, rejoint le mécanisme que nous avons vu fonctionner dans la mise en place de l'humour. Le double patronyme et la double activité de Pierre-Jules Hetzel *alias* Stahl, ont permis à Verne de voir un lui un double idéal. Ainsi, l'éditeur a-t-il pu servir de père. Aux yeux de Verne, Hetzel apparaît donc comme la possible incarnation d'une synthèse de l'adulte et de l'enfant.

Le nom d'Hetzel, son pseudonyme et sa double vocation ont contribué à faire de lui un père *et* un modèle idéals pour Verne, fils de Pierre. La dualité du personnage a permis à l'auteur de le considérer comme une figure paternelle plus acceptable que Pierre Verne, car plus proche de lui-même. Avec Hetzel, et au hasard des noms, Verne s'est construit un père à son image afin de poursuivre sans dommage la stratégie financière qui garantissait sa maturité. Le succès de l'entreprise fut tel qu'il modifia profondément les relations entre Verne et son véritable père.

Au début de l'année 1868, sans doute en mars, Verne traite son père étrangement ; il commence par se plaindre d'un rhumatisme héréditaire et poursuit en ces termes :

> La loi civile [...] me paraît surtout avoir une lacune regrettable à l'endroit des droits respectifs des pères et des enfants. Ainsi, elle a complètement oublié de dire que les pères devaient obéir à leurs fils en certaines occasions. Ainsi, nous t'ordonnons d'aller prendre les eaux, tu refuses d'obéir, et il n'y a pas moyen de prendre jugement contre toi ! Et l'on parle de code civil ! Les sauvages sont plus civilisés que cela. Ils *traitent* d'autorité leur [*sic*] père et mère ; il est vrai que c'est en les assommant à coups de triques, mais le principe n'en est pas moins établi. (JVCF, 147)

Et après quelques lignes de conseils hygiéniques, il signe : « *Ton fils très attentionné qui mérite bien d'être ton père* ». L'argent d'Hetzel a si bien réussi à persuader le romancier de sa maturité, qu'il en a inversé les rapports filiaux dans la famille Verne. Quelques mois plus tard, en juin sans doute, alors qu'Hetzel travaille à élargir son capital, le romancier écrit à son père pour lui proposer de prendre, avec Paul, une part de commandite. Il opère prudemment, mais non sans insistance :

> Maintenant, parlons affaires. Hetzel forme une commandite pour sa maison, des parts de 10 000 frs devant faire un capital de 400 000. Son apport à lui, d'après inventaire, sera, je crois, de 7 à 800 000 frs. Ses affaires ont pris une telle extension, que son capital est insuffisant. Je vous parle sommairement de ceci, mais l'acte de société rédigé par les meilleurs avoués et agréés de Paris vous serait soumis. Vous conviendrait-il à Paul et à toi, de prendre chacun une demi-part ? 6% sont attribués à ces parts avant tout prélèvement et les bénéfices de la maison ne s'élèvent pas à moins de 100 000 frs par an. L'affaire paraît bonne. Le banquier d'Hetzel y met 100 000 frs pour sa part. Moi, je prends une part de 10 000 frs.
> (JVCF, 150)

Un peu plus loin, il ajoute encore : « [...] *je ne veux point vous engager légèrement dans une mauvaise affaire. Mais celle-ci, je la crois suffisamment bonne*». Et le dernier argument qu'il invoque touche directement aux «Voyages extraordinaires» : «[...] *d'après un inventaire aussi réduit que possible, l'actif Hetzel en propriétés littéraires, clichés, livres fabriqués, etc, etc, serait de près de 2 millions contre un passif de 6 à 700 000 frs. Dans cet inventaire, mes livres qui se vendent 3 frs sont cotés à 1 F le volume au plus. Ainsi du reste.*». C'est désormais le fils qui se propose de faire gagner de l'argent à son père, et l'on imagine sans peine sa jubilation en de telles circonstances : l'investissement prôné en 1851 s'avère enfin rentable. Mais Pierre Verne ne fera pas à Jules le plaisir de l'assurer symboliquement que son œuvre est devenue profitable à la famille. Du reste, par une cruelle ironie du sort, le destin de l'avoué nantais sembla lui donner raison, puisque la dernière lettre qu'il reçut de son fils, quelques mois avant de mourir, était d'un homme contraint de délaisser au moins partiellement la littérature, à la suite des problèmes financiers causés à son éditeur par la guerre, le siège de Paris et la Commune : «*Je refais ou vais refaire la même besogne qu'autrefois.* [...] *Je n'abandonne point la littérature pour cela. Loin de là. Ce n'est que provisoire. Et au lieu de faire trois volumes par an, j'en ferai au moins un.*» (JVCF, 162). Cette lettre est, semble-t-il, de juillet 1871. Le cinquième contrat avec Hetzel fut signé le 25 septembre de la même année ; il avait tout lieu de satisfaire l'auteur qui, désormais, ne livrerait plus que deux volumes par an pour un revenu mensuel de 1 000 francs. En bas du contrat, sous la signature d'Hetzel, une dernière ligne précisait : «*Ces paiements de mille francs commenceront au 5 novembre prochain.*»[17]. Le 3 novembre, deux jours avant le premier versement, Pierre Verne mourait. C'est à croire que Jules avait pris soin de se présenter en fils au chevet de ce père :

*[Chantenay, Nantes,
Samedi,

Mon cher Hetzel,

J'ai dû quitter Paris précipitamment et sans avoir pu vous voir. Mon pauvre père était fort malade ; je suis arrivé vendredi matin. Il est mort à 3 heures après midi ; une mort admirable et douce, ayant tous ses ENFANTS autour de lui ! On l'enterre demain dimanche. Nous pleurons bien, je vous assure, dans la famille. C'était UN SAINT VÉRITABLE.]

(BN, I-164)

17. Cité par MARTIN, *La Vie et l'œuvre de Jules Verne*, p.188.

Cette lettre doit être comprise à la lumière du dialogue mélancolique qui se noue, dans le désert de Las Salinas, entre le jeune Robert Grant et Lord Glenarvan :

> « [...]
> — [...] Ah ! mylord, que nous l'aimions ! Tenez, je crois qu'il faut être petit pour bien aimer son père !
> — Et grand pour le vénérer, mon enfant », répondit Glenarvan, tout ému des paroles échappées de ce jeune cœur. (*CG*, I, XVIII ; 189)

La lettre de Chantenay fait parcourir à Verne le trajet de l'amour infantile à la vénération adulte ; la dernière phrase clôt la parenthèse d'enfance ménagée par les hasards de l'histoire, mais consciencieusement exploitée par le romancier pour autoriser une ultime et symbolique réconciliation avec son père.

Les « Voyages extraordinaires » ne sont pas une œuvre pour enfants, mais l'œuvre d'un enfant, incertain de sa maturité, et qui ne fut à peu près rassuré à cet égard que par l'argent de Pierre-Jules Hetzel.

BIBLIOGRAPHIE VERNIENNE

ŒUVRES

Pour une bibliographie aussi complète que possible des œuvres de Jules Verne, on se reportera aux deux volumes de Piero Gondolo della Riva (voir *infra* section 2.1.). Je n'indique ici que les références des œuvres citées ou évoquées dans le présent ouvrage.

I. « VOYAGES EXTRAORDINAIRES »

Il est aujourd'hui extrêmement difficile de se procurer l'intégralité des « Voyages extraordinaires » à un prix abordable, c'est-à-dire sans recourir aux éditions originales, très prisées par les collectionneurs. Les « Voyages extraordinaires » n'ont connu que trois rééditions complètes : une par le Club Rencontre, une par Michel de l'Ormeraie et une dans la collection « Les Intégrales », chez Hachette. Ces rééditions ignorent toutes la question des posthumes et reproduisent en conséquence les textes remaniés par Michel Verne.

J'ai choisi de me référer prioritairement aux textes publiés par « Le Livre de poche », car ce fut l'édition la plus diffusée des œuvres de Verne ; en outre, elle présente l'avantage d'avoir souvent une pagination identique à celle du Club Rencontre. Pour compléter cette édition, qui ne reprend que les textes les plus connus, j'ai eu recours, en priorité, aux éditions du Club Rencontre et de la collection « 10/18 ».

Pour chaque texte, j'indique entre crochets l'édition préoriginale (le titre du *Magasin d'éducation et de récréation* est abrégé en *Magasin*), suivie de la date de première mise en vente en volume(s). Rappelons que les textes changent fréquemment de l'édition préoriginale en revue à l'édition originale en volume(s) ; c'est cette dernière version qui, d'une manière générale, est naturellement retenue par les éditeurs contemporains. Pour plus de précision sur ces leçons, on se reportera, une fois de plus, à la bibliographie de Piero Gondolo della Riva.

1. ROMANS.

Archipel (*L'*) *en feu* [*Le Temps*, 29 juin–3 août 1884 ; Hetzel, 14 août 1884]. Paris, Hachette, 1970. « Le Livre de poche ».

Autour de la Lune [*Journal des débats politiques et littéraires*, 4 nov.–8 déc. 1869 ; Hetzel, 13 janv. 1870]. Paris, Hachette, 1979. « Le Livre de poche ».

Aventures de trois Russes et de trois Anglais dans l'Afrique australe [*Magasin*, 20 nov. 1871–5 sept. 1872 ; Hetzel, 29 août 1872]. Lausanne, Rencontre, 1970.

Beau (*Le*) *Danube jaune* [posthume remanié par Michel Verne et publié sous le titre : *Le Pilote du Danube* : *Le Journal*, 24 sept.–2 nov. 1908 ; Hetzel, fin 1908]. Paris, Société Jules Verne, 1988.

Billet (*Un*) *de loterie (Le Numéro 9672)* [*Magasin*, 1er janv.–1er nov. 1886 ; Hetzel, 4 nov. 1886]. Lausanne, Rencontre, 1969.

Bourses de voyage [*Magasin*, 1er janv.–15 déc. 1903 ; Hetzel, 1er juillet 1903 (vol. 1) et 9 nov. 1903 (vol. 2)]. Lausanne, Rencontre, 1971.

Capitaine (*Un*) *de quinze ans* [*Magasin*, 1er janv.–15 déc. 1878 ; Hetzel, 1er juil. 1878 (vol. 1) et 14 nov. 1878 (vol. 2)]. Paris, Hachette, 1967. « Le Livre de poche ».

César Cascabel [*Magasin*, 1er janv.–15 déc. 1890 ; Hetzel, 17 juil. 1890 (vol. 1) et 6 nov. 1890 (vol. 2)]. Lausanne, Rencontre, 1969.

Chancellor (*Le*) [*Le Temps*, 17 déc. 1874–24 janv. 1875 ; Hetzel, 1er févr. 1875]. Paris, Hachette, 1979. « Le Livre de poche ».

Chasse (*La*) *au météore* [posthume remanié par Michel Verne et publié sous le même titre : *Le Journal*, 5 mars–10 avril 1908 ; Hetzel, été 1908]. Paris, Société Jules Verne, 1986.

Château (*Le*) *des Carpathes* [*Magasin*, 1er janv.–15 déc. 1892 ; Hetzel, 20 oct. 1892]. Paris, Hachette, 1979. « Le Livre de poche ».

Chemin (*Le*) *de France* [*Le Temps*, 31 août–30 sept. 1887 ; Hetzel, 3 oct. 1887]. Paris, Hetzel, 1887.

Cinq (*Les*) *cents millions de la Bégum* [*Magasin*, 1er janv.–15 sept. 1879 ; Hetzel, 18 sept. 1879]. Paris, Hachette, 1978. « Le Livre de poche ».

Cinq semaines en ballon [Hetzel, 31 janv. 1863]. Paris, Hachette, 1979. « Le Livre de poche ».

Claudius Bombarnac [*Le Soleil*, 10 oct.–7 déc. 1892 ; Hetzel, 21 nov. 1892]. Lausanne, Rencontre, 1970.

Clovis Dardentor [*Magasin*, 1er juil.–15 déc. 1896 ; Hetzel, 19 nov. 1896]. Lausanne, Rencontre, 1970.

De la Terre à la Lune [*Journal des débats politiques et littéraires*, 14 sept.–14 oct. 1865 ; Hetzel, 25 oct. 1865]. Paris, Hachette, 1979. « Le Livre de poche ».

Deux ans de vacances [*Magasin*, 1er janv.–15 déc. 1888 ; Hetzel, 18 juin 1888 (vol. 1) et 8 nov. 1888 (vol. 2)]. Paris, Hachette, 1978. « Le Livre de poche ».

Drame (*Un*) *en Livonie* [*Magasin*, 1er janv.–15 juin 1904 ; Hetzel, 7 juil. 1904]. Paris, Hachette, 1976. « Le Livre de poche ».

École (*L'*) *des Robinsons* [*Magasin*, 1er janv.–1er déc. 1882 ; Hetzel, 9 nov. 1882]. Paris, Hachette, 1968. « Le Livre de poche ».

En Magellanie [posthume remanié par Michel Verne et publié sous le titre *Les Naufragés du Jonathan* : *Le Journal*, 26 juil.–17 oct. 1909 ; Hetzel, 1909 (vol. 1 et 2)]. Paris, Société Jules Verne, 1987.

Enfants (*Les*) *du capitaine Grant* [*Magasin*, 20 déc. 1865–5 déc. 1867 ; Hetzel, 6 mai 1867 (vol. 1), 15 juil. 1867 (vol. 2), 28 janv. 1868 (vol. 3)]. Paris, Hachette, 1979. « Le Livre de poche ».

Étoile (*L'*) *du Sud* [*Magasin*, 1er janv.–15 déc. 1884 ; Hetzel, 6 nov. 1884]. Paris, Hachette, 1967. « Le Livre de poche ».

Face au drapeau [*Magasin*, 1er janv.–15 juin 1896 ; Hetzel, 16 juillet 1896]. Paris, Hachette, 1967. « Le Livre de poche ».

Famille-Sans-Nom [*Magasin*, 1er janv.–1er déc. 1889 ; Hetzel, 20 mai 1889 (vol. 1) et 14 nov. 1889 (vol. 2)]. Paris, U.G.É., 1978. « 10/18 ».

Frères (*Les*) *Kip* [*Magasin*, 1er janv.–15 déc. 1902 ; Hetzel, 21 juil. 1902 (vol. 1) et 10 nov. 1902 (vol. 2)]. Lausanne, Rencontre, 1970.

Hector Servadac [*Magasin*, 1er janv.–15 déc. 1877 ; Hetzel, 19 juil. 1877 (vol. 1) et 7 nov. 1877 (vol. 2)]. Paris, Hachette, 1979. « Le Livre de poche ».

Histoires (*Les*) *de Jean-Marie Cabidoulin* [*Magasin*, 1er juil.-15 déc. 1901, sous le titre *Les Histoires de Cabidoulin* ; Hetzel, 18 nov. 1901]. Paris, Les Humanoïdes Associés, 1978.

Île (*L'*) *à hélice* [*Magasin*, 1er janv.–15 déc. 1895 ; Hetzel, 16 mai 1895 (vol. 1) et 14 nov. 1895 (vol. 2)]. Lausanne, Rencontre, 1971.

Île (*L'*) *mystérieuse* [*Magasin*, 1er janv. 1874–15 déc. 1875 ; Hetzel, 10 sept. 1874 (vol. 1), 12 avril 1875 (vol. 2) et 28 oct. 1875 (vol. 3)]. Paris, Hachette, 1979. « Le Livre de poche ».

Indes (*Les*) *noires* [*Le Temps*, 28 mars–22 avril 1877 ; Hetzel, 26 avril 1877]. Paris, Hachette, 1967. « Le Livre de poche ».

Invasion (*L'*) *de la mer* [*Magasin*, 1er janv.–1er août 1905 ; Hetzel, 1905]. Lausanne, Rencontre, 1970.

Jangada (*La*) [*Magasin*, 1er janv.–1er déc. 1881 ; Hetzel, 20 juin 1881]. Paris, Hachette, 1977. « Le Livre de poche »

Kéraban-le-têtu [*Magasin*, 1er janv.–15 oct. 1883 ; Hetzel, 1er juin 1883 (vol. 1) et 6 sept. 1883 (vol. 2)]. Paris, Hachette, 1979. « Le Livre de poche ».

Maison (*La*) *à vapeur* [*Magasin*, 1er déc. 1879–15 déc. 1880 ; Hetzel, 5 juil. 1880 (vol. 1) et 11 nov. 1880 (vol. 2)]. Paris, Hachette, 1979. « Le Livre de poche ».

Maître du Monde [*Magasin*, 1er juil.–15 déc. 1904 ; Hetzel, 10 nov. 1904]. Paris, Hachette, 1968. « Le Livre de poche ».

Mathias Sandorf [*Le Temps*, 16 juin–20 sept. 1885 ; Hetzel, 27 juil. 1885 (vol. 1), 17 août 1885 (vol. 2) et 26 oct. 1885 (vol. 3)]. Paris, Hachette, 1967, 2 vol.. « Le Livre de poche ».

Michel Strogoff [*Magasin*, 1er janv.–15 déc. 1876 ; Hetzel, 14 août 1876 (vol. 1) et 6 nov. 1876 (vol. 2)]. Paris, Hachette, 1980. « Le Livre de poche ».

Mirifiques aventures de Maître Antifer [*Magasin*, 1er janv.–15 déc. 1894 ; Hetzel, 23 août 1894 (vol. 1) et 19 nov. 1894 (vol. 2)]. Lausanne, Rencontre, 1971.

Mistress Branican [*Magasin*, 1er janv.–15 déc. 1891 ; Hetzel, 3 août 1891 (vol. 1) et 9 nov. 1891 (vol. 2)]. Paris, Hachette, 1979. « Le Livre de poche ».

Nord contre Sud [*Magasin*, 1er janv.–1er déc. 1887 ; Hetzel, 26 mai 1887 (vol. 1) et 14 nov. 1887 (vol. 2)]. Paris, Hachette, 1976. « Le Livre de poche ».

P'tit-Bonhomme [*Magasin*, 1er janv.–15 déc. 1893 ; Hetzel, 2 oct. 1893 (vol. 1) et 20 nov. 1893 (vol. 2)]. Paris, U.G.É., 1978. « 10/18 ».

Pays (*Le*) *des fourrures* [*Magasin*, 20 sept. 1872–15 déc. 1873 ; Hetzel, 19 juin 1873 (vol. 1) et 27 oct. 1873 (vol. 2)]. Paris, Hachette, 1976. « Le Livre de poche ».

Phare (*Le*) *du bout du monde* [*Magasin*, 15 août–15 déc. 1905 ; Hetzel, 1905]. Paris, Hachette, 1968. « Le Livre de poche ».

Rayon-vert (*Le*) [*Le Temps*, 17 mai–23 juin 1882 ; Hetzel, 24 juil. 1882]. Paris, Hachette, 1979. « Le Livre de poche ».

Robur-le-conquérant [*Journal des débats politiques et littéraires*, 29 juin–18 août 1886 ; Hetzel, 23 août 1886]. Paris, Hachette, 1979. « Le Livre de poche ».

Sans dessus dessous [Hetzel, 7 nov. 1889]. Lausanne, Rencontre, 1969.

Seconde patrie [*Magasin*, 1er janv.–15 déc. 1900 ; Hetzel, 26 juil. 1900 (vol. 1) et 19 nov. 1900 (vol. 2)]. Lausanne, Rencontre, 1971.

Secret (*Le*) *de Wilhelm Storitz* [posthume remanié par Michel Verne et publié sous le même titre : *Le Journal*, 15 juin–13 juil. 1910 ; Hetzel, 1910]. Paris, Société Jules Verne, 1985.

Sphinx (*Le*) *des glaces* [*Magasin*, 1er janv.–15 déc. 1897 ; Hetzel, 24 juin 1897 (vol. 1) et 11 nov. 1897 (vol. 2)]. Paris, Hachette, 1970. « Le Livre de poche ».

Superbe (*Le*) *Orénoque* [*Magasin*, 1er janv.–15 déc. 1898 ; Hetzel, 23 juin 1898 (vol. 1) et 14 nov. 1898 (vol. 2)]. Lausanne, Rencontre, 1971.

Testament (*Le*) *d'un excentrique* [*Magasin*, 1er janv.–15 déc. 1899 ; Hetzel, 3 août 1899 (vol. 1) et 20 nov. 1899 (vol. 2)]. Lausanne, Rencontre, 1971.

Tour (Le) du monde en quatre-vingts jours [*Le Temps*, 6 nov.–22 déc. 1872 ; Hetzel, 30 janv. 1873]. Paris, Hachette, 1979. « Le Livre de poche ».

Tribulations (Les) d'un Chinois en Chine [*Le Temps*, 2 juil.–7 août 1879 ; Hetzel, 11 août 1879]. Paris, Hachette, 1978. « Le Livre de poche ».

Village (Le) aérien [*Magasin*, 1er janv.–15 juin 1901, sous le titre *La Grande forêt* ; Hetzel, 11 juil. 1901]. Lausanne, Rencontre, 1971.

Ville (Une) flottante [*Journal des débats politiques et littéraires*, 9 août–6 sept. 1870 ; Hetzel, 17 juil. 1871]. Lausanne, Rencontre, 1966.

Vingt mille lieues sous les mers [*Magasin*, 20 mars 1869–20 juin 1870 ; Hetzel, 28 oct. 1869 (vol. 1) et 13 juin 1870 (vol. 2)]. Paris, Hachette, 1991. « Le Livre de poche ».

Volcan (Le) d'or [posthume remanié par Michel Verne et publié sous le même titre : *Magasin*, 1er janv.–15 déc. 1906 ; Hetzel, été 1906 (vol. 1) et fin 1906 (vol. 2)]. Paris, Société Jules Verne, 1989.

Voyage au centre de la Terre [Hetzel, 25 nov. 1864]. Paris, Hachette, 1980. « Le Livre de poche ».

Voyage d'études [manuscrit inachevé, développé par Michel Verne et publié sous le titre *Étonnante aventure de la mission Barsac* : *Le Matin*, 18 avril–6 juil. 1914 ; Hachette et Cie, 1919, sous le titre *L'Étonnante aventure de la mission Barsac*], pp. 207–60 in Jules VERNE, *San Carlos*. Paris, Le Cherche Midi, 1993. « La Bibliothèque Verne ».

Voyages et aventures du capitaine Hatteras [*Magasin*, 20 mars 1864–5 déc. 1865 ; Hetzel, 4 mai 1866 (vol. 1 et 2), sous le titre *Aventures du capitaine Hatteras*]. Paris, Hachette, 1979. « Le Livre de poche ».

2. Nouvelles et recueils de nouvelles.

Docteur (*Le*) *Ox*. Paris, Hetzel, 27 avril 1874 ; Hachette, 1976. « Le Livre de poche ».

— « Une Fantaisie du docteur Ox » [*Musée des familles. Lectures du soir*, mars–mai 1872 ; *Journal d'Amiens. Moniteur de la Somme*, 16 janv.–6 févr. 1873].

— « Maître Zacharius » [*Musée des familles. Lectures du soir*, avril–mai 1854, sous le titre « Maître Zacharius ou l'horloger qui avait perdu son âme »].

— « Un Drame dans les airs » [*Musée des familles. Lectures du soir*, août 1851, sous le titre « La Science en famille. Un Voyage en ballon »].

— « Un Hivernage dans les glaces » [*Musée des familles. Lectures du soir*, mars–avril 1855].

Souvenirs d'enfance et de jeunesse [recueil inédit sous cette forme, projetée par Jules Verne].

— « Aventures de la Famille Raton » [*Figaro illustré*, janv. 1891 ; repris et modifié par Michel Verne, sous le titre « La Famille Raton », dans *Hier et demain* (Paris, Hetzel, fin 1910)]. Paris, Société Jules Verne, 1989 et *Bull. JV*, n° 90, 2ᵉ trim. 1989, pp. 5–46.

— « La Journée d'un journaliste américain en 2890 ». [*Le Petit journal. Supplément illustré*, 29 août 1891].

— « Souvenirs d'enfance et de jeunesse » [pp. 57–62 in *Jules Verne*. Paris, L'Herne, 1974. « Cahiers de L'Herne »]. *Bull. JV*, n° 89, 1ᵉʳ trim. 1989, pp. 3–8.

— « M. Ré-dièze et Mˡˡᵉ Mi-bémol » [*Figaro illustré*, Noël 1893 ; repris et modifié par Michel Verne dans *Hier et demain* (Paris, Hetzel, fin 1910)]. Paris, Société Jules Verne, 1989 et *Bull. JV*, n° 92, 4ᵉ trim. 1989, pp. 5–30.

— « Le Comte de Chanteleine. Épisode de la Révolution » [*Musée des familles. Lectures du soir*, oct.–déc. 1864]. pp. 101–221 in Jules Verne, *Histoires inattendues*. Paris, U.G.É., 1978. « 10/18 ».

« Dix heures en chasse » [*Le Temps*, 17 mai–23 juin 1882 ; Hetzel, 24 juil. 1882]. Lausanne, Rencontre, 1970.

« Drame (Un) au Mexique » [*Musée des familles. Lectures du soir*, juil. 1851, sous le titre « L'Amérique du Sud. Études historiques. Les premiers navires de la marine mexicaine » ; Hetzel, 6 nov. 1876]. Lausanne, Rencontre, 1971.

« Forceurs (Les) de blocus » [*Musée des familles. Lectures du soir*, oct.–nov. 1865 ; Hetzel, 17 juil. 1871]. Lausanne, Rencontre, 1966.

« Frritt-Flacc » [*Le Figaro illustré*, numéro unique 1884–1885 ; Hetzel, 4 nov. 1886]. *Bull. JV*, n° 59, 3ᵉ trim. 1981, pp. 92–7.

« Gil Braltar » [Hetzel, 3 oct. 1887]. Lausanne, Rencontre, 1971.

ŒUVRES. — I. 2.

« Martin Paz » [*Musée des familles. Lectures du soir*, juil.– août 1852, sous le titre « L'Amérique du Sud. Mœurs péruviennes. Martin Paz, nouvelle historique » ; Hetzel, 1er févr. 1875]. Lausanne, Rencontre, 1969.

« Révoltés (Les) de la "Bounty" » [Hetzel, 18 sept. 1879]. Lausanne, Rencontre, 1970.

II. AUTRES ŒUVRES

1. Adaptations théâtrales des « Voyages extraordinaires ».

Les Voyages au théâtre [cosignés avec Adolphe d'Ennery : Hetzel, nov. 1881]. Ce volume comprend : *Le Tour du monde en quatre-vingts jours*, *Les Enfants du capitaine Grant* et *Michel Strogoff.*

Voyage à travers l'impossible [cosigné avec Adolphe d'Ennery, inédit du vivant des auteurs]. Paris, Pauvert, 1981.

2. Œuvres narratives.

Joyeuses misères de trois voyageurs en Scandinavie [inédit, voir P. Gondolo della Riva, « Du nouveau sur Jules Verne grâce à un manuscrit inédit et inconnu », *RJV*, n° 3, 1er sem. 1997, pp. 125–31].

« Mœurs américaines. Le Humbug », *Bull. JV*, n° 76, 4e trim. 1985, pp. 258–77.

Oncle (*L'*) *Robinson*. Paris, Le Cherche Midi, 1991. « La Bibliothèque Verne ».

Paris au XXe siècle. Paris, Hachette/Le Cherche Midi, 1994.

Prêtre (*Un*) *en 1839*. Paris, Le Cherche Midi, 1992. « La Bibliothèque Verne ».

San Carlos et autres récits inédits. Cette édition comprend : « San Carlos », « Pierre-Jean », « Le Mariage de Monsieur Anselme des Tilleuls », « Le Siège de Rome », « Jérédias Jamet » et les quatre premiers chapitres de *Voyage d'études*. Paris, Le Cherche Midi, 1993. « La Bibliothèque Verne ».

Voyage à reculons en Angleterre et en Écosse. Paris, Le Cherche Midi, 1989. « La Bibliothèque Verne ».

3. Œuvres théâtrales.

Les Châteaux en Californie, ou Pierre qui roule n'amasse pas mousse, pp. 101–39, in Marc Soriano, *Portrait de l'artiste jeune suivi des quatre premiers textes publiés de Jules Verne*. Paris, Gallimard, 1978.

Manuscrits nantais. Paris, Le Cherche Midi - Bibliothèque Municipale de Nantes, 1991, 2 t..

Le tome I comprend :

Scénarios : *Don Galaor, Le Coq de bruyère, On a souvent besoin d'un plus petit que soi, Abd'allah* (Acte I), *Le Pôle Nord.*

Théâtre en prose : (*sans titre*) *Acte II, Une Promenade en mer, Le Quart d'heure de Rabelais, Abd'allah, La Mille et deuxième nuit, La Guimard, La Tour de Montlhéry, Les Sabines.*

Le tome II comprend :

Théâtre en vers : *Alexandre VI, La Conspiration des poudres, Un Drame sous Louis XV, Quiridine et Quidinerit, De Charybde en Scylla, Les Heureux du jour, Guerre aux tyrans, Au bord de l'Adour.*

Monsieur de Chimpanzé [représenté aux Bouffes-Parisiens, le 17 févr. 1858], *Bull. JV*, n° 57, 1er trim. 1981, pp.11–31.

Monna Lisa [inédit du vivant de l'auteur], pp.23–56 in *Jules Verne.* Paris, L'Herne, 1974. « Cahiers de L'Herne ».

Un Neveu d'Amérique ou les deux Frontignac [représenté au Théâtre Cluny, le 17 avril 1873]. Paris, Hetzel, 1873.

4. ŒUVRE POÉTIQUE.

Poésies inédites. Paris, Le Cherche Midi, 1989. « La Bibliothèque Verne ».

5. ŒUVRES HISTORICO-GÉOGRAPHIQUES.

Découverte de la Terre. Histoire des grands voyages et des grands voyageurs [Hetzel, mai 1870 ; le sous-titre *Les Premiers explorateurs* apparaît dans l'édition de 1894]. Paris, Diderot Multimédia, 1997.

Histoire générale des grands voyages et des grands voyageurs. Les navigateurs du XVIIIe siècle [Hetzel, 5 juin (vol. 1) et 9 oct. (vol. 2) 1879]. Paris, Diderot Multimédia, 1997.

Histoire générale des grands voyages et des grands voyageurs. Les voyageurs du XIXe siècle [Hetzel, 24 juin (vol. 1) et 1er nov. (vol. 2) 1880]. Paris, Diderot Multimédia, 1997.

6. ŒUVRES NARRATIVES SIGNÉES OU COSIGNÉES PAR JULES VERNE MAIS RÉDIGÉES PAR D'AUTRES.

L'Agence Thompson and Co [roman rédigé par Michel Verne mais signé par son père : *Le Journal*, 17 oct.–15 déc. 1907 ; Hetzel, 1907 (vol. 1 et 2)]. Paris, Hachette, 1982. « Les Intégrales ».

« Edom » [nouvelle rédigée par Michel Verne, publiée avec quelques remaniements dans *Hier et demain* (Paris, Hetzel, fin 1910) sous le titre « L'Éternel Adam »], *Bull. JV*, n° 100, 4e trim. 1991, pp. 21–48.

L'Épave du Cynthia [roman rédigé par Paschal Grousset *alias* André Laurie et cosigné par Jules Verne, auteur de remaniements mineurs : *Magasin*, 1er janv.–15 nov. 1885 ; Hetzel, fin 1885]. Lausanne, Rencontre, 1967.

7. ARTICLES, DISCOURS, ENTRETIENS.

Entretiens avec Jules Verne (1873–1905). Daniel COMPÈRE *et* Jean Michel MARGOT *eds.* Genève, Slatkine, 1998.

VERNE, Jules. *Textes oubliés.* Paris, U.G.É., 1979. « 10/18 ».

LIVRES DE CRITIQUE

On trouvera dans les notes les coordonnées bibliographiques des articles publiés dans les collectifs.

ALLOTTE DE LA FUŸE, Marguerite. *Jules Verne, sa vie, son œuvre*. Paris, Hachette, 1953.

AVRANE, Patrick. *Un Divan pour Phileas Fogg* suivi de *Edgar Allan Poe "La Semaine des trois dimanches"*. Paris, Aubier, 1988. « Écrit sur parole ».

AVRANE, Patrick. *Jules Verne*. Paris, Stock, 1997.

BARTHES, Roland. *Le Degré zéro de l'écriture* suivi de *Nouveaux essais critiques*. Paris, Seuil, 1953 et 1972. « Points »

CHESNEAUX, Jean. *Jules Verne. Une lecture politique*. Paris, François Maspero, 1982.

Colloque d'Amiens II. Jules Verne : filiations, rencontres, influences. Paris, Minard, 1980. « La Thèsothèque ».

Colloque de Cerisy. Jules Verne et les sciences humaines. Simone VIERNE *et* François RAYMOND *eds*. Décade organisée du 11 au 21 juillet 1978. Paris, U.G.É., 1979. « 10/18 ».

COMPÈRE, Daniel. *Jules Verne écrivain*. Genève, Droz, 1991.

COMPÈRE, Daniel. *Jules Verne. Parcours d'une œuvre*. Amiens, Encrage, 1996. « Références ».

DEHS, Volker. *Jules Verne*. Reinbek bei Hamburg, Rowohlt, 1986 « Rororobildmonographien ». [Ouvrage en langue allemande.]

DIESBACH, Ghislain DE. *Le Tour de Jules Verne en quatre-vingts livres*. Paris, Julliard, 1969.

DUMAS, Olivier. *Jules Verne*. Paris, La Manufacture, 1988.

Un Éditeur et son siècle : P.-J. Hetzel. Christian ROBIN *ed.*. Colloque organisé à Nantes en 1986. Saint-Sébastien-sur-Loire, Crocus, 1988.

FROIDEFOND, Alain. *Voyages au centre de l'horloge, essai sur un texte-genèse "Maître Zacharius"*. Paris, Lettres Modernes, 1988. « Archives des lettres modernes » 234.

GONDOLO DELLA RIVA, Piero. *Bibliographie analytique de toutes les œuvres de Jules Verne. I : Œuvres romanesques publiées*. Paris, Société Jules Verne, 1977.

GONDOLO DELLA RIVA, Piero. *Bibliographie analytique de toutes les œuvres de Jules Verne. II : Œuvres non romanesques publiées et œuvres inédites*. Paris, Société Jules Verne, 1985.

HUET, Marie-Hélène. *L'Histoire des "Voyages extraordinaires", essai sur l'œuvre de Jules Verne*. Paris, Lettres Modernes, 1973. « Avant-siècle » 14.

CRITIQUE

JULES-VERNE, Jean. *Jules Verne*. Paris, Hachette, 1973. « Hachette littérature ».

Jules Verne. Pierre-André TOUTTAIN *ed.*. Paris, L'Herne, 1974. « Cahiers de L'Herne » 25.

Jules Verne 2 : l'écriture vernienne. François RAYMOND *ed.*. Actes des Journées Jules Verne instituées les 1er et 2 février 1975 par l'U.É.R. de Français de l'Université de Nantes. Paris, Lettres Modernes, 1978. « La Revue des lettres modernes ».

LOTTMANN, Herbert R.. *Jules Verne*. Paris, Flammarion, 1996. « Grandes biographies Flammarion ».

MACHEREY, Pierre. *Pour une théorie de la production littéraire*. Paris, Maspero, 1966.

MARGOT, Jean-Michel. *Bibliographie documentaire sur Jules Verne*. Ostermundigen, chez l'auteur, 1978.

MARGOT, Jean-Michel. *Bibliographie documentaire sur Jules Verne*. Ostermundigen, chez l'auteur, 1982.

MARGOT, Jean-Michel. *Bibliographie documentaire sur Jules Verne*. Amiens, Centre de Documentation Jules Verne, 1989.

MARTIN, Charles-Noël. *Jules Verne, sa vie et son œuvre*. Lausanne, Rencontre, 1971.

MARTIN, Charles-Noël. *La Vie et l'œuvre de Jules Verne*. Paris, Michel de l'Ormeraie, 1978.

Modernités de Jules Verne. Jean BESSIÈRE *ed.*. Colloque organisé en 1985 par l'Université de Picardie et le Centre d'études du roman et du romanesque. Paris, P.U.F., 1988.

MORÉ, Marcel. *Le Très curieux Jules Verne. Le problème du père dans les Voyages extraordinaires*. Paris, Gallimard, 1960.

MORÉ, Marcel. *Nouvelles explorations de Jules Verne. Musique, misogamie, machine*. Paris, Gallimard, 1963.

NOIRAY, Jacques. *Le Romancier et la machine. L'image de la machine dans le roman français (1850–1900).* II : *Jules Verne - Villiers de l'Isle-Adam*. Paris, José Corti, 1982.

PARMÉNIE A. *et* C. BONNIER DE LA CHAPELLE. *Histoire d'un éditeur et de ses auteurs, P.-J. Hetzel (Stahl).* Paris, Albin Michel, 1953.

RAYMOND François *et* Daniel COMPÈRE. *Le Développement des études sur Jules Verne*. Paris, Lettres Modernes, 1976. « Archives des lettres modernes » 161.

Revue Jules Verne [Amiens, Centre de Documentation Jules Verne], n° 3, 1997. Synthèse des rencontres internationales organisées en mars 1997 par le CDJV, sur le thème : « Jules Verne, un écrivain, un langage, un style ».

SERRES, Michel. *Jouvences sur Jules Verne*. Paris, Minuit, 1974.

SORIANO, Marc. *Jules Verne (le cas Verne).* Paris, Julliard, 1978. « Les Vivants ».

CRITIQUE

SORIANO, Marc. *Portrait de l'artiste jeune, suivi des quatre premiers textes publiés de Jules Verne*. Paris, Gallimard, 1978.

VIERNE, Simone. *Jules Verne et le roman initiatique. Contribution à l'étude de l'imaginaire*. Paris, Sirac, 1973.

VIERNE, Simone. *Jules Verne. Mythe et modernité*. Paris, P.U.F., 1989. « Écrivains ».

NUMÉROS SPÉCIAUX DE REVUES

Arts et Lettres [Paris, Presses Littéraires de France], n° 15, 1949.

Arts et Loisirs, n° 27, 30 mars–5 avril 1966.

Europe [Paris, Les Éditeurs Français Réunis], nos 112-113 : *"Jules Verne"*, avril–mai 1955.

Europe [Paris, Europe et Les Éditeurs Français Réunis], nos 595-596 : *"Jules Verne"*, novembre-décembre 1978.

Historia [Paris, Jules Tallandier], n° 553, décembre 1992.

La Nouvelle revue maritime [Paris, Institut de la Mer], nos 386-387 : *"Jules Verne et la mer"*, mai-juin 1984.

L'Arc, n° 29 : *"Jules Verne"*, 2e trim. 1966.

Les Lettres françaises, n° 561, 24–31 mars 1955.

Livres de France [Paris, Hachette], n° 5, mai-juin 1955.

Magazine littéraire, n° 119 : *"Jules Verne inattendu"*, décembre 1976.

Textes et langages [Nantes, Université de Nantes], n° X : *"Jules Verne"*, 1984.

BIBLIOGRAPHIE INDICATIVE DE CRITIQUE ET DE MÉTHODOLOGIE

ANZIEU, Didier. *Le Corps de l'œuvre. Essais psychanalytiques sur le travail créateur.* Paris, Gallimard, 1981. « Connaissance de l'inconscient ».

L'Auteur. Colloque de Cerisy-la-Salle. Alain GOULET *ed.*. Caen, Presses Universitaires de Caen, 1996.

L'Auteur à l'œuvre. Incidences de la psychanalyse (Shakespeare, Poe, Dickinson). Patrick DI MASCIO *ed.*. Paris, É.N.S. Fontenay/Saint-Cloud, 1996. « Signes ».

BARTHES, Roland. *Le Plaisir du texte.* Paris, Seuil, 1973. « Points ».

BARTHES, Roland. *Roland Barthes par Roland Barthes.* Paris, Seuil, 1975. « Écrivains de toujours ».

BARTHES, Roland. *Le Bruissement de la langue. Essais critiques IV.* Paris, Seuil, 1993. « Points ».

Pp. 63–9 : « La mort de l'auteur ».

BILEN, Max. *Le Sujet de l'écriture.* Paris, Greco, 1989.

BURGOS, Jean. *Pour une poétique de l'imaginaire.* Paris, Seuil, 1982. « Pierres vives ».

La Chose capitale. Philippe BONNEFIS, Alain BUISINE *eds*. Lille, Presses Universitaires de Lille, 1981. « Travaux et documents ».

CLÉMENT, Catherine. *Vies et légendes de Jacques Lacan.* Paris, Grasset & Fasquelle, 1981. « Le Livre de poche Biblio essais ».

COUTURIER, Maurice. *La Figure de l'auteur.* Paris, Seuil, 1995. « Poétique ».

Dictionnaire de la psychanalyse. Roland CHEMAMA *ed.*. Paris, Larousse, 1995.

[Lire particulièrement les articles IMAGINAIRE (pp. 140–2), NOM-DU-PÈRE (pp. 212–4), RÉEL (pp. 278–81), SIGNIFIANT (pp. 307–10), SUJET (pp. 318-319), SYMBOLIQUE (pp. 323–7)].

DI NASIO, J.-D.. *Cinq leçons sur la théorie de Jacques Lacan.* Paris, Payot - Rivages, 1994. « Petite Bibliothèque Payot/Documents ».

DURAND, Gilbert. *Les Structures anthropologiques de l'imaginaire. Introduction à l'archétypologie générale.* Paris, Bordas, 1969.

FOUCAULT, Michel, « Qu'est-ce qu'un auteur ? », *Bulletin de la Société française de philosophie*, 63e année, nº 1, janv.–mars 1969, pp. 73–104.

GLAUDES, Pierre. *Contre-textes. Essais de psychanalyse littéraire*. Toulouse, Ombres, 1990. « Soupçons ».

GUSDORF, Georges. *Auto-bio-graphie*. Paris, Odile Jacob, 1991.

JULIEN, Philippe. *Pour lire Jacques Lacan*. Paris, Seuil, 1990. « Points ».

LAPLANCHE, Jean. *Problématiques III - La Sublimation*. Paris, P.U.F., 1980.

LOWENFELD, Henry, « Traumatisme psychique et expérience créatrice chez l'artiste », *Psychanalyse à l'université*, t. 2, n° 8, sept. 1977, pp. 665–678.

MAURON, Charles. *Des Métaphores obsédantes au mythe personnel. Introduction à la psychocritique*. Paris, Corti, 1962.

MILNER, Max. *La Fantasmagorie. Essai sur l'optique fantastique*. Paris, P.U.F., 1982. « Écriture ».

MILNER, Max. *On est prié de fermer les yeux. Le Regard interdit*. Paris, Gallimard, 1991. « Connaissance de l'inconscient ».

M'UZAN, Michel DE. *De l'art à la mort. Itinéraire psychanalytique*. Paris, Gallimard, 1977. « Connaissance de l'inconscient ».

Pp. 3–27 : « Aperçus sur le processus de la création littéraire ».

Penser le sujet aujourd'hui. Colloque de Cerisy. Élisabeth GUIBERT-SLEDZIEWSKI, Jean-Louis VIEILLARD-BARON *eds*. Paris, Méridiens-Klincksieck, 1988.

Poétique, n° 63 : *"Le Biographique"*, sept. 1985.

Revue des sciences humaines, n° 224 : *"Le Biographique"*, 1991–4.

Les Sujets de l'écriture. Jean DECOTTIGNIES *ed.*. Lille, Presses Universitaires de Lille, 1981. « Travaux et documents ».

VESSILLIER-RESSI, Michèle. *Le Métier d'auteur*. Paris, Dunod, 1982.

INDEX DES TITRES DE VERNE MENTIONNÉS

Les renvois en fin de ligne sont aux subdivisions de la BIBLIOGRAPHIE DES ŒUVRES. Leur absence indique que le texte est inédit, ou que le renvoi a été fait sous un autre titre.

TABLE

Achevé d'imprimer par Corlet,
Condé-en-Normandie (Calvados), en novembre 2021
N° d'impression : 173735 - dépôt légal : novembre 2021
Imprimé en France